U0942963

目 录

第三部分　我们将进入一个后碳时代

前　言

美国著名的趋势学家、享誉全球的预测大师杰里米·里夫金出版了《零边际成本社会》一书，并在书中预言:“未来，人们可能可以像今天通过互联网近乎免费地生产和消费信息一样，借助能源互联网近乎免费地生产和消费能源。”这将关系到我们每一个人的生活、工作和娱乐，极大地颠覆我们每一个人的生存环境和生活空间，每一个人都要从心理上、思想上做好充分准备。

哈佛大学数学与生物学教授、进化论者马丁·诺瓦克说，“合作”是拯救人类的唯一方法。世界经济论坛创始人兼执行主席克劳斯·施瓦布正如其一贯以来的倡导，在其《第四次工业革命》中极力呼吁各方“协同”作战。据他观察，第四次工业革命所有涉及的变革领域，最重大的影响之一可能来源于赋权，即政府如何与公民“协同”，企业如何与雇员、股东和客户“协同”，超级大国如何与小国“协同”。

本书中所提出的“能源4.0＋工业4.0”的核心，从微观操作层面上，是通过多能源“协同”并与工业4.0融合，构建符合中国国情的“产业能源互联网”系统，释放我国改革开放四十年来积累的生产力，形成高效、优质、可持续发展的零边际成本社会，为实现中华民族伟大复兴奠定基础。

在中国，各种媒体以翻译出版、编译刊登、转载外媒、独家专访等形式，对“第四次工业革命”的背景、特征、趋势、风险、机遇等进行了深入的宣传，引发了全社会的大学习、大讨论，一些党和国家领导人也加入讨论、推荐行列。如2016天津夏季达沃斯论坛的主题即是“第四次工业革命——转型的力量”。中国和发达国家经济、科学技术基础不同，但可能站在了“互联网+”的同一起跑线上，一同探索移动互联网、能源互联网、物联网三网合作共赢建设“零边际成本”社会预言的真实性。

里夫金对于人类第一到第三次工业革命的划分，是以三次能源“引擎”论来诠释的。他认为，历史上的工业革命均是通信技术与能源技术的结合，进而引发重大的经济转型。第三次工业革命的特征就是互联网技术与可再生能源的出现与融合（尽管这一点与克劳斯·施瓦布的描述不同，但可认为异曲同工）。里夫金认为，第三次工业革命所带来的新经济模式需要五大支柱来支撑：一是能源本身，即向可再生能源转型，是新能源技术以及新能源技术和新通信技术融合的基础；二是能源的生产方式，即将每一大洲的建筑转化为微型发电厂，以便就地收集可再生能源；三是能源的储存形式，在每一栋建筑物以及基础设施中使用氢气和其他储存技术，以存储间歇式能源；四是能源的分享机制，利用能源互联网技术将每一大洲的电力网转化为能源共享网络，这一共享网络的工作原理类似于互联网；五是如何更加有效地利用新能源，将运输工具转向插电式以及燃料电池动力车，这种电动车所需的电可以通过洲际间的共享电网平台进行买卖，而这种方式也会极大地促进新能源的推广。

里夫金所有的分析，都是基于一种背景，即第二次工业革命的成果已无法再支撑世界经济的发展，人类急需为日益失速的全球经济找到一个新的推动引擎。历史上第一次工业革命始于18世纪的英国纺织业，以煤炭和蒸汽机相结合支撑的机器化代替手工纺织，促成工厂的诞生。20世纪初，亨利·福特发明的装配制度将人类引入大规模的生产时代，开启了第二次工业革命的大繁荣。这两次工业革命实现了人类的城市化、工业化和现代化的伟大进程。尤其是第二次工业革命，它以煤、石油和内燃机相结合的高效能源成就了当今世界的大规模生产和工业现代化。在全球经济体系下，任何商业活动都与石油和化石能源息息相关，整个人类文明都建立在石炭纪储存的碳资源上。然而，这所有的一切繁荣背后是能源的大量消耗，化石燃料的环境危害性已成为遏制人类可持续发展的重大瓶颈。能源问题和环境危机已成为有关各国的重大战略问题，必将国际化、全球化、政治化，将会带来一系列可怕的连锁反应，直接影响到人类生存模式和人类文明的延续。

就在第四次工业革命尚在积极探索和规划过程中，德国政府提出了“工业4.0”战略。“工业4.0”，也就是克劳斯·施瓦布描绘的以智能制造为主导的第四次工业革命，或革命性的生产方法。它将以可植入技术、数字化身份、物联网、3D打印、无人驾驶、人工智能、机器人、区块链、大数据、智慧城市等技术变革，通过数字技术、物理技术、生物技术有机融合在一起迸发出强大的力量，影响着我们的经济和社会发展。

纵观人类历史上的工业革命，每一次工业革命均有重大的能源革命与之伴生，并成为推动工业革命的原动力。

在18世纪中叶，人类开始大规模使用煤炭替代薪柴，实现了第一次能源革命，可称之为能源1.0，它促使主要以煤炭为动力源的蒸汽机得以推广和普及，并促成了第一次工业革命，可称之为工业1.0。到19世纪中后期，人类开始大规模使用石油，人类社会实现了第二次能源革命，即能源2.0，促使以石油为动力源的内燃机得以推广和普及，并促成了第二次工业革命，即工业2.0。进入21世纪以来，人类通过互联网技术与可再生能源融合，将分散式的新能源和可再生能源进行集中使用，人类社会进入能源3.0时代，由此掀起了第三次工业革命浪潮，即工业3.0。简言之，能源1.0，使煤炭和蒸汽机结合，促成了工业1.0；能源2.0，使石油和内燃机结合，促成了工业2.0；能源3.0，使互联网技术和可再生能源结合，促成了工业3.0。

如今，德国提出第四次工业革命，即工业4.0，是利用互联网信息技术与先进的精密机械工业相结合的手段，实现制造业向智能化转型。作为以智能制造为特征的工业4.0，必然需要绿色、环保、安全、低成本、可持续的能源和基础材料作支撑。在几十年的研究积淀和完成了国家“973”计划“大规模非并网风电系统的基础研究”（2007CB210300）并取得产业化成果的基础上，我在宏观经济和能源科技发展的结合上，对全球能源发展改革和经济结构调整开始了思考。党的十八大、十九大以来，习近平总书记多次提及“能源革命”，将其与科技革命、产业革命并列为新一轮全球性的“革命”。

在这一思想的指导下，我提出了第四次能源革命和战略定位的理论，简称“能源4.0”，并在此基础上，从理论和实证上与德国提出的“工业4.0”相融合，在我国领先的第五代移动通信技术基础上，构建能源

4.0产业能源互联网。

中国是世界上最大的火力发电国，煤电的比重约占电网的75%；同时中国也是世界上最大的能源消耗国和最大的二氧化碳排放国；另一方面，中国拥有世界上最丰富的风力资源，也是世界上最大的风力涡轮机生产国，其太阳能光电产业生产总值更是占世界的30%以上。2016年，我国太阳能电池产量超过49 GW，同比增长19.5%以上，占世界太阳能电池产量的71.01%，生产技术不断进步，生产成本持续下降，是世界上最大的太阳能电板生产国。可以说，中国在可再生能源方面的地位正如沙特在石油产业中的地位一样，中国每平方米的可再生能源潜力要远高于世界上大多数国家。

可再生能源禀赋优势，为中国成为全球新工业革命的领跑者提供了机遇，然而中国也面临着发展的瓶颈。中国工业正处于起飞阶段，刚刚适应工业化发展的中国能否转变观念，把握住新型经济发展模式成为关键所在。中国从1995年就提出转变经济发展方式，但是直到现在依然没有一条行之有效、适合中国的实施路径。中国制造业缺乏科技创新的灵魂，所依赖的人工成本和基础资源成本的优势已经式微。更重要的是，新能源与通信技术并没有有效结合起来。中国具有新能源的优势，发展速度也全球领先；中国通信技术也发展很快，最显著的就是物联网技术，但没有找到一条将两者结合的有效途径。对于能源革命，要抢占先机，我们只能依靠创新发展、科学发展、跨越式发展，以大无畏精神的勇气，顽强奋斗、艰苦奋斗、不懈奋斗，勇往直前，永不退缩，朝着我们的目标奋勇向前。习近平总书记指出："实现中国梦必须走中国道路。"

"能源4.0+工业4.0"是通过物联网和大数据云计算，将非并网多能源与高耗能产业实现智能化深度融合，形成智慧能源，实现了三个“颠覆”、两个“重塑”：在应用上颠覆传统电网的供求关系，实现用电侧无条件服从供电侧；颠覆传统产业功能，通过科技进步和创新，实现高耗能产业功能升级，达到动态变负荷生产；颠覆传统商业模式，为电网实现“零”成本深度调峰的同时，数十种经济支柱产业达到结构优化、节能减排、绿色发展和效益上升；重塑电网结构，从几百年来供电的并网、离网成为三足鼎立的并网、离网和非并网新结构；重塑我国乃至世界经济结构。能源4.0超越了以太阳能为核心的第三次能源革命的范畴，通过物联网与电网，将太阳能、风能、化石能源、核能等供电侧能源与电解铝、氯碱、大规模海水淡化、制氢、煤炭清洁化、煤化工、石油化工、冶金等高耗能产业用电侧进行融合，也是几亿家庭能源系统的融合，构建一个有机的高效、低成本、可持续、可调控、全社会化的网络系统。能源4.0核心是能源产业互联网，是互联网技术与智慧能源、智能电网、智能产业的结合，为工业4.0提供绿色、环保、安全、高效、低成本、可持续的智慧能源和智能加工材料产业保障。

中国首倡的“能源4.0”与德国提出的“工业4.0”融合协同，也是东西方发展文化的一次大融合，并以此指导实现我国产业能源互联网系统工程，实现大数据、云计算支撑下的网络空间与实体经济无缝融合，构建我国零边际成本高效发展的新型社会。这也是以中国为主导之一形成2008年金融危机以来新型全球治理的最大契机和动力。

对中国而言，当前经济与社会发展面临的国际、国内环境已与前四十年改革开放发生了根本性的变化，人口红利、环境红利和资源红利已基本殆尽，这就要求我国在把握全球经济与社会发展的全局中，找准新一轮经济新常态发展的战略定位，并引领经济与社会的发展，顺利实现新常态。作为科研工作者，有责任为解决国家重大战略需求，为实现中华民族伟大复兴的中国梦做出贡献。能源4.0是与工业4.0相适应、面向全球的能源发展战略，也是中国领先世界的原创性科学技术成果，更是我国科技工作者的原创性理论贡献。实施能源4.0战略，我们具有领先优势，因此要在全球视野下抢占世界能源发展和能源革命的先机，通过能源4.0战略发展智慧能源，建立全球化的能源产业互联网体系，从而推动我国引领全球重塑经济结构，形成新型工业体系，走出中国特色第四次工业革命的发展路径。

第一部分

第四次工业革命与中国的路径选择

第一章
第四次工业革命的中国路径诸观点

"十面霾伏"与一杯茶

由于工作原因，我经常会出差。过去出差很辛苦，坐着汽车慢慢摇，即使是常去的苏州、上海，自带车走高速公路也要三四个小时。而如今，通了高铁，到上海七十分钟，即使从南京到北京也不过三小时四十五分钟，而且很舒服，让我不得不感叹工业化的成绩卓著。然而，经历得越来越多，我也慢慢地对传统的工业化道路产生了疑问。尤其是在北京遭到"十面霾伏"和一杯茶的经历，让我记忆犹新。北京的雾霾天气，我的最初体验是在2013年初到北京出差。我也无法准确统计这是第几次到北京，但与以前到北京相比，相同之处是时间短，以办事为主，没时间出来游玩，只能在出租车或者公交车上走马观花式地欣赏北京，感叹北京的大、北京的繁华，同时也为首都的恢宏气势所惊叹。而这次出差正值深冬，本以为可以目睹冬日北国风光及大地银装素裹

图1-1　2013年6月底北京雾霾天气(摄于北京某宾馆)

之美景，让我这个南方人感受一下冬日北方的冷和美。然而事与愿违，我不但没有欣赏到北京冬日美景，反而为两件事情而倍感纠结，那就是北京的空气和水。

返程高铁是下午6点，把所有公事处理完毕后，在前往高铁站的间隙，我才发现自己一直专注于公务，身心有些疲惫。来到大街上，当日的北京之冷倒是没有让我感到特别难耐，充其量和南京也差不多，不能算寒冷。但糟糕的雾霾天气大煞风景，整个北京城被似雾非雾的浑浊空气包裹着，能见度非常低，甚至几米之外都看不清楚。西单大街上迎新春的喜庆装饰随处可见，络绎不绝的行人不少已戴上口罩，绝大多数人似乎并没有因为雾霾而影响购物的心情，商家和店员更是无暇顾及天气，始终保持热情吆喝招揽顾客，整个北京城仍然十分和谐，但我并没有感受到北京的美，因为“雾霾”。由于在工作中养成了对社会现象的敏感，我一直在关注全国的雾霾天气，尤其是北京、上海、南京等大城市。时隔近半年后，我还是在北京拍下了这样一张照片（图1-1）。2011年，世界卫生组织发布世界城市以可吸入颗粒物（PM10）为主要因子的空气质量报告，在1082个城市中，北京市排名1035位，我国城市环境空气质量好的海口市排名在800位之后。难怪北京位列世界十大最脏首都城市，令人心痛。

据英国广播公司（BBC）报道，数据显示，中国北方数十年来烧煤引起的严重空气污染导致人均寿命减少至少五年。这是一项由来自美国、中国和以色列的学者共同完成的研究结论，于2013年7月8日发表在《美国国家科学院院刊》上。研究人员收集了1981年至2000年间中国90座城市的数据以及同期淮河以南和以北的死亡率数据，他们发现了在实施取暖用煤分配政策的地区人均寿命更低的证据，居民寿命缩短的幅度超过5.5年。看了这样的研究结论，我想每个中国人都会觉得心痛。北方人因为污染寿命将比南方人短5.5年，从这个结论延伸开去想，我国南方跟国际上环境好的国家也有很大差距。按照他们的研究思路推断，南方人寿命比环境好的国家，在其他条件相当的情况下，也会缩短一定年限，而北方人与环境好的国家的差距也就更大了。这是其一，还有一个重要方面，那就是这仅是根据1981年至2000年数据得出的结论。如果把2001年至2013年的数据纳入分析框架，结论又会怎么样呢？客观地说，近十几年来，我们经济发展速度更快了，但是环境恶化的速度也更快了。最直观的印象就是，十几年前我们还并不知道雾霾，虽然那时候也有空气污染，但是毕竟没有达到现在这样的程度。我想如果能够得到近十几年来的环境数据，并把它们纳入分析，得到的结论很可能比现在的更加触目惊心。在上面的分析中，污染原因是供暖，现在除了这个，还有大量工业污染，而且数量在不断上升，问题变得更加严峻。

前面说了“十面霾伏”，接下来还要说一杯茶（图1–2）。在北京市中心的宾馆里，为了接待客人，而恰巧瓶装水不够，于是我泡了两杯茶，一杯是用瓶装矿泉水泡的茶，另一杯是用自来水泡的茶，两个杯子内的情况竟完全不同。用瓶装水泡茶的杯子颜色很纯正，呈淡黄色且透明，无其他杂物；而用自来水泡茶的杯子液面之上内壁局部附有黑黄色胶状物，且杯内的水也不及另一杯清澈，看上去令人有厌恶之感，不想继续饮用。之前看到过关于北京水质的新闻报道，有居民称包水龙头的纱布满是污垢，我当时还有些怀疑；有了这次偶然的发现，尽管不能武断地认为北京水质有严重问题，但感觉多少是有一些问题的。

图1–2　两杯茶的比较（左为自来水泡的茶）

当“雾霾”成了一道“景观”的时候，我们不得不对过去的发展方式和取得的成绩产生疑问。城市被严重雾霾笼罩，空气质量“严重污染”，这是对中国粗放式经济发展又一次拉响的尖厉警报。中国人必须行动起来，与越来越严重的空气污染做坚决斗争。为了应对雾霾，我们曾采取了一定的措施。比如，2013年1月份，北京就启动了严格的应急减排措施，包括在三天内停驶30%的公车，103家重污染企业停产，等等。这些措施会使空气污染得到一定缓解，但其作用只能是暂时的。如此严重的空气污染第一眼看去是雾霾，仔细看是不合理的能源消费结构、产业结构和生活方式问题，再深入看有中国的发展模式问题，甚至还有体制的部分问题。关于最后一点，让我们设想一下，如果一个城市的灰霾天气多了，书记和市长的仕途就可能严重受挫，那么遏制污染就多了一条强有力的鞭子。当然，大城市的蓝天绝非一条鞭子就能抽出来的。事实上，大多数人都有意无意间做了大气的污染源。要想找回蓝天，必须所有人都承担起自己的那一份责任，才能最终奏效。现在的问题是，鞭笞问题时大家都慷慨激昂，但需要尽责任时，很多人却悄悄往后缩。

中国高速发展使我们享受了大量好处，但积累的问题也越来越严重。环保的重要性应在中国下一步战略考量中前置到最突出位置，其他考量应为它让步。如果这意味着中国经济增长要再减少一个百分点，我们也应接受它。空气污染的严峻现实应彻底重建中国官方在环保问题上的开放和实事求是态度，也应刺激公众从简单的怨天尤人到从我做起的处世态度的转变。回想奥运会前，外媒对北京污染的很多指责虽然尖刻难听，但还是有其道理的。我们当时如果更多听一些外部意见，而不是过分在意追究它们的“动机”，在那之后的几年里，我们就会针对环保下更大的力气。亡羊补牢，未为晚也。中国之大，一阵风就能吹散城市的雾霾，只要我们让思想的新风劲吹，让求真务实主导我们追求现代生活的每一个过程，眼前的现实和精神雾霾就会被逐渐吹散，我们的现代化进程就会更加从容。

中国人不应该为了致富，就对环境污染有太多的迁就和容忍。那样的话，我们的价值取向也会跟着受影响。在全球化时代，这会增加中国与外部冲突的机会。尽管我们有可能是最终的胜利者，但这样的急促过程是不必要的，结果的意义，未必就真能覆盖我们今天的损失。我们应该勇敢面对大气污染带给我们的尖锐诘问，认真厘清我们究竟都想要什么，并在它们之间做面向未来的排序，寻求发展和环保的紧急调适和长远平衡。中国作为人口多、工业化尚未完成的发展中大国，我们或许不能期望发达国家今天的环境成果，但我们也不能再像眼前这样走下去了。为城市的蓝天奋斗，为清澈的河流奋斗，为干净的食品奋斗，中国人应当有能力、有智慧把环境变成国家现代化的桨和帆，而不成为我们走向未来的旋涡和礁石。

中国未来的能源之路

“十面霾伏”与一杯茶，为我们敲醒了发展的警钟。今后何去何从，是值得我们深思的问题。杰里米·里夫金认为，第四次工业革命将改变世界，把整个人类带入一个新的发展阶段。这的确是一个令人振奋的消息，在我们的传统发展方式不可持续的时候，第四次工业革命这种新经济模式的出现为我们指明了方向。但是，我们也不能过于乐观，能否搭上第四次工业革命这趟班车，还需要仔细的考量。首先要肯定一点，我们已经普遍接受并有意识地去准备这一场变革了。党的十八大报告提出:“坚持走中国特色新型工业化、信息化、城镇化、农业现代化道路,推动信息化和工业化深度融合、工业化和城镇化良性互动、城镇化和农业现代化相互协调,促进工业化、信息化、城镇化、农业现代化同步发展。”这足以说明,环境问题、发展方式问题已经得到了中央高层的密切关注和高度重视。第四次工业革命,这是一股新的潮流,虽然过去我们没有明确地说如何应对这股潮流,但是我们的实际行动证明了,中国同世界上很多国家一样,正在积极地准备着,迎接这一划时代的变革。这是因为我们提出了科学发展的理念,并以科学发展观指导经济社会发展。我们重视绿色发展,提倡人与自然和谐,提出创新发展战略,这些与第四次工业革命是不谋而合的。而且,我们科学发展观的范畴更大,对经济社会发展的指导意义更大。所以说,我们对第四次工业革命是有准备的,是在无意当中开展了准备工作,但这也是顺其自然的。

其次,我们要认识到,尽管人们在思想上已经接受并开始准备迎接第四次工业革命了,但准备工作还并不充分。也就是说,还有很多亟待解决的问题,甚至还有很多问题我们目前还没有认识到,而这些将来都会成为我国实现第四次工业革命的障碍。回顾前两次工业革命,我们国家与之擦肩而过,失之交臂,结果就是近代百余年来的落后和受到西方列强的凌辱。为什么我们没有融入前两次工业革命?这里当然有当时政府闭关锁国政策的因素,但是也不能忽略这些变革本身的因素。这些变革都是由西方国家开启的,它们是在西方国家的经济、社会、文化以及人们思维方式的背景下产生的,而这些与我们的经济社会发展阶段、文化背景、思维方式等都具有重大差异,这就决定了把它们引入中国首先就会遭遇水土不服的问题。这是一个不容小视的问题,但我们在发展过程中往往忽视了这一点。

例如，十月革命取得了胜利，但是把十月革命的经验拿到中国，并没有改变中国的社会面貌。这说明，中国革命和俄国十月革命不可能走相同的道路模式。为什么会这样？原因在于，当时沙俄是一个较有实力的资本主义国家，虽然总体上还是农业国，但比起在封建军阀统治泥沼中的中国来说工业比较发达，这样工人阶级就比较强大，无产阶级革命有便利的条件；而在中国，封建统治根深蒂固，国内大多数是农民，工人阶级的革命相比起来没有什么群众基础。并且，俄国无产阶级革命正遇上第一次世界大战，沙俄作为协约国成员在东线独自抵挡德国进攻，节节失利，伤亡惨重。国内各阶层均希望尽快停止战事，这时俄国无产阶级适时站了出来。这也是历史给予的机会，而这样的机会中国共产党则没有。正是基于上述原因，俄国的资产阶级实力相对薄弱，导致十月革命迅速胜利。而中国的封建买办阶级牢牢统治着这个尘封上千年的古老国家，实力强大。这从革命伊始革命者血流成河就可见一斑。而当时我党我军主要负责人就没有分析两国背景上的差异，错误地照搬照抄，结果损失严重，濒于崩溃。当时，除了王明的右倾投降主义没有认清国民党反动派的狰狞面目外，就是李达、博古的“左”倾冒险主义，险些将刚刚站住脚跟的红军送入虎口。共产国际的博古认为红军也应该像俄国无产阶级一样攻打大城市，一举夺得政权。这就是因为他没有认识到中国当时的情况和十月革命时的俄国情况有很大的不同。

改革开放以来，我国经济社会发展取得了巨大成就，但是同样犯过类似的错误。对于西方国家提出的理论偏听偏信，不做深入的分析，结果被人家牵着鼻子走。气候变暖、臭氧层空洞，以及发展风电、太阳能、LED产业等，使我们国家损失惨重。先说说气候变暖，相信大家对《京都议定书》、哥本哈根联合国气候变化大会等名词都非常熟悉了。2009年12月7—18日，在丹麦首都哥本哈根召开由192个国家的环境部长和其他官员出席的联合国气候会议，这甚至被喻为“拯救人类的最后一次机会”。但研究发现，人造二氧化碳加起来对于温室效应的贡献也不过是1/952；而人造二氧化碳对于地球大气温度的贡献比例，还要更低。可以说，二氧化碳导致气候变暖是一个彻头彻尾的骗局。目的是什么呢？就是让发展中国家付出更多的成本。还有臭氧层空洞。在中学地理课上就告诉我们要“保护臭氧层”；在中国环保部网站上，还列举了中国政府官员砍掉氟利昂项目的“政绩”。但是，我们真的把臭氧层的问题搞清楚了吗？其实，大家一直蒙在鼓里，殊不知这是西方科学圈子里的一场世纪骗局。1997年，国外一些臭氧专家惊呼：“不得了了，南极的臭氧空洞越来越大。照此速度下去，地球臭氧层一百年后就消失了，谁来保护地球啊！”由此，“保护臭氧层”的口号喊了几十年，国际首脑们的会议从蒙特利尔开到了维也纳，政客们签字、宣誓、立法、颁行、动员、奖励、督促、落实、检查、惩罚，科学家们观察、研究、实验、抽样、统计、计算、跟踪、拍照、建模、分析，好不忙乎。其实，两极臭氧空洞的大小是随太阳紫外辐射强弱周期而变化的，南极臭氧空洞扩大，正说明太阳紫外辐射处于减弱期，紫外辐射减弱了，还要那么厚大的臭氧层干什么呢？雨都停了，还要撑伞吗？事实上，南北极圈的空洞面积这几年又减小了，因为太阳正在步入下一个活动高峰期。而氟利昂本来是一种无毒、无腐蚀性、不燃烧、不爆炸的化合物，对地面大气与人类健康不构成威胁。历史已经证明，它是人类的朋友，对环境并没有什么伤害。况且，在高空的光分解与化合反应过程中，氧在太阳紫外射线作用下又会还原成为臭氧。这些骗局背后，真正吃亏的还是咱们中国这些发展中国家。人家玩制冷剂玩了半个多世纪，钱都赚够了，正当中国要发展制冷工业的时候，西方三流环保科学家随便编个“科学故事”，就能有效遏制你的经济增长，使你的直接或间接经济损失与机会损失超过修一座三峡大坝。而这些所谓的“国际框架公约”对于发达国家本身来说，只是一些政客赚取舆论支持的糖票，有谁像我们中国这样认真呢？再说，人家洋专家本来就是骗你玩的。

再看新能源产业。从2009年到2011年，我国光伏产业过了三年顺风顺水的日子。但到了2012年，这个产业遭遇了变局之痛。表面上看，导火线分别来自欧美的反倾销。2012年5月17日，美国商务部宣布对来自中国的光伏产品征收惩罚性关税；8月6日，欧盟委员会宣布对中国光伏产品发起反倾销调查。但实际上，光伏产业的问题出在产业本身。2011年底，我国光伏产业的颓废之势就已显现，光伏企业不得不面对需求减弱、产能过剩等严重问题，企业债务缠身、漏洞百出。光伏产业本来就是一个长不大的产业，可是在政、银、企的狂热追捧之下，光伏产业的产能不断扩张，最终吹起了巨大的泡泡。既然是泡泡，迟早都是要破的，欧美的制裁只不过是让泡泡破灭来得更早一些。光伏产业是利用太阳能发电，替代传统能源的产业。光伏产业“热”开始于2009年，为什么早不热晚不热，偏偏在金融危机后就变得热门呢？这又缘起于低碳经济的骗局。金融危机过后，发达国家的经济受到重创，他们痛切地感到，金融、保险等虚拟经济靠不住，虚拟经济是一堆泡泡，说没就没了，而工业才是实实在在的，只要机器设备还在，随时可以启动。欧美国家曾经实现了工业化，后来走了一段去工业化的道路，现在又要发展工业，叫作再工业化。

可是，他们的工厂都转移到中国来了，又想发展工业怎么办呢？如果发展那些已经转移出去的工业，他们已经没有优势，竞争不过中国，那么最简单、最有效的办法就是发展一种新型工业，这种新型工业必须是资金密集型和技术密集型的，只有他们才有这个能力和实力。低碳产业就成了当时的热门产业，他们有的是资金和技术，可以处于这个产业的领先地位。可是如果你不跟着他们走，照样发展你的传统产业，他们的计划就会落空。于是，他们想出了一个绝妙的想法，要保护全人类共同的地球。光伏产业作为低碳经济的杰出代表，也就应运而生。各方的良好愿望是，传统能源排出大量二氧化碳，光伏产业是利用太阳能发电，可以显著减少二氧化碳排放。发展光伏产业还可以减少对石油的依赖，可谓一箭双雕。如此的美妙，足以令众人瞩目。

低碳经济虽然光彩照人，却会增加企业的生产成本，企业需要更新设备和使用太阳能。企业增加了成本，却改变不了产品性能，改变的只是二氧化碳的排放，据说，在上一个百年，由于二氧化碳的排放，全球气温上升了0.1度。可是太阳能的价格非常昂贵，全生命周期价格比煤电的要贵三到五倍，如果真的使用太阳能，企业将难以有竞争力，不亏损才怪呢。除非这个企业的钱多得烧不完，否则不会去用太阳能发的电。各国在减少二氧化碳排放问题上心怀鬼胎，都希望对方多减排，自己少减排。美国是世界上碳排放最多的国家，却始终不在《京都议定书》上签字，不承诺减排；中国排放量也不少，虽然承诺减排，但是不准国际组织来核查。2011年11月在南非德班举行的全球气候峰会，本来是大幅削减温室气体排放的最后机会。只有欧盟、新西兰、澳大利亚、挪威和瑞士愿意签约，中国、美国、俄罗斯、日本和加拿大都不愿意签约，结果是不欢而散，毫无建树。在减少碳排放的问题上，富有契约精神的欧洲人做得最好，这一点需要表扬，所以欧洲是太阳能使用中心，欧洲太阳能市场在全球市场中所占比例始终在75%—82%之间。可是欧洲太阳能的使用，是寄托在政府大量补贴消费的基础上，补贴上网电价。企业只管用电，谁也不知道那是不是太阳能发的电。当欧洲经济繁荣的时候，补贴一点也算不了什么，反正有钱，可是从2011年以来，欧洲麻烦不断，美国的金融危机在欧洲修出了正果，债务危机让欧盟国家疲于奔命，欧洲经济正在走下坡路，像太阳能这种花拳绣腿的事情，只好暂时放在一边。继续花大价钱补贴太阳能，那就是吃饱了撑的，欧洲太阳能市场因此走向崩溃。

狡猾的美国人把中国人和欧洲人引上了太阳能的发展之路，可是自己早就进行了战略转向，它的新能源战略不是太阳能，而是页岩层石油和天然气的开采，并且大获全胜，被称为美国能源史上的页岩气革命。2000年，美国页岩气产量不足天然气供应的1%，而今天已经占到30%，而且份额还在上升。美国天然气市场已经出现了供大于求的状况，天然气价格和进口量降至十年来的最低点。据美联社报道，仅在2011年，美国天然气价格就下跌了35%。页岩气大开发使得美国对进口石油依赖下降，2011年降到了45%，中国是56.5%。

2018年11月最后一周足以被载入史册，美国七十五年来首次打破对外国石油及其相关衍生产品的依赖。尽管这只是“暂时结果”，但仍然是美国能源独立道路上颇具意义的时刻。目前，美国的四大核心页岩产区的油井数以万计，随着页岩气开采技术的不断发展和完善，美国难掩产量扩张态势。

美国的煤炭企业开始遭遇滑铁卢，天然气正在取代煤成为美国的主要发电能源，根据美国能源信息署（EIA）的数据，美国的煤炭发电比例也从2010年的46%跌至2018年的30.1%。2012年以来美国煤炭上市公司的股价一直跌跌不休，中国已不断地从美国买便宜的煤。与此同时，美国掀起了开采石油的热潮，如同历史上的黄金大发现，如今的美国开始了“黑金”大发现，而且真的发现了。谁说石油即将枯竭？早着呢，全球石油生产重心正悄悄由中东转移到美洲，以后哪怕是中东炮火连天，美国也可以岿然不动。如此丰富低廉的天然气和石油唾手可得，美国已经快乐得不再想什么新能源，用我们的成语叫作乐不思蜀。那么昂贵的新能源，美国才不玩，让其他国家玩去吧。在美国只有像苹果、谷歌这样的暴利企业才玩太阳能，北美太阳能消费只占全球的9%。美国不玩太阳能，却在早期大量生产太阳能设备卖给中国。

中国人以为找准了产业发展方向，甚至上升到第四次工业革命的高度，“大跃进精神”与“大包干精神”一起迸发，光伏产业开始了突飞猛进的增长。全国有31个省市自治区把光伏产业列为优先扶持发展的新兴产业；600个城市中，有300个发展光伏太阳能产业，100多个建设了光伏产业基地。2008年，我国前十位最大的光伏企业产能占全球的30%，随后迅速上升，2010年占50%，2012年占63%，我国俨然成了光伏产业大国，可是两头在外，两头都受制于人。虽然从初期设备在外和产品销售在外，因欧美双反而转向了国内为主。2016年全球多晶硅产能达49万吨，硅片有效产能100 GW、产量74.8 GW，组件产能则达到123 GW、产能达77.9 GW，年增长率24%。2016年光伏组件产量达到57.7 GW，占全球产能70%。我国不掌握核心技术，机器设备需要向欧美企业购置，欧美国家通过生产设备实现再工业化。初期产品销售市场也在国外，中国人讲究实惠，几乎不使用光伏产品，都指望欧美人使用。2010年96%的产品出口，2011年88%的产品出口。主要出口到欧美市场，尤其是欧洲。光伏产业的市场主导权完全掌握在欧美人的手中，欧美市场的一点风吹草动，就足以让中国企业大打喷嚏。光伏产业也曾过了一段好日子，2008年全球多晶硅达到每千克400美元的顶峰，随后每况愈下，2012年1月至6月，多晶硅从每千克30.5美元下降至每千克23.6美元，降幅达22.6%，各光伏企业毛利率急速下滑。江西赛维2011年第四季度和2012年第一季度毛利率均为-65.5%；尚德电力第一季度毛利率仅0.6%；英利绿色能源第一季度毛利率4.5%；阿特斯毛利率7.7%，仍亏损2000万美元。这就是我国光伏产业的现状。我国的光伏产业在不知不觉中陷入了欧美低碳经济的圈套。风电的情况也是一样，这个我要在后面重点阐述。还有LED产业。我国有3000多家半导体照明（LED）企业，大多数都处于产业链下游；全国的半导体照明产业化基地已多达13个，产业结构同质化、核心技术空心化等问题逐渐显现。和其他新能源产业相类似，我国LED产业在大干快上、高速发展的同时，一定程度上存在着产能过剩的风险。

上海半导体照明工程技术研究中心发布的产业报告显示，2010年我国半导体照明产业规模达到1200亿元。根据高工LED产业研究所的统计数据，2010年中国LED产业签约计划投资额合计为2178.85亿元，截至2010年底，新增项目已实际完成投资金额343.2亿元。2018年，我国半导体照明产业整体规模达到了2576亿元，较2017年的1920亿元增长34%，成为2011年以后国内半导体照明产业发展速度较快的年份。快速增长的投资数字固然喜人，但我国半导体照明行业存在的诸多弊端也令人担忧。全国3000多家LED企业，大部分处于封装和下游环节，在产业最关键的衬底材料技术、外延片生产核心设备方面，技术专利长期被国外企业垄断，导致技术上总比国外慢一拍。“技不如人”，只能在核心装备设备和技术上依赖进口。

更严重的是，面对国外企业咄咄逼人的态势，国内企业都是单打独斗。除了各种“产业基地”层出不穷，一些地方政府为促进当地企业转型，出台了不少针对LED企业的优惠政策，如设备补贴、税收优惠、本地示范工程优先考虑本地企业等。这些政策给国内其他区域企业跨地区整合兼并、开拓市场增加了阻力，使真正的强者无法做强。而对于一个成熟健康的产业来说，跨上下游、跨地区的产业整合必不可少。一个个散落在各地，“独霸一方”的畸形企业，对国内LED照明产业的发展有百害而无一利。实践给我们的教训是，培育战略性新兴产业，政府看不准，还是让市场去做选择吧。眼下作为战略性新兴产业培育的新能源、新能源汽车和节能产业都面临同样的问题，不要再烧钱了，否则会重蹈光伏产业的覆辙，越陷越深。

这些例子说明我们引进外国的经验，必须与中国的实际情况相结合。可以说，中国化是必不可少的一个环节。离开这个环节，所有的经验都会失灵。第四次工业革命也一样，它是西方国家根据自身发展阶段提出来的发展方向。但是，我们国家的背景与之有天壤之别。

比如说，欧美国家已经完成了工业化过程，这个时候他们提出第四次工业革命是顺理成章的事情。而我们国家才发展到工业化中期，有的地方甚至还以农业为主，可以说工业化进程、城市化进程、城乡统筹社会保障进程这“三大任务”均没有完成，其中城乡统筹社会保障才刚刚开始。我们国家有一半以上的人口是农民，工业化较欧美落后几十年甚至上百年。

可以说，我们的国情与欧美国家显著不同，我们是社会主义初级阶段，而且还将长期处于这一阶段。我们的思维方式与欧美国家也有很大不同。第四次工业革命是欧美国家根据自身条件设计出来的发展战略，是具有西方国家特征的转变经济发展方式的新战略，虽然它具有普遍适用性。所以，我们不能只看到一般性，而忽视了它的特殊性。在引进的过程中，一定要经过中国化的环节，走中国特色发展道路。这也是我写作的出发点。对于第四次工业革命，我们首先要考虑的就是中国化的问题，即怎样把第四次工业革命的先进理念、先进科技等与中国实际相结合。这也是对第四次工业革命的定位问题。只有探索出一条具有中国特色的第四次工业革命实施路径，才能真正融入这次革命。

明确了第四次工业革命的定位，我们就要考虑如何抢占先机。这是很重要的问题。尤其是对我们当前阶段来说，具有更大的意义。前面说过，我们面临第四次工业革命的时机与西方发达国家不同。他们是在工业化基本完成以后，是在此前工业革命取得胜利的基础上迎接第四次工业革命的。而我们还有很多现实问题要面对，我们的工业化任务还没有完成，城镇化任务还没有完成，我们城乡差距还很大，区域差距还很大，很多地方甚至还没有进入第二次工业革命阶段，全面小康社会的目标还没有完全实现，现代化的目标还有很大差距。在这种背景下，我们要融入第四次工业革命，不仅要完成西方国家现在正在做的任务，还要把我们在工业化中没完成的任务加紧补上。所以说，在发展阶段、产业基础、文化背景、思维方式都具有很大差异的条件下融入第四次工业革命，我们要担负更多。要抢占先机，我们只能依靠创新发展、科学发展、跨越式发展，以大无畏精神的勇气，顽强奋斗、艰苦奋斗、不懈奋斗，勇往直前，永不退缩，朝着我们的目标奋勇向前。

第四次工业革命的实质就是新能源及相关联产业的革命。在人类可以使用的各类资源中，能源对人类社会的发展具有决定性作用。甚至可以说，人类社会发展历史，从某种意义上说就是能源演变的历史。

人类社会离不开能源发展和进步，能源发现、能源开发、技术进步和能源利用决定着人类生产方式、生活方式、消费模式、交通模式、定居模式和社会组织形式等。能源发展标志着人类社会文明的发展和进步，能源利用为人类享受高水平物质生活提供了重要基础。

新能源产业发展与思维方式转变

新能源革命能否最终实现以及何时能够实现，不仅取决于新能源产业和技术上的突破，更取决于人类社会生产、生活方式的改变和人类思维和观念的根本性变化。为什么这样说？回顾人类社会发展历史，每一次能源革命，其实质不仅是能源本身的革命，更重要的是能源利用方式的革命。从薪柴到煤炭，到石油，再到电力，这一系列变革不仅仅是能源种类的变化，更是人类对能源利用能力的提升，是人类对世界“驾驭能力”的提升和变革。正是人类这种认识世界和改造世界能力的提升，才使得原本不能利用的能源不断进入人类的视野，成为新的能源形态。试想，把煤炭放到原始社会的人们面前，他们会把它当成重要能源来使用吗？显然不会，因为他们还不知道这种“漆黑”的东西比薪柴更好。再试想，如果一个原始部落的生存范围内薪柴突然消失殆尽了，那么他们会怎么样？显然是被“能源危机”所困扰，幸运的能够迁徙到薪柴丰富的地方去重新生活，而运气不好的只能去找新的能源，否则可能要自生自灭了。

所以说，新能源并不是多么神秘的东西，能源危机也并不可怕。相对于薪柴，煤炭就是新能源；相对于煤炭，石油就是新能源；如此而已。能源危机只能说明传统的能源利用方式要到尽头了。而新能源的出现就是这个重要的信号，即能源利用方式新旧交替的时候到了。面对当前的能源危机和第四次工业革命，我想说的是，我们不仅要从能源种类上下功夫，即探索更多的替代性能源；我们更要从能源利用方式上进行一场彻底变革。一旦这个变革成功了，所有的能源危机就会迎刃而解，人类社会也会向前迈出更大的一步。这就是我对第四次工业革命的根本观点。当然，能源利用方式变革也不单纯是能源利用本身的事情，前面说过，还取决于人类社会生产、生活方式的改变和人类思维和观念的根本性变化。可以说，第四次工业革命带给我们的不仅仅是一场能源革命，更是一场社会革命。

能源革命的本质是社会革命，它的进步意义不局限于新旧能源的更替，而是远比这更加深远。在这里，我还有必要解释几个问题：

第一个问题是，我们人类缺少能源吗？回顾人类社会发展的全部历史，可以说，自从地球上有人类活动开始，从来都没有缺少能源。自然界以各种形态为人类提供了丰富的能源，足够人类生存和发展所需。随着人类视野越来越宽，科技水平越来越高，能够使用的能源也必将越来越多。不仅如此，即使石油、煤炭等传统能源也并不像以前担忧的那样越来越少，而是随着科技水平提升，我们发现并且能够利用的传统能源越来越多，这是一个客观事实。近年来，我们陆续发现了一大批新的煤炭、石油、天然气等资源来源，而且我们发现随着向地下开采能力提升，这些传统能源的数量随着开采深度提高呈三次方增长。这是一个传统能源储量变化的新规律，当然也是一个可喜的新发现。对于这一点，我要在后面的内容里详细阐述，让大家都能够分享这份喜悦。

第二个问题是，既然人类不缺少能源，那为什么近百年来全世界因为能源而发生的战争却不断？这是因为能源总量（虽）足以满足全世界需要，但是它们的分布并不均匀，以致各个国家由于资源占有量不均等而产生争夺；同时，能源对现代社会发展的作用太大了，对于一个国家的工业化和经济社会发展都举足轻重。基于这些原因，谁占据了能源的控制权，也就掌握了在全世界的话语权、控制权。因此，各个国家都要极力争夺对这些资源的控制权，以致能源成为国家或民族之间“较量”的武器，即石油等能源已经成为国际政治中的重要武器。认识到这一点，对分析世界经济、政治动态大有帮助。这里，我要讲一个小故事。大家都知道，2008年前后国际原油价格经历了一个不断攀升的过程，到2008年7月份已经达到了147美元的历史上原油价格最高点。当时，全社会形成了一种恐慌的氛围，担心原油价格会一路走高，人们变得手足无措。这时，很多专家学者发表了自己的观点，当然也有一些媒体和机构找到了我，问我对这个事情的看法。当时，我经过综合分析国际经济、政治、军事等因素后判断，世界原油价格已经到顶了，不久就会进入下行通道。

果不其然，我的观点在媒体上发表一周以后，世界原油价格开始下跌了。当时，我为什么这样判断呢？就是基于“石油是国际政治中的武器”这一论点，根据当时世界经济、政治、文化、社会、军事等情况综合分析，我认为石油价格应该下行了。当时国际原油价格上涨是基于这样一种国际背景，即美国企图利用石油遏制中国、扶植俄罗斯。因为我国是石油进口大国，而俄罗斯是石油出口大国，所以油价上涨无疑伤害了我们国家的利益，而俄罗斯能够在油价上涨中大赚一笔。这显然是美国希望看到的，所以它极力促成石油价格快速上涨。然而，事物发展不是一成不变的。随着石油价格上升，俄罗斯的钱包越来越鼓，随之腰杆越来越粗，后来竟再次燃起了与美国较量的欲望。在这种背景下，美国和俄罗斯同床异梦的蜜月期也即将走到尽头，在高油价中赚得盆满钵满的俄罗斯要重建俄罗斯帝国。俄罗斯以石油经济为支柱的国家经济得到了突飞猛进的发展，苏联解体后捉襟见肘的国家经济已经得到了巨大恢复。但美国主导的北约东扩的对象已不单单是波罗的海国家，也包括他的东欧邻居，甚至独联体国家，美国所谓的针对伊朗和朝鲜的反导系统，已经快部署到俄罗斯的西部边境线上。

普京总统权衡利弊，腰缠万贯地、毅然决然地分道扬镳，开始了强国之旅。俄罗斯对美国的反击是从军事上开始的：恢复战略轰炸机常规值班飞行，甚至从北约诸国的领空擦边飞过；恢复战略核潜艇的常规巡航执勤，太平洋、印度洋甚至北冰洋也常常会留下巨大的雪茄状阴影；恢复唯一还可以远航的航母战斗群的战略游弋；把军事演习做到了美国的后院，与委内瑞拉的军演虽然不会让美国提心吊胆，但还是展现了俄罗斯的存在；计划恢复和新建海外军事基地，包括在北美选址；研制第五代战机，研制新一代核武器等；坚决反对北约东扩，包括萨卡什维利给俄罗斯提供的千载难逢的对格鲁吉亚的一场漂亮的短期战争；克里米尔亚半岛回归、叙利亚亮剑等。

不仅俄罗斯与美国的默契被打破，伊朗、委内瑞拉等高油价的受益国，也在国际社会中公然与美国叫板。这些地方是世界石油的主要输出地区，但让美国恨之入骨。还有，在这一轮的石油价格暴涨中，推波助澜的机构首推美国的金融寡头，他们是推高油价、炒卖期货合约、反向预测价格走势的关键势力，他们在配合美国政府遏制中国、扶植俄罗斯的石油政策中起到了决定性的作用，美国政府当然不会让他们在高位被套牢、无利可图的。但是，一旦他们的目的达成，全身而退以后，美国政府就无所顾忌了。怎么办？既然世界格局已经发生了根本改变，美国的石油政策也必须进行必要的调整，即迅速打压国际油价，给这些不听话的国家一点颜色瞧瞧。在美国操控下，到2008年12月26日，布伦特原油价格跌至36.61美元，OPEC原油价格跌至34.49美元。原油价格迅速下跌，使上述国家的境遇也发生了反转。这就是石油控制权的力量。这就像美国前国务卿基辛格所说："如果你控制了石油，你就控制了所有国家。"美国就是通过控制石油定价权来影响整个世界。

第三个问题是，既然石油这么重要，那我们应该怎么利用石油资源？过去我们把大量的石油、煤炭等宝贵资源用作燃料烧掉了，这是一种低效率的利用方式，实在太可惜了。随着工业化水平不断提升，我们应该把这些宝贵的财富从能源变成资源，高效率地应用于工业上，生产出更多更好的产品，满足社会需要，即把石油、煤炭等传统能源变成生产中的基础原料、生活中的基础食品。

例如，把石油变成营养价值更高的食品。有机构已经研发出了"石油蛋白"，这种如同奶粉一样的"石油蛋白"，每100克中含有42克蛋白质、3克核酸和一些维生素，而人们今天经常食用的鸡蛋或瘦肉，每100克中仅含有蛋白质14—20克。显而易见，1吨这种微生物蛋白的营养价值，大约相当于2吨多瘦肉、3吨鸡蛋或12吨牛奶的营养价值。据统计，只利用全世界所采石油的2%来培养微生物，就可以完全弥补人类蛋白质的空缺。

另外，煤炭也可以生产纤维，生产工业原材料，甚至变成衣物。例如，我有一个房地产行业的朋友，他去年新建了一栋别墅，是一个三层还带地下室的别墅。别小看这个别墅，全部材料都是从芬兰用集装箱进口的，材料通过物流公司运到国内，然后用不到一个月的时间就组装好了。他介绍说，为这个别墅花费了近亿元的成本，起初我并不以为然，认为他就是随便说说，即便是进口也不会这么贵啊？可是，后来一看，果不其然。当然，建筑成本高的原因并不是因为从国外进口的物流费用，而是这些材料本身非常特别，完全是通过煤化工、石油化工生产出来的新材料。从煤炭、石油等传统能源中提取、合成出来的这些建筑新材料，比传统建筑材料的性能更好，更加坚固耐用，而且保温等物理特性更佳。他说之所以花高价建这样一栋房子，就是想切身体验一下这种新产品的性能，更主要的是看看能否在国内打开市场。他认为目前影响市场化的最大障碍就是价格偏高，但是从长期来看，这应该不是问题，一旦这些材料的生产技术从实验室走向市场，进行大规模的产业化了，价格很快就会降下来。那时候，房地产业也会迎来一场新的变革了。从传统能源中提炼建筑材料可以替代钢材，这一项就能够节能50%以上，而且比钢材的物理特性更好。从传统能源中提炼建筑材料还只是一方面，还可以生产我们穿的衣物。2018年，我国棉花年产量达到609.6万吨，比2017年增加44万吨，增长7.8%。如果大力发展精细煤化工，就可能实现煤炭对棉花资源的替代。如果能够把石油、煤炭等资源广泛地应用于日常生活，生产出衣物、食品等高质量产品，我们就可以实现退耕还林、退耕还草、退耕还牧，实现可持续发展。

石油、煤炭的另一个新用途就是与3D打印技术相结合，生产3D打印机的打印介质。比如，通过煤炭精细化工生产出纳米级的碳纤维材料，就可以添加到3D打印机当中，打印房屋、家具乃至汽车、飞机等；利用生物技术从石油中提取的高分子材料可以用于器官打印等医学领域。这些在不久的将来都会成为现实。3D打印是一项了不起的发明，而从化石能源提取打印介质也是一项具有重要意义的创新，最后将两者有机结合，将是一项具有划时代意义的系统创新工程。传统能源千万不要再白白地烧掉了，太可惜了。那用来做什么？用于生产蛋白质食品，用于生产3D打印介质，这样做的意义更大，更符合科学发展观的要求。

第四个问题是，既然石油、煤炭用作原料了，那么我们用什么能源？那就是新能源和可再生能源，例如风电、太阳能等。大量使用新能源和可再生能源，一个原因是这些能源的利用技术已经相对成熟，越来越多的能源可以进入我们的生产和生活中；还有一个重要原因就是这些能源的储量相当丰富，远大于传统能源。以我国为例，我国可供开发利用的水能源为3.78亿千瓦，目前仅开发利用了11%；每年我国陆地接收的太阳辐射总量相当于2.4万亿吨标准煤；可供开发利用的风能资源总量为2.54亿千瓦；已探明的地热储量相当于4626亿吨标准煤，现已开发利用的仅为十万分之一；可开发的潮汐能也在2万兆瓦以上；同时，我国还有着丰富的生物能资源，包括农作物秸秆、薪柴和各种有机废物，可供发展沼气电力。可见，新能源和可再生能源资源，开发利用前景十分广阔。只要把这些能源的潜力开发出来，就能够把煤炭、石油等传统能源解放出来。既能够满足生产、生活的能源需求，又能够为工业生产提供更多更有价值的资源。

还有一个问题，我们怎样发展新能源来有效地推进第四次工业革命？就是要在科学发展观的指导下，在社会主义市场经济理论框架下，根据国情，建立一条具有中国特色的第四次工业革命实施路径。中国特色是我们必须牢牢坚持的原则。中国经济的快速增长，已经引起了西方国家的“强烈反感”。例如，美国就担心中国会超越自己，企图像用温水煮青蛙一样，把中国拖入它设定好的一个个圈套，让中国步日本、苏联的后尘。为遏制与延缓中国崛起，美国使出各种手段。在全球多边领域，美国拥有一大批形形色色、尽心竭力的打手。次贷危机发生后，中国的国际地位日益凸显，于是美国纠集各类同盟、同伙，从贸易顺差、人民币汇率等经济议题，到东海军演、钓鱼岛事件、南海航道、与印度核合作等地缘政治问题，再到诺贝尔和平奖等一系列问题上，形成对中国的联合围剿态势。在中国周边的区域，美国的幽灵忽隐忽现。美国以各种手段来破坏与冲击中国的“以邻为伴，与邻为善”的周边外交，在中国—东盟自由贸易区、上海合作组织、东北亚合作上处处从中作梗，挑拨周围国家与中国的友好关系，制造地缘事端，激化地缘政治动荡。

《第四次工业革命》的作者克劳斯·施瓦布鼓吹中国将成为第四次工业革命的引领者，还为中国的新能源发展提出了光明的前景。我觉得第四次工业革命作为一种发展趋势应该是没有问题的，但是怎么样融入第四次工业革命？我们必须走一条符合中国国情、具有中国特色的发展道路。如果按照西方国家鼓吹的路线走，我们可能又要跌入他们的圈套。

我们最大的国情是处于社会主义初级阶段，这是我们必须长期面对的基本国情。这个国情决定了我们的发展必须符合当前阶段性特征，必须实事求是、脚踏实地。认识这个国情，我们发展的理念、体制机制都要遵循我们的实际情况。欧美国家市场经济已经发展几百年了，有丰富的经验。而我们还只是处于社会主义初级阶段，实施社会主义市场经济也才有几十年的时间，所以我们在国际竞争中必须审时度势，一切从自身根本情况出发，不能听信鼓吹，陷入圈套。所以我说，我们工业革命的目的是中国特色的第四次工业革命，既要赶上这次工业革命的发展机遇，推进我国工业化、现代化的进程；又要把我们的优势发挥出来，形成我们的核心竞争力。坚持中国特色的发展道路，就不能够照搬国外的经验。以风电为例，国外发展风电的出路一般是上网。但是我们的国情不一样，我不止一次地说过，我们以煤电为主的电网结构不适合大规模接纳风电，大规模风电强制上网必然会拖垮电网。这时候，具有中国特色的风电产业发展之路，我觉得就是应该发展大规模非并网风电，探索风电与高耗能产业之间的耦合机理，实现大规模风电的非并网路线。太阳能也是一样，智能电网系统也是一样。要根据国情，走中国特色的发展道路。

以上就是第四次工业革命来临之前，我最关心的几个问题。我想，把这几个问题理清楚了，我们就能制订出一套完善的第四次工业革命实施计划，进而在第四次工业革命中抢占先机。第四次工业革命是人类工业文明进程中的又一次升华，从内容上看有很多冲击人类想象力的创新成果走进人们的生活；但它也继承了原有工业化的成果，也就是说，它并不是对过往的否定。从这个意义上讲，这是一次继往开来的变革。也正是基于这一点认识，我才想到以上几个要关注的问题。这几个问题中，有对未来的思考，也有对历史的思考。把几个问题都解决好了，我们才能轻装上阵，开创一个崭新的局面。也就是在这一系列问题的思考中，我渐渐地勾勒出一幅第四次工业革命的图景。我的设计就是立足于中国国情，充分发挥我国在新能源和传统能源储量上的优势，建立一个非并网多能源协同智能供电系统，通过这个系统把事关我国未来经济社会发展的几个问题关联起来，比如淡水问题、高耗能产业问题、氢能利用问题等。能源是未来社会可持续发展的关键，决定了今后发展的方向，在第四次工业革命中也是一个核心问题。

所以，我的思考也是从能源问题入手，建立了这样一个非并网多能源协同智能供电系统，而这个系统的作用在于解决了所谓的“五化”，即新能源高效低成本应用的规模化、淡水资源的可持续化、高耗能产业低碳化、煤炭的清洁化、氢能生产应用商业化。而解决了这些问题，就能保障我们经济社会继续健康、快速发展。在对这个图景的谋划过程中，考虑到未来社会的发展趋势和要求，更是基于我们国家的国情和优势。我多次强调中国特色问题，中国特色是第四次工业革命理论在中国大地生根发芽的前提。迎接和融入第四次工业革命，必须给第四次工业革命赋予中国特色，完成中国化这一必要的过程，使它彰显出中国的阶段特点和时代主题。只有这样，才能真正描绘出一幅符合中国国情、具有浓郁中国特色的美丽图景，开启人类文明社会的新篇章。

传统能源的使用方式将使人类进入坟墓

能源是推动人类社会发展和进步的重要引擎，所以要感谢大自然为人类提供了丰富的能源。在前面阐述关于第四次工业革命几个基本观点的时候，我说过自从地球上有人类活动开始，人类从来都不缺少能源。随着社会进步，我们能够利用的能源种类将越来越多，数量将越来越大。虽然进入工业文明社会以后，人们对资源的需求越来越大，显得越来越贪婪。尤其是近百年来，人类对能源的需求几乎是呈几何级数增长的。但是，自然界仍然满足了我们所有的能源需求，满足了人类生存和发展所需。我相信，随着人类视野越来越宽，科技水平越来越高，能够使用的能源也必将越来越多，这是客观趋势。也许有人会不以为然，拿石油、煤炭等能源的不可再生性来反驳我。其实，我要说的是，即使这些不可再生能源，人类也是不缺少的，我们并不需要为它们担忧。

与“人类从来不缺少能源”的观点相比，我更想表达的是“我们过去、现在和未来都同样不会缺少传统能源”。这是近几年科学界对传

图 1–3　地球石油资源储量示意图

统能源储藏规律的最新认识，对人类社会未来发展具有更重要的意义。说“人类从来不缺少能源”，可能还比较含糊；而“我们过去、现在和未来都同样不会缺少传统能源”就更加具体化了。今后，我们可以放心、大胆地去探索传统能源新的利用方式。以石油为例，以前我们总是会听到化石能源将要枯竭这样的担忧。连杰里米 · 里夫金出版的《氢经济：一场即将到来的经济革命》一书也坦然认为，人类将用尽最后一滴石油。“当地球上没有一滴石油，我们该何去何从？”是印在《氢经济》一书封面上的话，它把人们带入对能源枯竭这个大危机的恐惧和绝望当中。所以，杰里米 · 里夫金想带领人们去思考“矿物燃料耗尽后的人类求生之路”。然而，这种担心是多余的，现实并非如此。

近年来，随着勘探技术越来越先进，我们在地下陆续找到了越来越多的石油、天然气和煤炭等资源，足以满足工农业生产所需，也消除了人们对能源危机的担忧。研究发现，我们地球上的石油资源储量是相当丰富的，并且只要我们技术手段足够先进，就能把潜藏在地下的黑色宝藏源源不断地开发出来，为我们人类所用。也就是说，我们能够获得的石油等能源的数量会越来越多，因为地球为我们做好了充足的储备，就等待我们去开发。这不是主观臆测，而是有研究结论作支撑的。研究发现，过去我们对地球结构的认识是有限的，对能源储藏的认识也是有限的，所以我们总是担心石油没有了会怎么样。然而事实并不是这样。

表1-1　仅2011—2013年探明的化石能源

种　类	时　间	地　点	储　量
煤炭	2011年	河南商丘	51亿吨
煤炭	2011年	湖北恩施	2亿吨
煤炭	2011年	四川川中	5.62亿吨
煤炭	2011年	新疆尼勒克	18.5亿吨
煤炭	2011年	河南禹州	4亿吨
煤炭	2011年	甘肃平凉	79亿吨
煤炭	2011年	新疆鄯善	892亿吨
煤炭	2011年	新疆哈密	550亿吨
煤炭	2012年	河南焦作	7.1亿吨
煤炭	2012年	新疆伊犁	558亿吨
煤炭	2012年	辽宁阜新	1.73亿吨
煤炭	2012年	陕西神木	42亿吨

（续表）

种　类	时　间	地　点	储　量
煤炭	2012年	甘肃庆阳	180亿吨
煤炭	2012年	宁夏下流水、陶乐等地	40亿吨
煤炭	2013年	山东曹县	30亿吨
石油	2011年	江汉油田	376万吨
石油	2012年	渤海湾	40亿吨
天然气	2011年	新疆阿克苏	1400亿立方米
天然气	2012年	渤海湾	1300亿立方米

先说一个数据，据统计，目前全球石油供需平衡，2018年产量与消费量稳定在44.18亿吨左右。这就表明，按照目前的技术手段和利用方式，我们每年只要开采出44亿吨的石油就能满足全世界的需要。但从能源储量的发展趋势看，全球石油常规资源丰富，而且近年在致密油、油砂勘探方面获得重大突破，大幅新增石油资源，全球石油可长期稳定供应。据预测，全球深水盐下油气储量达500亿到1000亿桶；全球致密油储量3000亿桶；加拿大油砂储量1690亿桶；北极海洋油气储量900亿桶；美国油页岩储量8000亿桶。我国在鄂尔多斯、四川盆地、渤海湾、酒泉盆地、准噶尔盆地、江汉盆地等地也发现了大量石油资源。可见，石油资源的开发潜力非常大。

我国也是一个煤炭大国，根据目前勘探结果显示，煤炭储量完全可以支撑中国未来一百年发展对能源的需求。据统计，目前我国已探明2000米以内、现有技术可开采的煤炭资源有3.9万亿吨，按照现在的消耗水平，可够我国使用一万年。我也相信，随着勘探技术进步，我们一定能够勘探出更多的资源。世界煤炭协会主席曾在英国《卫报》上专门说，“中国是一个正在崛起的煤炭中东”。这表明有越来越多的化石能源将走进我们的生产和生活，可见能源越来越多的观点是经得起检验的。另外，据我国国土资源部统计数据显示，我国页岩气地质资源潜力为134万亿立方米，可采资源潜力为25万亿立方米，可开采资源量世界第一。

2013年3月，国土资源部发布了《2012年我国石油天然气和主要固体矿产资源储量情况》，根据该公报，2012年全国石油新增探明地质储量15.2亿吨，同比增长13%，是新中国成立以来第十次也是连续第六次超过10亿吨的年份。新增探明技术可采储量2.7亿吨，同比增长7%。2012年全国石油产量2.05亿吨，同比增长1%。其中，大庆石油产量仍稳产在4000万吨，胜利2755万吨，中国海油天津2619.8万吨，中国石油长庆2261万吨。天然气方面，2012年全国天然气年探明地质储量仍保持“十五”以来的高速增长态势，天然气勘查新增探明地质储量9612.2亿立方米，同比增长33%，居我国历史最高水平。新增探明技术可采储量5008.0亿立方米，同比增长36%。2012年全国天然气产量稳步增长，为1067.6亿立方米，同比增长5.4%。鄂尔多斯、塔里木、四川盆地仍是我国天然气主产区。2012年全国煤层气产量25.7亿立方米，同比增长24%。主要固体矿产勘查储量新增势头也很喜人。2012年勘查新增大中型矿产地超过10处的矿种分别是：煤炭53处，铁矿24处，金矿18处，钼矿18处，磷矿13处，锌矿10处。

截至2017年底，全国石油累计探明地质储量389.65亿吨，剩余技术可采储量35.42亿吨，剩余经济可采储量25.33亿吨。按照2017年的开采速度，35.42亿吨还能开采十八年左右。不过，不用担心石油会枯竭，因为未来也会持续有新资源发现。对于石油越来越多这个事情，我想打一个比喻，整个地下的石油宝藏就像一个金字塔一样。金字塔结构大家都熟悉，从尖部到底，随着高度降低，体积呈几何级数增长。所以，石油资源也一样，我们现在只是开采了石油金字塔的塔尖，随着开采的深度增加，获得的石油量也将成几何级数增长，当然对开采的技术要求也就越高。过去，我们的技术条件决定了我们只能在这个金字塔的塔尖部位进行开采，但即使这样，也足够人类使用了，还铸就了一个璀璨的工业文明。今后，随着开采时间越来越久，当然这个部位的石油将面临枯竭的危险，这是我们的技术条件决定的。然而，我们还有更大的开发空间，那就是要提高技术水平，向更深层进军。我们知道金字塔是一个锥体，当整个形态固定了，它的体积是随着高度的降低而呈三次方增长的。高度降低一半，体积就增大到原来的8倍；高度降低三分之二，体积就增大到原来的27倍；依此类推。

地下的石油金字塔也类似，当我们向这个地下石油金字塔探测的深度增加到原来的2倍，我们的石油总储量就达到了原来的8倍，新增储量是原来的7倍；当探测的深度增加到原来的3倍，我们的石油总储量就达到了原来的27倍，新增储量是原来的26倍；以此类推，是一个三次方的函数。可以说，我们现在仍然只是发现了整个石油金字塔的顶部，随着我们探索深度随着科技水平提升而不断提高，我们的石油资源就会成三次方增长。例如图1-4中所示的金字塔，每向下延伸一层，新增体积如公式所示。

同时，说传统能源越来越多，还有另一层含义。这就是今后我们对传统能源的需求量会比现在大幅度减少，为什么这样说？这是因为现在我们用传统能源做燃料，使用效率是比较低的，消耗量是比较大的。

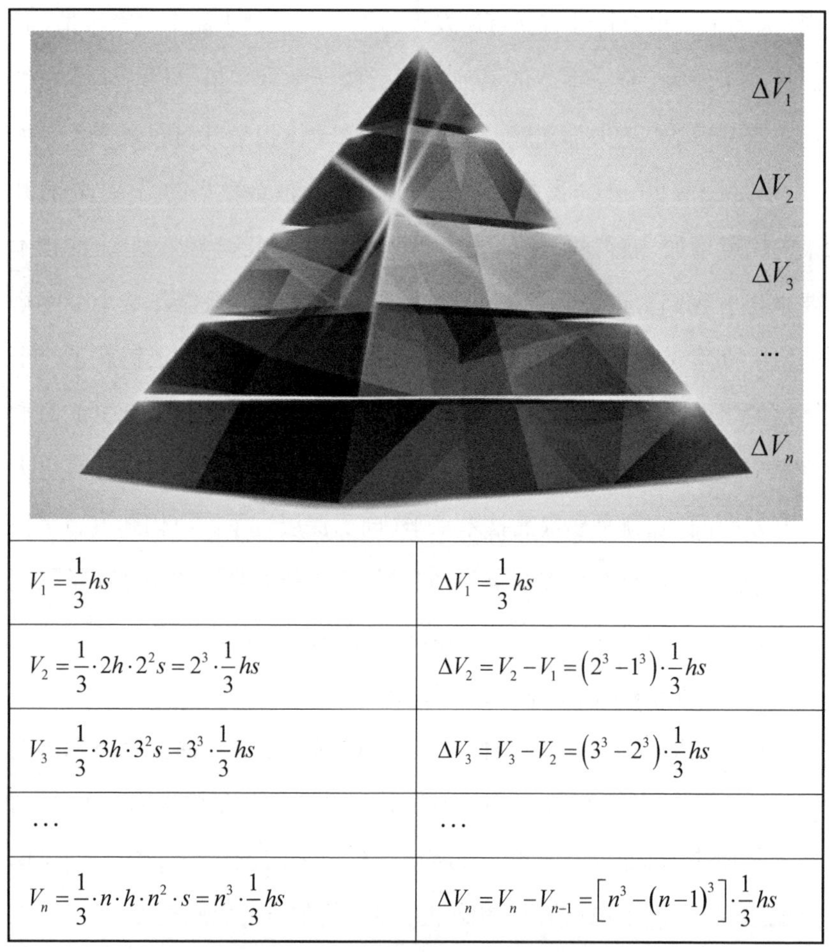

$V_1 = \frac{1}{3}hs$	$\Delta V_1 = \frac{1}{3}hs$
$V_2 = \frac{1}{3} \cdot 2h \cdot 2^2 s = 2^3 \cdot \frac{1}{3}hs$	$\Delta V_2 = V_2 - V_1 = \left(2^3 - 1^3\right) \cdot \frac{1}{3}hs$
$V_3 = \frac{1}{3} \cdot 3h \cdot 3^2 s = 3^3 \cdot \frac{1}{3}hs$	$\Delta V_3 = V_3 - V_2 = \left(3^3 - 2^3\right) \cdot \frac{1}{3}hs$
…	…
$V_n = \frac{1}{3} \cdot n \cdot h \cdot n^2 \cdot s = n^3 \cdot \frac{1}{3}hs$	$\Delta V_n = V_n - V_{n-1} = \left[n^3 - (n-1)^3\right] \cdot \frac{1}{3}hs$

图 1–4　金字塔的高度和体积变化计算过程

可是作为资源以后，集约利用程度提高，只占目前百分之几的传统能源就能满足全世界的需要了。对于这一点我会在后面的文字里重点介绍，现在只希望大家能够有一个概念：未来传统能源不仅从绝对量上会越来越多，相对数量上也会越来越多，这是人类社会不断进步的结果，也是人类文明的体现。

现在相信大家对传统能源的储藏量已经有了初步的认识和一定的信心。但是，也许会有人说，既然都不缺了，为什么我们还要探索新能源，就用这些传统能源好了。其实这是一个认识误区。虽然传统能源会随着开采深度增大呈三次方的增长，能够满足人类贪婪的需求；但是我们传统的利用方式是不可持续的。我们传统的能源利用方式，说得简单些就是把它们烧掉，让这些传统能源做热功。然而，我们发现，这样的后果就是把整个生态环境搞坏了，而且如果这种局面不能得到有效控制，生态修复的可能性将越来越低，最坏结果就是把人类送进坟墓。

有一组触目惊心的数据：我国每年新发癌症病例200万人，因癌症死亡人数为140万；我国居民每死亡5人中，即有1人死于癌症；在全国不少大城市，恶性肿瘤已经超越心脑血管疾病，成为第一死亡原因。《凤凰周刊》曾以《中国百处致癌危地》作为封面故事，讲述了我国百处致癌危地。同时，一份基于调查材料由公益人士制作的“中国癌症村地图”在互联网上流传，被广泛关注。

改变传统能源利用方式，现在已经是时候了。正如前面所说的，污染已经影响到人类的健康，甚至会把人类送入坟墓。同时，这种发展方式也把一些重要产业推向了末路，比如说高耗能产业。这些在生产过程中耗费大量能源的高耗能产业，已经遇到了瓶颈，国家三令五申地限制它们的发展。但这些行业，比如电解铜、电解铝、石油加工、炼焦、化工、铜冶炼、铁合金、电石、烧碱、水泥、钢铁、黄磷、锌冶炼等，对国民经济发展具有重要作用。我们不能丢弃这些行业，否则会影响整个国民经济的运行。既要清水蓝天，又要这些行业健康发展，我们只能转变发展方式。其实，这些行业之所以被诟病，就是因为它们与高耗能、高污染联系了起来。但是，这些问题都是由于过去使用传统能源引起的。

如果我们转向新能源，探索出一条全新的发展路径，一切问题将迎刃而解。例如，我提出的非并网电解铝这条路径，不仅解决了电解铝行业对能源的需求问题，还实现了污染物的低排放，甚至零排放。非并网多能源智能供电系统与电解铜、不锈钢、氯碱及规模化海水淡化等行业之间都具有耦合关系。

我还提出了我国东西部新能源海水淡化与新能源大循环战略工程，在实现我国东部地区海水淡化保障的同时，实现我国能源自给和大量出口。所以说，转变观念和转变发展方式非常重要。而怎么转变发展方式呢？不是喊口号就可以的，需要实际行动，在实践中去探索。其中，还要强调的是，转变发展方式中，首先要转变思维方式，千万不能用传统的固化的眼光去看待新事物，要善于创新，能够大跨度联想。我最初提出非并网理论的时候，很多人不理解，否定的有之，诘难的有之。但是，经过时间的检验，这是一条适合中国国情的新能源发展路径。所以说，要转变思维方式，要有包容的心态，敢于接纳新事物。转变能源利用方式，就是要找到一种新的发展模式。什么是新模式？就是以前没有的模式。用旧的观念去探寻新的模式显然就不合时宜了，即使新的模式出现了，也会被扼杀在摇篮里。

第二章
厉兵秣马角逐第四次工业革命

中国没有工业革命的土壤吗?

在人类社会发展史上，18世纪和19世纪先后爆发了两次工业革命，推动人类文明达到了新的高度。但遗憾的是，中国与两次工业革命都擦肩而过了。这就产生了疑问：为什么工业革命没有最先发生在中国？为什么中国与两次工业革命都失之交臂？这个问题分为两个方面：一个是为什么我国古代璀璨的科技成果没有引发一场工业革命；另一个是为什么国外这场工业革命没有传入中国大地。

众所周知，中国古代在经济、科技方面领先世界一千多年。英国学者李约瑟曾说:“在上古和中古时代，中国科学技术一直保持着一个让西方望尘莫及的发展水平，中国科学发现和发明远远超过同时代的欧洲，已被证明是形成近代世界秩序的基本因素之一。”但深厚的文明土壤并没有孕育出工业革命，我想有五点原因：第一，中国封建社会统治者考虑的是如何保证江山的稳固，一切可能影响到政权稳定的活动都在限制之列；第二，闭关锁国的政策使中国与工业革命无缘；第三，科举制度在一定意义上也扼杀了创新；第四，中国的文化和思想的负面因素也对科技创新产生影响；第五，中国的地理位置和自然条件，使中国经济丧失了创新发展的活力。中国社会“稳定性取决于最大限度地保存固定的习俗和观念”，社会技术原地踏步，或进步缓慢。

任何发明创造都是从自发到自觉的过程，从一个漫不经心的发现激发了发明者的兴趣，再把这个兴趣扩大化，取得进一步的成功，最后再把这个成果应用到生产和生活当中。起初的发明家也并不是专职的。然而，一旦这些成果形成生产力以后，就需要我们的社会形成一种制度，把这种自发的行为转化为自觉的行为，才能推动科技的发展。我们国家有灿若星辰的伟大发明，但没有形成一种制度，没有建立引导科技发展和转化的机制，导致几千年来，民间发明家就是在自娱自乐，无论多么伟大的发明也不过被当成雕虫小技，政府不予重视。好的朝代会采取不反对，但也不支持的态度，任其自生自灭；坏的朝代，还会担心这些发明危及社稷，坚决抵制、打压、杀戮。所以，科技萌芽虽然出现得早，但永远是萌芽，长不大。而且在这样的环境下，中华民族的智慧被引向了那些真正的雕虫小技，但能够博得统治者笑脸的方面，例如变化多端的丝织品，能够在豆芽菜里填馅的厨艺。而真正体现一个国家实力的发明却被荒废了，最早发明的火药却只用在爆竹上，最早发明的指南针变成了风水先生骗人的道具。

所以说，真正的症结还在于制度设计，而制度设计的症结又在于封建专制。统治者把维持社会稳定放在第一位，这本没有错，但是过犹不及，竟然到了把人民当成敌人一样防备的地步。在人人自危的环境下，是不会有多少好的科技成果问世的。即使有，也只是昙花一现，成不了气候，转化不成现实生产力。当代人是幸运的，我们赶上了历史上最好的改革时机。现实提出了问题，理论给出了答案，社会提供了基础，民众给予了支持。这是千载难逢的改革良机，主导这一历史性进程的改革者必将永载史册。

以上关于体制机制等方面的原因，能够回答为什么我们自己的科技成果没有引发工业革命。当然，为什么国外工业革命没有传入中国也可以用它来解释。不过，还有一个原因也不容忽视，那就是工业革命虽然具有普遍意义，但是它的实施路径毕竟是按照西方国家的经济体制、产业基础、思维方式、发展阶段等设计的。我们即使把它引进来了，可能也不会立即发挥作用。就像俄国十月革命的成功经验并没有指导中国革命取得胜利一样，这里需要一个中国化的过程。我们说，中国有五千年文明史，这当然值得我们骄傲。但是，有时候这也是负担，表现在我们对舶来文化的轻视上，或者对舶来文化的过度重视上。中国人习惯于按照自己的思维方式思考问题，在自己强盛的时候，根本不屑于西方的文化；在自己落后时，又对西方文化心存敬畏。

因此，我们接受西方文化的时候，必须要有一个警醒的认识、一个包容的心态，通过必要的研究、消化和吸收，使它适合中国，也就是所谓的中国化。当然，中国化的必要性也在于，人家不会主动为我们设计一个合适的路径，甚至还会有陷阱。因此只有中国化，我们才能真正融入世界大环境。对待第四次工业革命也一样，这个中国化的过程是不可缺少的，但是我们的心态也要更加开放自信。

第二次工业革命是以石油和其他化石能源为基础和动力逐步发展

起来的，但如今传统能源发展方式的弊端日益显现，环境对化石能源的容忍度已经到了极限。工业高速发展对能源的需要日趋增加，而人类赖以生存和发展的化石能源却日益受到诟病。特别是最近几十年，工业发展迅猛，人类对煤炭、石油等化石燃料无节制的开发和利用，以及工业生产排放的大量有害物质，使全球气候变暖趋势更加明显，生态环境遭到严重破坏，世界各地自然灾害频发。

发展可再生能源是必然选择。化石燃料驱动的工业时代即将结束，人类（要）面对双重压力和挑战，这已经是无可辩驳的事实。这并不意味着明天石油就会枯竭。石油还会供应，但供应量会减少，价格会上升。由于石油的生产与定价都取决于单一的世界市场，所以，没有哪个国家能够在能源自立的旗帜下独善其身。至于天然气，其全球状况与石油大体相似。虽然中国的煤炭、加拿大的沥青砂、委内瑞拉的重油、美国的油页岩储量相对丰富，但是这些能源开采费用高昂，并且这些能源比原油和传统天然气都要排放更多导致全球变暖的气体。如果我们转而使用这些污染性的能源以推迟化石燃料时代的结束，那么急剧升高的全球气温将不可避免地主宰人类的命运。

关于替代性资源，人们认为，相对于化石能源来讲，核能是一个可替代的选择，因为它不产生二氧化碳，某种程度上可作为解决全球气候变暖的措施。但核能从来就不是清洁的能源。放射性物质和核废料对人类的健康、对生物和环境都是严重的威胁。2011年，日本地震和海啸引发的福岛核泄漏导致了世界范围的政治地震，大多数国家的政府推迟了筹建新核电厂的计划，降低了对这项20世纪技术的期待。因此，人们很自然地投身于可再生能源。可再生能源的优势主要在于没有资源总量约束和具有良好的环境效益，但对可再生能源还必须考虑其成本和收益问题，如果开发可再生能源资本投入过大而综合收益太小，不但会给政府增加巨大的财政压力，而且会严重挫伤投资者的投资热情，发展前景不容乐观。在众多可再生的新能源中，风力资源可利用优势明显，理论上具有较好的开发前景。但是，在对风能资源开发的较早时期，由于技术比较落后，单机容量普遍小于一兆瓦，每千瓦的投资成本也比较高，并网难度大，资源利用率低，开发风电的资金主要来自政府支持，所建风电场多为示范工程，商业价值并不明显。但是信息技术的迅猛发展，将彻底改变这一现状。当信息技术与可再生能源技术融合，廉价、高效、稳定的可再生能源服务人类就不再是梦想。

随着信息技术的发展，事实上风电已经取得了长足的发展。风电装机容量不断增大，性能不断改善，发电效率不断提高，风电设备在全球能源设备中脱颖而出，自20世纪90年代兆瓦级风机出现以来，1.5兆瓦及其以上的风机基本上垄断了风电的市场，由此带来风电成本的持续降低。世界风能理事会统计表明，20世纪80年代到90年代初风电成本下降较快；90年代中期以来，成本下降趋缓，即使这样，风电成本也达到每五年下降20%。世界风能理事会估计，到2020年，陆上风机的总体造价还可以下降20%—25%，这个目标已提前实现，海上风机的造价可以降低40%以上，发电成本可以同幅下降，目前即使没有补贴，风电的成本已开始接近常规的能源。

技术的进步使等容量的风电机组重量下降，每千瓦的售价降低，风电电能质量进一步提高，对电网的不利影响减小。通过非并网、规模化、系列化和标准化后大规模投入市场，可以大幅度降低发电成本。这些技术进步使大规模利用风能成为可能，极大地刺激了各国政府和投资商开发风力资源的热情，助推了风电产业的高速发展。与此同时，受新技术突破、及早采用新技术以及规模经济等因素的影响，新型可再生能源的价格持续下降。风电、光伏发电的成本有望以每年8%的速度下降，使得发电成本每八年可降低一半。

在石油、煤炭等传统能源受到越来越多诟病的同时，它们的新用途却不断地被发现，可谓“山重水复疑无路，柳暗花明又一村”。石油作为蛋白质生产原料的研究，从20世纪80年代就已经取得了重大进展，只是由于石油价格不断攀升而没有进入量产阶段。从煤炭中提取的碳纤维已经进入生产和生活领域。未来，随着3D打印技术普及，煤炭、石油更将成为3D打印机介质的重要原料。所以说，传统化石能源成本不断上扬，可再生能源成本不断下降，两者之间的巨大反差引起了全球经济的巨变，也必将动摇第二次工业革命的根基，从而催生21世纪的新型经济范式和管理模式。以可再生资源为基础、以互联网技术为支撑的第四次工业革命，势必会在这一过程中担当重任。

第二次工业革命的落幕，从根本上说，是由于传统能源利用方式已经走到了尽头，即传统能源利用方式的落幕。第二次工业革命的最大特点，就是对传统能源的巨大消耗，以此提供工业发展的强大动力。今后，虽然传统能源仍然可以继续这样消耗，它同样能够提供巨大动力，延续传统工业化过程。但是，这种发展模式的恶果越来越大，影响越来越坏。沿着这条路走下去，人类最终的结局不是进一步发展，而是提前进入了坟墓，这并不是危言耸听。所以说，传统能源利用方式变革的时间已经到了。当然，我们不能否认第二次工业革命的功劳，它带给我们巨大的财富，它让我们在物质层面和精神层面都得到了极大的满足。但是，在它完成使命以后，它也必须退出历史舞台，这就是不能改变的规律。当人类社会走到了今天，第四次工业革命就要登场了，未来是它的舞台。我们研究历史，目的就是总结规律，指导未来。今后，让我们以饱满的热情去迎接第四次工业革命的新时代。

抢占新能源制高点

在第四次工业革命中，科技创新与产业变革互为牵引、互为驱动，呈现螺旋上升的发展态势。科学、技术和产业之间互相促进，循环加速的机制不断强化，围绕研发创新链形成推进创新的新局面，传统发展格局将面临重大调整。经济和社会系统对创新的支撑和相互策动日益增强，重大创新的出现越来越依赖于国家创新体系各要素间的系统整合和协同。创新模式的深刻变化，在更大的广度和深度重塑政府、企业、大学、科研机构等创新主体的功能和定位，其紧密互动成为创新力和竞争力的决定因素。

全球化进程加速，将推动创新资源实现跨国家、跨地区和跨产业链的配置。拥抱全球智慧的开放式创新，将成为提升自主创新能力的必由之路。围绕全球价值链，不同国家、地区或企业之间的竞争与合作空前活跃。创新强国间的研发合作持续升温，后发国家追赶之势不减，国际创新合作空间不断拓展，参与主体和形式更加多元化。以企业为主体的产学研协同创新，不断冲破阻碍创新要素流动的体制樊篱，产业创新战略联盟如雨后春笋般出现并快速发展。以获取核心专利为主题的企业并购日趋白热化。通过合作参与竞争，成为创新全球化时代国家和企业的生存之道、发展之道。

里夫金教授提出的所谓第三次工业革命，是建立在可再生能源技术和互联网技术不断融合基础上的一次革命，它将再次推动人类社会的生产和生活方式发生巨大变革。其所说的第三次工业革命有五大支柱，即通信、新能源、新能源的储存、智能互联、物流交通。里夫金教授指出，以煤炭、石油、铀和天然气为代表的传统集中式能源已经是夕阳产业，其高昂的成本，以及过度的消耗，不断穷尽其潜力；而以太阳能、风能和热能为代表的分布式能源会成为未来发展的主流，在接下来一段时间内将会呈现指数级增长，并预测其成本每两年就会降低一半。最后，里夫金教授还充满乐观地提出，作为正在崛起中的大国，中国完全有可能通过互联网和可再生能源这两大工具引领第三次工业革命，从而极大地提高生产力并推动迈入后碳时代的步伐。

里夫金的这些阐述并非纸上谈兵，而是得到了广泛认可。在美国，“能源新政”构成了奥巴马整个执政纲领的中枢，从总体上看大致包含以下几个方面的内容：第一，建立全国统一电网系统。第二，加大对新能源技术的投入。第三，对美国所有的企业增收排污排放费用。第四，大力推动混合动力汽车的生产和使用。奥巴马能源新政的真正战略意图在于改变国际资源的分配体制，造就一个达数十万亿美元的新兴产业，大量增加国内就业需求，拉动美国经济再次崛起，实现美国从消费社会向生产社会的转型，彻底改造美国的生产方式和生活方式。已有专家指出，这是一场新的经济革命，将比十年前的互联网革命意义更为重大，影响更为深远，是21世纪人类最大规模的经济、社会和环境的总体革命。

欧洲把重振欧洲工业作为应对经济危机的重要举措。因为经济危机使人们重新认识到，工业才是实体经济的主要贡献者。所以，欧洲的政治家需要积极参与“新工业革命”。第一，重振工业能够使欧洲可持续发展的动力得以延续。增长还是紧缩，欧盟目前正陷于两难境地。紧缩，就必须削减财政预算，但这就会引发民众强烈不满，甚至政府更迭；增长，就需要继续追加投入，但这又会加剧主权债务。为此，欧盟委员会提出新工业革命理念，强调技术创新、结构改革，“改变碳氢化合物为主的能源结构，更有效和可持续地利用资源，同时大力推进新的生产方式，包括数字技术、先进材料、关键技术（指新技术以及应用现有技术生产新产品、提供新服务或提高生产效率）、机器人、可循环能源、原材料的回收利用等”。第二，九大优先领域为欧洲勾勒出转型发展新蓝图。一是中小企业，二是汽车工业，三是可再生能源，四是高能效建筑，五是旅游业，六是智能城市，七是原材料革新，八是关键智能技术，九是卫星导航。严峻的形势迫使欧洲各国寻找经济社会发展的新路径，发展战略性新兴产业被提上了重要议事日程。首先，确定了低碳经济为主的目标，将低碳经济的发展看作新的工业革命，将低碳产业列为新兴产业的重点。其次，重在发展“绿色技术”。欧盟在经济复苏计划中，强调“绿化”的创新和投资，加速向低碳经济转型。

日本向第四次工业革命迈进，主要体现在高度信息技术和新能源管理的结合上。第四次工业革命的足音在日本这个世界经济和科技大国回响。第一，大力开发智能电网。第二，插电式电动汽车受欢迎。第三，智能电视和机器人。总而言之，从日本的情况来看，第四次工业革命来势迅猛，它乘着信息时代的东风，把过去看似不相干的事物联系在一起，真正做到物尽其用；它从根本上调整人类与自然的关系，人类不再是一味地征服自然，而是要保护自然，荡涤一切自然公害，遏制人类无限地向地球索取的贪欲，追求可持续发展，把地球家园变得更加美好；它改变着人们的工作和生活方式，使人们的工作更高效，生活变得更舒适。人类已经尝到第四次工业革命部分果实的甜头，相信会再接再厉，进一步推动第四次工业革命的发展。

韩国政府制定《新增长动力规划及发展战略》，将绿色技术、尖端产业融合、高附加值服务等三大领域17项新兴产业确定为新增长动力。韩国的大型企业将和中小企业共同在生物制药、机器人技术、脱盐设备、发光二极管、新型半导体、绿色轿车等领域获得政府研究与开发资金支持。如三星打算组成生物技术公司，SK能源和浦项打算开发天然气和洁净煤，LG则打算研究电池等。

学术界有一个论断，自进入热兵器时代以来，每一次工业革命几乎均带来一次世界大战，马云先生在2017年一次演讲中也持这一观点，他认为两次工业革命带来的科技创新和进步，引发了先后两次世界大战。当然随着时代的发展和科技进步，所谓世界大战的性质和表现形态也将大相径庭，发生根本性变化。

第一次工业革命是以煤炭与蒸汽机的结合为基础。第一次世界大战的发生，是欧洲历史上破坏性最强的战争之一。当时中国的北洋政府于1917年8月14日对德、奥宣战，第一次世界大战导致了奥斯曼帝国、德意志帝国、俄罗斯帝国、奥匈帝国四大帝国的瓦解，并促成国际联盟的成立。

第二次工业革命是以石油与内燃机、电力的结合为基础。第二次世界大战的发生，是以德国、意大利、日本法西斯等轴心国（及保加利亚、匈牙利、罗马尼亚等国）为一方，以反法西斯同盟和全世界反法西斯力量为另一方进行的第二次全球规模的战争。有20亿以上的人口被卷入战争，作战区域面积2200万平方公里。据不完全统计，战争中军民共伤亡9000余万人，4万多亿美元付诸流水。第二次世界大战最后以美国、苏联、中国、英国等反法西斯国家和世界人民战胜法西斯侵略者赢得世界和平与进步而告终。

“前两次工业革命带来了两次世界大战，这次工业革命将带来第三次世界大战！”此言一出，听众们被吓得差点一屁股坐在地上。可能是马云心灵感应到了听众们的担心，随后说道：“不过不再是国与国之间的战争，而是全人类共同对抗贫穷、疾病、自然灾害。”

中国特色是第四次工业革命的生命所在

中华民族错过了第一次、第二次工业革命发展的机遇。但新中国成立以来，尤其是改革开放以来，中国经济飞速发展，这为第四次工业革命的到来做了充分的准备。中国政府和世界各国的其他政府一样，都在敏锐捕捉第四次工业革命的机遇。

与前两次工业革命相比，第四次工业革命是人类超前谋划的一次工业革命，也体现了从自发到自觉的过程，即人类生产力水平的提升，人们对经济、社会、自然等发展规律认识水平的提升。与前两次相比，这次工业革命不仅仅局限于产业革命，更多地体现在能源革命，是对传统能源的改造和新能源的普及。相对于世界的一般进程而言，中国的第四次工业革命还有自身的特色，这是由社会主义初级阶段的基本国情所决定的。国外学者说第四次工业革命主要体现在新能源与互联网的结合。而在中国，新能源就体现在丰富的太阳能、风能资源，用这些能源去解放传统能源，从而使传统化石能源转化为资源。国外提倡用互联网配置新能源，我们的目标还要更明确、更深入一些，就是建立多能源协同智能供电系统，从而实现各种能源的网络化、智能化管理。国外新能源发电离不开电网，因此也遇到了瓶颈。而我们提出的多能源协同智能供电系统是一个更加智能化的系统，它对是否要上网并没有要求。因为我们在国外智能发电、智能电网的基

表2-1 前两次工业革命比较

项目	第一次工业革命	第二次工业革命
时间	18世纪60年代开始	19世纪70年代开始
背景	前提：资产阶级统治的确立。 资本：海外贸易、奴隶贸易和殖民掠夺。 劳动力：圈地运动。 技术：国外市场不断扩大。 市场：先后打败西、荷、法，国外市场不断扩大。	政治保障：资本主义制度在世界范围内确立。 生产技术：自然科学突破性进展。 资金：资本积累掠夺殖民地。 市场：德、意、日等国统一开辟了国内市场；世界市场的出现和资本主义世界体系的形成，进一步扩大了对商品的需求。
成就	棉纺织：哈格里夫斯，珍妮纺纱机（1765年）；克隆普顿，骡机（1779年）；卡特莱特，水力织布机（1785年）。 动力：瓦特，改良蒸汽机（1785年）。 交通运输：富尔顿，轮船（1807年）；史蒂芬森，蒸汽机车（1814年）。	电力的广泛应用：西门子，发电机；格拉姆，电动机。 内燃机和新交通工具：卡尔·本茨，内燃机驱动的汽车；莱特兄弟，飞机。 电信事业发展：贝尔，电话；马可尼，无线电报。
特点	首先发生在英国，从发明和使用机器开始到机器生产机器。 开始于轻工业部门，发明机器者大多是具有实践经验的工人和技师。 大机器生产代替工场手工业。	有坚实的科学基础，科学与工业生产紧密结合，推动生产力的发展。 同时在几个国家发生，规模广泛，发展迅速。 多国与第一次工业革命交叉进行。
影响	极大地提高了生产力，资本主义制度的巩固与广泛建立。 社会结构发生重大变革，社会日益分裂为两大对立阶级。 经济结构发生变化，开始城市化进程。 世界格局发生变化，东方从属于西方。 自由资本主义发展起来，殖民侵略进入以商品输出为主时期。	生产力迅猛发展。 社会关系：垄断与垄断组织形成，主要资本主义国家进入帝国主义阶段。 帝国主义列强加紧瓜分世界，殖民侵略进入以资本输出为主的时期。 政治经济发展的不平衡加剧，世界力量对比格局发生改变。

础上，还有一个智能负载环节。我们就是用这些智能负载去调峰，从而实现整个网络的稳定。那如何实现智能负载呢？那就是要根据非并网理论，选择高载能产业来实现。这就是第四次工业革命在中国的实施路径。

除了发挥能源优势以外，我们中国特色第四次工业革命的“特”还体现在实施路径不同。前面分析中我们谈到了，英国工业革命是建立在对内剥削和对外掠夺的基础上的。对内剥削，是通过“羊吃人”的圈地运动，把大量失地农民变成产业工人，从而得到了廉价的劳动力；同时，把土地集聚到资本家手中，从而得到了发展的土地资本。对外掠夺，主要是对殖民地的掠夺。通过以上手段，达到了原始积累的目的。可以说，这种“带血”的资本为工业革命奠定了基础。这些情况前面说过了，所以不再赘述。

表2-2　前三次工业革命的维度变化

指　标		第一次工业革命	第二次工业革命	第三次工业革命
时　间		18世纪晚期	20世纪早期	21世纪
能　源		煤炭	煤炭、石油、天然气	新能源
生产经营方式	生产方式	垂直集中机械机器生产	大规模流水线自动化机器生产	分布式网络化数字化机器人生产
	通信方式	电报	电话、计算机	计算机、手机、互联网
	劳动方式	产业工人密集型	知识工人密集型	智慧个人网络型
原材料		天然材料，部分提炼	提炼材料、化合材料	新型化合材料

中国要实现可持续发展，实现科学发展，必须坚持把发展作为实现国家富强和民族复兴的第一要务，必须坚持以人为本，必须坚持全面协调可持续发展，必须坚持统筹兼顾。社会主义初级阶段是我们当前必须面对的基本国情，也是我们从事各项工作必须率先考虑的根本点。我们的第四次工业革命是具有中国特色的第四次工业革命，也不能忽视社会主义初级阶段的特点，更不能偏离社会主义的根本方向。我们是负责任的国家，不能效仿资本主义国家的罪恶行径求发展。我们要发挥自己的比较优势，从事关国家发展的重大战略方向入手，积极进取，实现突破。同时，历史经验也告诉我们，无论引进多么先进的理念，也必须与中国实际相结合，才能发展、壮大。从洋务运动到戊戌变法，从辛亥革命到新文化运动，从技术到制度，再到思想，都面临同样的结果，那就是失败。这一次次的经历，可以说是血的教训。

这是为什么呢？原因纵然有很多，但最重要的一条就是，我们学来的先进理念没有与中国实际相结合，导致外来的经验水土不服，失去了效力。我们知道，以毛泽东为核心的党的第一代领导集体，把马克思主义加以创新发展，与中国实际相结合，从而不仅拯救了处于生死存亡边缘的中国共产党，还带领中国人民实现了中国革命和社会主义建设的伟大胜利。所以说，中国特色是马克思主义指引中国革命和建设取得胜利的关键要素。

如今，我们迎接第四次工业革命，也面临同样的问题。我相信，中国特色同样是第四次工业革命成功的关键，甚至可以说是第四次工业革命的生命所在。这话一点都不夸张。第四次工业革命是一个先进的理念，但是它并没有现成的路径和经验供我们选择，现存的发达国家经验虽然有参考价值，但是毕竟与我们的背景和发展阶段有很大差异。

这就需要我们根据中国发展的阶段特征、基本国情，也就是中国特色，设计符合我们特点的发展路径。前面我谈到很多第四次工业革命的特征，这些基本上是从与前两次的差别上来谈的。这些当然需要我们考虑，但是最关键的还不止这些，最关键的就是中国特色问题。

中国特色是我从事几十年研究工作的深刻体会，无论是对历史的纵向分析，还是与其他国家的横向比较，我都发现，中国发展问题的立足点必须要放在中国国情和阶段特征上，发展路径必须具有中国特色，这是我们各项事业成功的决定性因素。什么是中国特色？就是对外来文化尊重但不迷信，运用但不教条，更重要的是不断总结实践经验，融入民族传统，反映时代要求，从而解答中国社会发展遇到的各种问题，促进中国社会的发展和进步。简单地说，中国特色就是要具有鲜明的实践特色、民族特色和时代特色。其他国家率先进入了工业化，城市化进程也比较完善，养老系统的完善以及资本的积累，都已经为第四次工业革命做了一定的铺垫，而中国就现阶段而言，环境、气候、水资源等自然环境都不足以支撑未来长期的经济发展。

除此以外，中国特色还具体体现在以下这些方面：我国能源生产结构中，煤炭70%—80%的比重远远高于其他国家；实现电网调峰的高耗能产业还将持续一段时间；海水的淡化实现再生水的利用，不能再依靠传统能源而是可再生能源；中国是世界上风能资源最丰富的国家；未来20亿人口的粮食问题；中国严重的雾霾现象；SO_2的排放问题；等等。只有把立足点放在中国的国情以及阶段特征上，我们的第四次工业革命才能取得成功。

我认为，在第四次工业革命中，我国经济社会发展将面临五大问题，即新能源高效低成本规模化应用问题、淡水资源的可持续利用问题、高耗能产业低碳化问题、煤炭的清洁化利用问题、氢能生产应用商业化问题。如果能够有效解决这些问题，那么我们转变经济增长方式的问题就得到了解决，民生问题就得到了解决，所有现在面临的突出问题都将得到解决。怎么解决呢？第四次工业革命为我们指明了方向，但是路径更重要，我们就要设计出具有鲜明的实践特色、民族特色和时代特色，即中国特色的第四次工业革命实施路径，从而破解难题，实现新的发展。俗话说：天下兴亡，匹夫有责。我希望我们能够共同努力，一起攻克这些难关，实现中国经济的健康、科学、可持续发展。

中国特色路径选择的博弈

新能源逐步取代传统能源将成为未来能源发展的主要方向。但对我国而言，传统能源在目前以及未来相当长一段时期内，仍将是我们的一大优势。所以在探索中国特色第四次工业革命的实施路径中，我一直在想一个问题，那就是怎样处理好新能源和传统能源的关系。处理好两者的关系，并不是一件容易的事情。新能源和传统能源都是不能绕开的，我们必须对它们进行超前的战略设计。美国人说过：打不败的敌人是朋友。我发现，这也许就是对新能源和传统能源关系的最好诠释。既然彼此都不能完全替代对方，不如将两者进行“嫁接”，优势互补。

我们设想的实施路径，是充分发挥新能源和传统能源优势的新路径。建立起非并网多能源协同智能供电系统，能源的问题就解决了；实现传统能源从能源到资源的身份转变，传统能源的问题也解决了。

对于中国而言，具有中国特色的新能源发展模式应该是，利用已经成熟的物联网技术，发挥新能源储量丰富优势，通过科技创新与系统集成，建立一个非并网多能源协同智能供电系统。这是一个新能源利用系统，从系统本身来看，这是一个高度智能化、高度集成化、高度数字化的系统。可以说，是一个集成了发电、输电和用户的智能网络体系，实现了更大范围内的新能源发电的优化配置。这个系统与国外提出的智能电网系统的最大区别在于，我们不仅要实现发电、输电的智能化，更重要的是实现负载的智能化，这样我们就能摆脱电网的束缚。实际上，我们是建立了一个比电网更大的网络。这是一个区别于以往的发展思路。以往我们新能源发电的去向就是并网，这样即使运用互联网技术也不可能实现真正的智能化。而实现了智能负载就不一样了，我们把用户侧也融入电网系统中，进而在这个大的系统中实现调节、配置，最终能够实现全系统的平衡。通过非并网多能源协同智能供电系统，就能够实现所谓的“五化”，即新能源高效低成本应用的规模化、淡水资源的可持续化、高耗能产业低碳化、煤炭的清洁化、氢能生产应用商业化，而这些都是事关经济社会发展全局的重要方面。

对于传统能源，过去就是把它们烧掉，做热功。虽然这样也能够让它们发挥很大作用，但是在当前的技术条件下，这未免太浪费资源了。煤炭、石油、天然气等传统能源，不仅可以燃烧做热功，还可以作为重要的原材料。如果能够把传统能源变成我们所需要的重要资源，那么大家的生活质量一定会在不同程度上得到改善和提高。

我们可以利用煤炭、石油、天然气资源为3D打印提供介质。通过煤炭精细化工生产的碳纤维材料，就可以作为3D打印的介质，用于打印房屋、家具、服装等生产和生活用品；利用石油等生产出来的高分子材料可以用到飞机、汽车，甚至航天等领域；从石油中提取的蛋白质经过合成可以作为打印活体组织的介质，从而打印出人体器官，这将是一项具有更大意义的进步。用于打印器官的特殊胶原蛋白凝胶，就完全可以依赖传统能源通过生物技术提取出来。这将在下文会有详细的介绍。所以说，第四次工业革命让我们开阔了眼界，创新了思维，而我们的步子要迈得更大一些。国外正在为3D打印机技术沾沾自喜的时候，我们要想得更远一些，把我们的研究拓展到打印介质的研究方面。因为这能够把我们的优势结合起来，也就是中国特色之一。煤炭、石油变成资源生产各种材料，这就是我们要坚持的实施路径。实现3D打印是人类历史上的一个重大飞跃，将化石能源变成各种材料也将是人类历史上的一个重要飞跃，而将这两个方面有机结合，将推动人类社会发展进入一个更高的水平。

在最前面我讲了关于第四次工业革命的几个基本观点，对于化石能源的未来，我的看法是有两个主要的发展方向：一是生产蛋白质，先从饲料开始，逐渐直接到人类的餐桌；另一个是各种新型材料，例如碳纤维材料、胶原蛋白材料等，将这些材料用作3D打印机的介质。如果这两个方向都能实现了，不仅我们的环境问题解决了，转变发展方式实现了，我们的生活方式、生产方式也都将改变，我们的生活质量将大大提高。从远期来看，当我们能够把石油蛋白直接送上人类餐桌的时候，我们是不是可以直接利用3D打印技术生产各种肉类呢？我相信这是未来可以实现的美好景象。同时，3D打印技术也在不断地发展和完善，目前已经能够打印出人类的心脏和各种肌肤组织，据专家介绍，未来十年内这样的器官就可以移植到人体上。

从中国的实践来看，它的意义就在于改变我们的能源、资源利用方式，从而改变我们的生产、生活方式。我认为，第四次工业革命也是一个循序渐进的过程，就如同我们在前面展望的一样，刚开始我们也许只

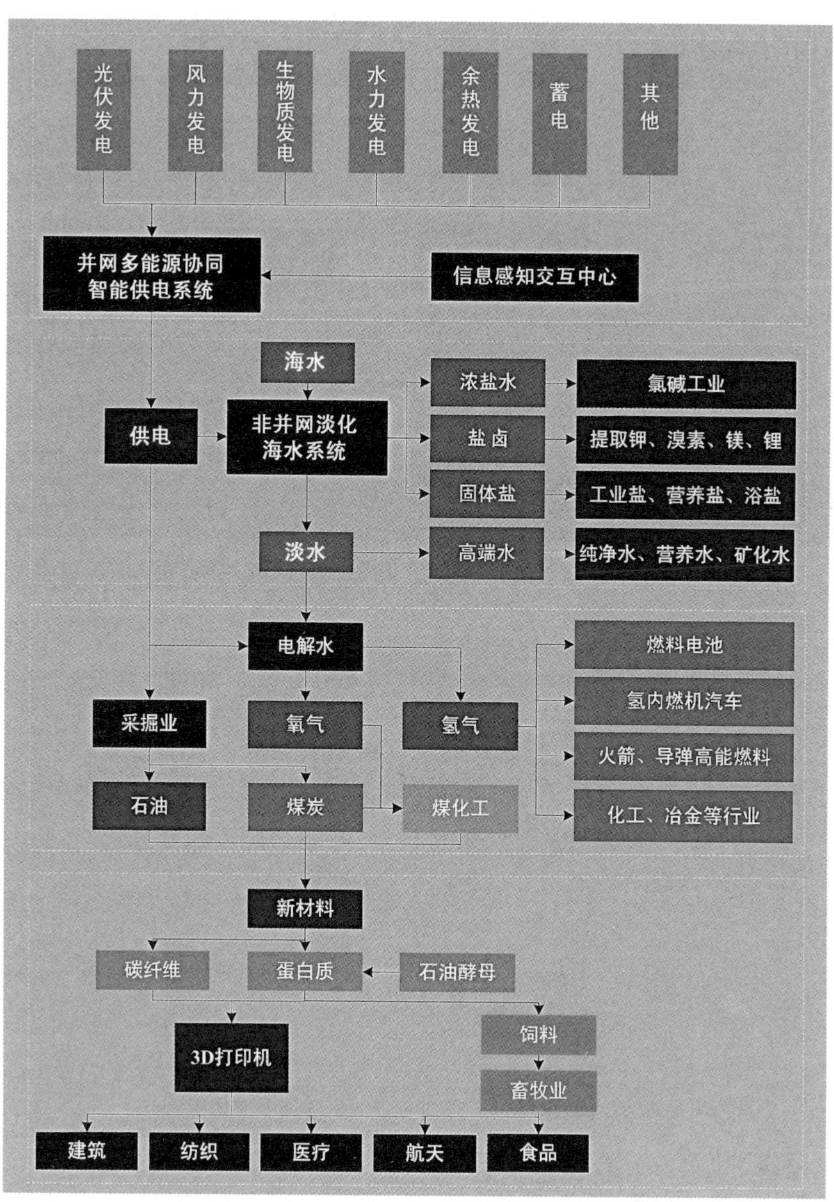

图2-1　中国特色第四次工业革命的战略构想

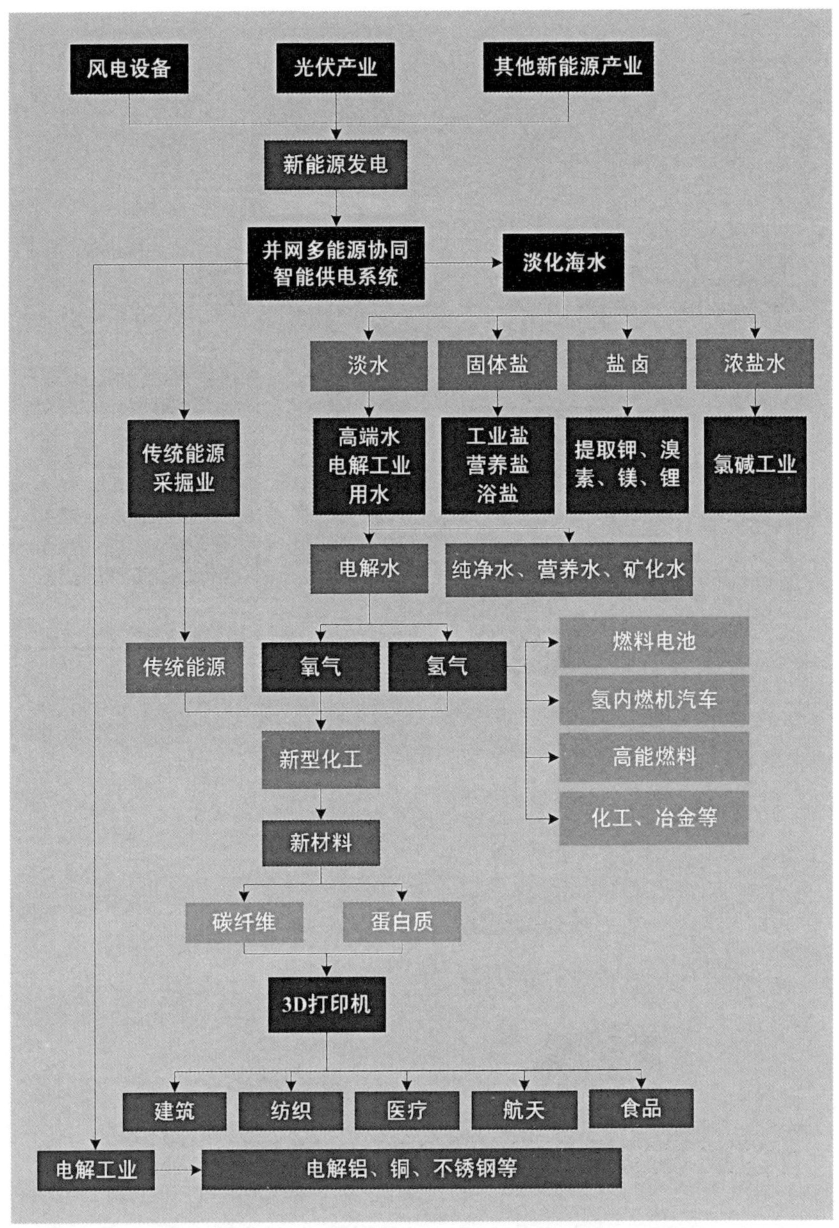

图2-2　中国特色第四次工业革命的产业图谱

能从石油资源中提取相对低级的蛋白质，但是这能够改善我们所饲养的动物的营养结构，提高它们的营养水平，这样也就相当于间接提高了我们人类的营养水平。随着科技水平提高，我们就可以适当减少这个环节，而直接3D打印出我们需要的食品。

那时候的食品，不仅外观更加鲜嫩、美观，口感更加美味，而且更加适合人类对营养的需要，因为我们可以利用食品工程技术对所加工的食品进行最好的营养配比。如果你喜欢羊肉，就可以按照羊肉的色香味和肉质进行3D打印。如果喜欢排骨，就可以3D打印出肥瘦合适的排骨。如果喜欢玩花样，甚至可以做出更大胆的尝试，比如冰淇淋外观的鹅肝，水果外观的肉食，完全超乎想象，为人类生活带来更多的创意和惊喜。

而且，这样做的意义还在于，它可以减少为了肉制品而进行的养殖，这样可以减少养殖业对环境、生态的破坏，并且减少屠杀动物等行为。目前，保护动物的呼声越来越高，这是社会文明进步的标志，意味着伦理的范畴从人类已经开始向其他物种，甚至整个星球延伸，现在生态伦理学等提法越来越多。有了前面的展望，我想我们就能够避免这些违背伦理的事情发生。那时候就能真正做到人与自然的和谐。现在有很多动物因为人类的杀戮而境况凄惨，甚至濒临灭绝。有时候，人类为了口腹之欲对一些动物进行疯狂的捕杀，比如从鲜活的鲨鱼身上割取鱼翅等。还有时候，虽然我们的行为是有正当理由的，但是对动物而言却是灾难，比如实验室里的小白鼠等。不仅动物如此，植物也是一样，而往往我们对植物的各种所作所为却是心安理得的。长此以往，我们人类的行为就会打破生物圈的平衡，当世界上只有人类的时候，人类的末日也就不远了。

所以，我们要建立一个有利于生物圈平衡的新秩序。新能源和互联网结合起来，这只是表象，从更深层的意义上讲，我们要运用新的技术手段，对新能源、新材料、信息技术进行更加高效的结合，从而推动我们的生活进入更加和谐、美好的时代。什么是和谐？应该是指在我们这个星球上，生活在生物圈中的各种生物，不是互相掠夺，而是能够和睦地相处，维持生物圈的稳定和可持续发展。

我还要说明一个问题，我在文中多次提到石油生产蛋白质的想法，在后面的文字中也会详细介绍。之所以不厌其烦地提这个事情，就是因为对于第四次工业革命而言，尤其是对我国而言，必须很好地解决传统能源的问题，传统能源是我们的优势资源，是宝贵财富。新能源是方向，这个不能违背；而传统能源是财富，我们不能丢。在后面的文字中，我会阐述所谓的嫁接发展模式，把两种能源的优势发挥出来。并且，人类面临蛋白质缺乏的现状，说是蛋白质危机一点不为过。为了提高整个人类的健康水平，我们需要开辟新的蛋白质来源，为人类生产更多更有营养的蛋白质食品。

未来就是要有一些创新性的事物走进我们的生活，也许我们今天不敢想的事情，明天就会发生，但是它们的出现将会使我们的生活更好，这就是我的目的。我今天提倡石油蛋白，通过这一技术开拓出中国特色的新路径。将来也许有更多符合第四次工业革命的技术路径被设计出来，而且这些技术路径是中国特色的。中国如何实现能源革命，我想就是要走出自己的特色，只有这样才能建立和巩固我们的地位。

第三章
中国能实现“库兹尼茨曲线”的底部穿越吗?

中国奇迹与中国经济的“十字路口”

从20世纪70年代末至今，中国经济连续三十多年保持高速增长。这种历时如此之长、范围如此之大的经济高速增长活动在世界经济史上都是罕见的，因此被许多中外观察者称为“中国奇迹”。

三十多年来，中国成了全球最大的汽车市场、全球最大的能源消费国、全球最大的出口国和制造业大国。这一个个头衔让许多国家大为惊叹，更加刺激了世人的眼球，最让世人眼热的是，奥运会、世博会空前气派，磁悬浮、高铁、地铁等政府项目进展神速，政府海外采购出手不凡，企业海外并购胃口大开，中国商人海外投资遍地开花，中国游客走遍世界掀起购物风潮，世界富豪排行榜上中国富人榜上有名且节节攀升，中国人变成豪宅、豪车、国际名牌奢侈品新的消费群。所有这些极具感官刺激的信息，都在激发和强化一个概念，即“中国奇迹”。与中国经济社会发展以及人民物质生活改善相伴随，国际社会在不断校正对于中国的认识和评价：从最早的“黄祸论”，到“威胁论”，再到“机遇论”，又到金融危机后的“救世论”。这种认识和判断的变化，反映了中国国家实力的变化。

“中国奇迹”令世人瞩目，然而，造就这个“奇迹”的传统发展模式却像一个风烛残年的老人，早已经走过了他一生中最辉煌的年华，变得步履蹒跚。目前，传统发展模式已经受到越来越多来自方方面面的批评和挑战。在经济方面，对外依存度较高的出口导向型经济发展模式在国际金融危机之后难以持续，而内需拉动型经济发展模式的形成依然任重道远；在政治方面，权力相对集中、公共性和参与性不足的体制，因长官意志包办主义严重、公权限制乏力、责任机制匮乏、公共政策跑偏等弊端，难以实施对经济社会的有效治理；在科技方面，技术轨道锁定的风险加大，科技泡沫化的趋势日渐形成。所以说，经济危机、科技泡沫以及政治改革的强烈愿望，已经把中国经济推到了一个“十字路口”。

对于中国经济的未来走向，社会各界都非常关心，也有不同的判断。其中，林毅夫在不同场合多次阐述了他对未来中国经济的看法。他是比较乐观和有信心的，预测中国经济还将高速发展二十年，到2030年中国人均收入将达到美国的50%，经济总体规模将是美国的两倍，在全世界前500强企业中中国企业数量会达到150家左右。同时，郑新立也曾经强调:“我认为中国的快速增长期至少还可以保持二十年，为什么呢？从历史上看，日本的快速增长保持了二十年，韩国的快速增长保持了三十年，中国应当创造快速增长期的新纪录，可以保持五十年。因为从当前来看，我们还有好多经济潜力没有发挥出来，只要我们通过改革不断释放经济发展的活力，保持二十年的快速增长完全没有问题。”

然而，两位专家的乐观却不一定能引起全社会的共鸣。对于两位专家，尤其是林毅夫，很多人并不认同他的乐观判断，反而认为他去做了世行首席经济学家兼负责发展经济学的高级副行长以后，已经对中国的实际情况变得陌生了，他的论断是在“放卫星”，是在“盲目爱国”。可见，对于未来经济走向，一种悲观的情绪已经笼罩在神州大地上了。同时，我国政府对未来经济走向也持比较谨慎的态度。最典型的例子就是，在我们国家的“十二五”发展规划中，已经把经济增速的预期下调到7%，与“十一五”期间的实际增速11.2%相比，增速下降了37.5%。社会的悲观加上政府的谨慎，使得这个问题变得扑朔迷离。为此，我们需要认真回顾、反思我们三十多年来所走过的路，重新思考我们的发展模式。

就前些年中国经济增长速度之快，全世界都会认为这是个奇迹，但是到底怎么会导致这样高速的经济增长呢？我们过去倾向于强调中国经济高速增长的独特的一面。独特的一面确实有，而且没有必要去否定它。但是，当我们把独特的一面抽掉以后，我们用新古典经济学的角度来看中国增长的话，中国也没有什么突出的特点，因为中国的增长无非就是在资本的高速积累（包括外资的进入和中国国内高储蓄率）的推动下产生的，再加上中国有人口红利，所以资本的积累和劳动力的高速增长肯定会带来经济的增长。

但是，无论是从资本积累来看，还是从劳动力要素的增长来看，两者都是不可持续的，所以中国未来发展的动力就显得不足。在这样的背景下，如果中国的经济增长仍然要维持在年均10%以上的高速度，那么，全要素生产率就大概需要保持年均4%以上的增长率，从过去的发展趋势以及当前的要素供给来看这几乎是不可能的。因为在过去三十年，中国的全要素生产率的增长每年也就3%多。有一次，哈佛大学的资深经济学家帕金斯受邀在复旦大学中国经济研究中心演讲，他给出了这样一个判断：未来，中国的增长率下降到年均6%其实是非常正常的，毕竟，中国年均近10%的增长率已经维持了三十年，这已经是一个世界纪录。根据帕金斯的估算，日本、韩国和中国台湾基本上在人均GDP达到1.33万美元（按2005年价格计算）后开始出现经济增长率的明显下降。

其实，中国之所以会出现这样两个看上去有些矛盾的结果，与中国是个大国有关，也只有看到这一点，才能够知道未来中国维持高速经济增长的可能性如何实现。中国大陆和日本、韩国、中国台湾这几个经济体相比，无论是在面积还是人口意义上都绝对是个大经济体。中国在过去三十年中的高速增长更多是来自东部，中国对其他发达国家的追赶也主要是东部的追赶。如果一定要与其他几个亚洲经济体做比较，那么，拿中国的某一个或几个省来比较，可能比拿全国来比较要更合适。换句话说，中国的东部可能因为与发达国家的差距日渐缩小，即将迎来经济增长速度放慢的时期。

我们要抓住世界经济结构深刻变化、国内外市场竞争压力加大、国内企业转型升级步伐加快这一重要契机，加快调整经济结构，构筑我国经济增长的新基础。

着力扩大内需，特别是消费需求。国际金融危机发生以来，通过积极扩大内需，我国经济增长对外需的依赖度明显降低。但也要看到，我国内需增长的基础还不够稳固，以住、行为主的消费结构升级活动，房地产投资和企业投资活动，都还存在较多的不稳定因素。当前世界经济形势更加复杂，发生外部冲击的可能性进一步加大，巩固内需增长基础，是保持我国经济平稳较快发展的重要保障。

扩大消费要尽快把以住、行为主的消费结构，升级引入平稳较快发展轨道。我国居民的住、行改善是消费增长的主导性力量，是2002年以来推动我国经济持续快速增长的重要需求源泉，预计未来相当长时期内仍然是促进消费增长和经济增长的主要因素之一。要通过房产税等制度建设，弱化住房的投资属性，从根源上控制投机性、投资性买房活动，同时从政策上积极支持引导刚性、改善性等居住性买房需求，促进房地产市场需求平稳地可持续增长，促进以住、行为主的消费结构升级活动进入平稳健康发展轨道。

扩大消费还要努力消除制约城市化的瓶颈，加快城市化步伐。城市化为扩大消费、扩大内需提供了最为广阔的空间。如果我国接近或达到发达国家城市化水平，预计未来还将有三亿左右农民转变为城镇居民。此外，我国城镇常住人口中还有两亿左右没有城镇户籍。综合来看，这一城市化进程中还需要使五亿左右的居民转变为城镇户籍人口。由此可见，城市化依然任重道远。城市化首先可以大大提高居民的消费水平，我国城镇居民人均消费大约是农民的三倍，城镇非户籍居民消费也明显低于户籍居民。随着户籍人口的增加，扩大消费需求潜力巨大。城市化还会带动大量的城市建设，特别是城市基础设施建设，这也包含了投资增长的巨大潜力。因此，需要积极而稳妥地推进城镇户籍制度改革，增强城市政府公共服务的责任和能力，提高服务水平、扩大覆盖范围，同时加快制定城市长远发展规划，用以指导城市基础设施特别是地下基础设施建设，进而加快提高城市承载能力的步伐。要通过多种措施巩固内需，稳定可持续增长的基础。

着力推进产业结构优化升级。我国经济发展的国内外市场环境和要素供给条件都已发生深刻变化，在新形势下促进经济平稳较快发展，必须加快产业结构优化升级步伐。产业结构优化升级的一个重要方面，是抓住机遇，促进装备制造业为主的重加工业振兴发展，为工业制造业设备水平提高提供有力保障，使我国加快由制造业大国转变为制造业强国。随着市场竞争加剧、劳动力成本提高，我国工业制造业企业普遍加快了转型升级步伐，其中设备更新渐趋活跃。这就给装备制造业提供了广阔市场。另一方面，欧美等发达国家的经济前景暗淡，主权债务问题的发展，扩大就业的压力，会使其输出技术设备的内在要求趋于加大，这或将使我国装备制造业转型升级获得所需的技术支持成为可能。

我们应该把握住这一机遇，通过改革，进一步鼓励和引导民间投资进入实体经济领域，特别是进入装备制造业这一复杂分工协作系统，通过大企业和龙头企业带动辐射中小微企业，充分释放民间创业蕴含的巨大活力与创造力，并在引进消化吸收再创新的过程中掌握更多先进技术，从提高零部件制造水平起步，全面提高我国装备制造水平。我们还要按照“十二五”规划纲要的要求，加快培育发展战略性新兴产业和高技术产业，全面实施国家自主创新能力建设规划，制定出台投资、税收、金融、人才等方面的鼓励政策，发布战略性新兴产业重点产品和服务指导目录。要促进传统产业优化升级，继续实施重点产业振兴和技术改造投资专项，推进煤炭、钢铁、石化等行业跨区域、跨行业、跨所有制兼并重组，制定分解淘汰落后产能目标。要进一步推进服务业综合改革试点，推动服务业加快发展；研究制定鼓励服务业新兴产业、新型业态发展目录。

加快调整经济结构，还要进一步加强节能减排工作，通过经济结构优化促进节能减排目标的实现。要实施好区域发展总体战略和主体功能区战略；全面实施西部大开发“十二五”规划，研究制定新十年东北振兴的政策措施，进一步实施促进中部地区崛起战略，同时积极支持东部地区转型发展。

如何应对经济发展困局?

毫无疑问，当前中国经济发展已经陷入困局，我们应该如何应对呢？我们可以回顾一下今天的局面是如何造成的。这一轮经济周期实际上是从2003年开始的，大的环境与美国经济周期以及世界经济周期有关。在2002年之前，中国人民银行每年的工作目标，就是为放1万亿贷款而奋斗。当时朱镕基总理正好严抓不良贷款，各级行长都非常谨慎，严控贷款。但到了2003年，上半年贷款一下子达到1万亿，全年贷款规模增长23%。此后，中国经济一路高歌猛进，涨到2007年的14.2%。2008年发生百年一遇的大危机，波及了全球经济。2009年中国经济进一步往下走，这期间，我们出台了4万亿政策。4万亿是财政的钱，更多的是央行提供了大量的配套资金。

当时，我认为中国两位数增速的时代应结束了，中国增速下来是合理的，硬托上去是不合理的，是有风险的。在今天看来，大家已经慢慢接受增速下来这一事实。从各种数据分析，未来几年经济增速还会逐年下降。首先看出口。尽管美国经济在慢慢复苏，但要恢复到2008年之前的那种状况，很难。欧元区的问题比较严重。这几年出口对GDP的拉动率要恢复到危机前几年的可能性已经很小了。其次看消费。政府多年来的战略取向是要扩大内需，特别是扩大消费。我们的战略目标和任务无疑很正确、很明确，就是想尽办法扩大消费，改变增长方式。

实事求是地说，国家这几年在扩大消费上是下了大力气的。农村实施了新农合，看病可以报销，农民养老也开始慢慢在解决。最为震撼的是，中国农民祖祖辈辈都知道种地要缴税的，前几年农业税也废除了。废除农业税很大部分是为了消费。但尽管如此，严峻的统计数据告诉我们，提高消费率很难。因此，在中国目前情况下，GDP增长在消费和出口上找出路很难。从出口角度看，外国没有钱进口；从消费角度看，需要深入改革，需要一个漫长的过程。

因此，只能依靠投资。投资分三块，房地产投资、制造业投资和基础设施投资。制造业投资，全国各行各业基本上都产能过剩，产能利用率只有70%左右。比较生动的例子，生产一吨钢，低的时候只能赚一毛几；生产一吨煤，买不了一瓶高级矿泉水。温家宝当总理的时候，他说，不要说一般的制造业，连战略性新兴行业中的风能都“疯了”。因为各个省都想搞战略性产业，政府干预、政府计划，最后又是重复投资。类似无锡尚德这类企业的故事很多。所以从制造业说，我们不能指望投资有很大的提高。

那么就看基础设施建设。在中国，基础设施建设主要靠地方政府投资。中国资金富足，但是由于金融改革没有到位，大量基础设施的资金不是来自社会，而主要来自地方政府各种形式的举债。有的专家说，中国在基础设施建设方面有很大的空间，还可以依靠大量投资拉动GDP。这只是指出了一种可能性。中部、西部、西南部地区和珠三角、长三角、环渤海相比，投资空间确实很大。但是关键是钱在哪里？现在地方债务风险高的问题已经很突出了。有人说，堵后门，开前门，发地方债。从中国各级政府情况来看，即使发债，也不是每个地方政府都能发债。如果严格按评级发债，只有上海、北京、广州、深圳等一些债务情况较好的政府还可以发债,绝对不是全国各级地方政府都能发债的。而且,即使搞发债,也不可能像前几年那样大量举债。因此,政府发债的问题不是融资形式问题,而是规模还能否持续放大的问题。

现在地方政府债务问题已变成全社会关注的问题。有些债权人已经到政府门口静坐,要求还债,问题很严重。因此从这个角度说,基础设施建设不可能维持原来那种很高的增长速度了。当然,现在采取了一些措施,比如为了解决铁路债的问题和棚户区改造资金的问题,让国开行发债,邮政储蓄银行买债,绕了一圈来解决这些资金问题,这是可能的,作为临时措施也是对的,但是不能放开了规模干,也不是长久之计。

综上可见,从拉动GDP增长的角度看,我们出口的贡献不能给予太高的希望,消费率的提高是一个漫长的过程,平均每年提高一个百分点就是很好的事了。投资中制造业产能过剩,基础设施建设很难继续维持高增长。因此,房地产投资是关键的一环。

如果住房销量下降,房价下降,系统性风险会不会爆发?这个就很难说了,很难保证不爆发。如果爆发,它是一种什么样的爆发方式?以下用第几波概念来描述,实际上在时间概念上,不一定是先有第一波然后是第二波,并行也有可能。

第一波,房市价量齐跌,价格在跌但程度不高,量也在跌,卖不出去了。这种状况现在已经开始了。房地产抵押贷款的资产质量最早出问题,房地产企业的问题最早出现。抵押物的市值马上下跌,开发贷款的质量问题紧随其后。这个时候,面对抵押物价格的下跌和开发贷款可能还不出来的房地产企业,银行行长的第一反应是马上收紧贷款,收旧贷款,不给新贷款。这样做的直接效应是部分房地产企业马上资不抵债，破产。间接效应是GDP下跌，这是第一波。

第二波，收紧房企银根的连锁反应是，涉及上下游40个行业的投资会进一步深度下行。和房地产业相关的水泥、钢铁、玻璃等40个行业现在已经产能过剩，如果房地产投资再进一步下降，产能过剩问题更大。因此导致这批相关的非房地产行业产出减少，或者减少投资，或者倒闭破产，进一步影响全局性的投资和GDP，这是第二波。

第三波，地方GDP马上下滑，地方政府破产。目前，狭义的土地财政对房地产的依赖度达到53%。有些地方更高，100%多的都有。在这种情况下，如果房市价量齐跌，首先会出现什么情况？房地产企业拿地的积极性会减弱。因为房地产企业房子卖不出去，价格都跌了，老板不愿意拿地了。地方政府由于资金压力，没有钱了，怎么办？收缩基础设施建设，棚户区改造资金配套不够，保障房建设以及民生的其他投入都发生困难。直接影响是，地方GDP马上下滑。

现在全国每年大量的基础设施建设，80%都是银行的钱，或者金融系统的钱。地方政府是用20%的土地收入来撬动了这80%的基础设施资金。地方政府普遍以土地抵押向银行融资，如果地价进一步下跌，对地方政府无疑是雪上加霜，GDP的增速前景更加暗淡。这个时候，地方政府如果急了，唯一的出路是加快拍卖土地。但越加快拍卖土地，地价跌得越快，这是必然结果。地价跌得越快，会从房地产企业、地方债等各种渠道，激化银行资产质量的恶化。这样的话，使整个社会债务慢慢陷入倒塌的恶性循环，银行就不敢贷了。

第四波，群体性事件集中爆发。随着银行对房企的信贷紧缩，理财市场上的违约事件频频出现，由此群体性事件和社会不稳定因素在短时间内会集中爆发。现在整个社会都在讨论刚性兑付的问题。对此，不能刚性兑付，否则老这么下去，中国的金融市场秩序怎么建立？但是不刚性兑付，老百姓怎么办？要坚决打破刚性兑付，目前可暂时有些变通措施。现在整个中国面临着全社会道德风险。什么叫全社会道德风险？地方政府主政者不在乎，借钱干，还不了，过两年退休下届政府还，因此政府谁也不怕借钱。政府不怕借钱，银行也不怕，通过银行在柜台上向老百姓销售地方举债的各种金融产品。地方政府不怕，银行怕吗？中国的国情都了解，地方政府债务最后是中央要背的，因此银行也有积极性，银行也有道德风险。老百姓觉得政府不怕，国有银行不怕，我们怕什么？你只要敢卖，我就敢买。例如12%的债券利率，银行拿2%的“通道费”，信托也拿2%，到了老百姓手上还剩8%，比银行存款还高4.5%，为什么不买？这就是整个社会的道德风险。面对这个情况，买可以，最后还不了应依法办事，它不是固定收益，是预期收益率，合同早就告诉你了。最后到底怎么办？这就看执政者水平了。

金融天生具有内在的不稳定性和顺周期的特点。中国当前经济运行传导机制的主要特征是什么？是“土地财政”，以土地为杠杆，撬动金融。通过撬动金融，推动经济增长。在土地财政、金融杠杆、经济增长三者紧密相连的扭曲局面没有彻底改变之前，在房市泡沫想戳破又不敢戳破而刚刚开始有点戳破之初，房市的价量齐跌，土地收入的减少，会引起银行资产质量的恶化，银行从自保角度出发，会紧缩信贷，由此必然会发生整个社会债务陷入自我紧缩的循环之中。中央政府应该要从最坏的打算入手，做好各种准备。

中国经济每个月的表现都在挑战人们的想象力，谁也说不清，谁也不敢打保票了。面对现在这个情况，一旦出现意想不到的事，怎么防止经济出问题？

第一，要坚决稳住整个金融系统的放贷意愿和能力，让金融系统树立信心。为此，中央银行近期内应采取措施，发出明确的毫不含糊的稳健货币政策的信号，确保整个金融体系有稳定的流动性支持。中央银行政策的信号一定要很明确，而不是如前一阵子，让市场去猜中央银行采取回购的意图。市场看不懂，金融机构看不懂，这种状况很危险。就要告诉大家，你们不要慌，金融机构不要慌。为什么金融体系要稳住？因为金融体系一旦出事，和某个大企业出事不是一个概念，金融体系的风险传导快，影响大。

第二，一旦市场上出现抵押物大幅度贬值的情况，可以宣布采取紧急会计原则，或者说，央行马上动手，直接到市场上去购买将贬值的资产。你卖我就买，把价格稳住。紧急会计原则，就是不准随便按照抵押物的原值来要求追加抵押物，越逼企业，企业越陷入危机。维持原来抵押物价格，原来评估多少钱就是多少钱。听说美国在危机时，在会计原则上也采取了紧急措施。我们能不能采取？当然能。一旦出事，就要防止市场恐慌。

第三，当房价出现断崖式暴跌时，国务院应该马上明确，允许各级地方政府用棚户区改造资金去买房。现在的棚户区改造资金总的使用方向是对的。房价如果大跌，不如拿这笔钱买房。买了房以后，改造一下再借给或者卖给弱势群体，当作棚户区改造用。在这方面政府应该灵活些。报纸上登过，有的城市已经这么做了。这个方向是对的。

第四，当银行不良资产增幅加快，按照银行审慎监管原则，就不准贷款了，因为资本金不足，这时候应该采取紧急措施，提高银行自主核销不良贷款的最高限额。工、农、中、建、交，有不良贷款，就用资本金利润冲掉。现在能冲多少国家是有规定的。能不能在出现紧急状况时提高这个比例，让他们自主核销。资本充足率健全，就可以稳健地贷款；如果资本金不足，赶紧增资，或者说，由政策性银行金融机构来进行重组。

那么，急需资金的民营企业、中小企业或者小微企业往往得不到银行贷款，导致民间高利贷，理财利率提高。要解决这个问题，怎么办？

第一，必须让该破产的企业破产一些，不能让这些企业占用资金。我们现在有些企业，包括有些地方政府，都在制造庞氏骗局。我们都知道，借钱是要还本的，现在有些地方政府和企业，借钱只是用于还银行利息，根本不是用来搞新的投资和建设。因为这些地方政府和企业如果不还银行利息，说明已是不良贷款了，银行马上要催收旧贷款。它还不了，就从第三方或通过理财借钱，把银行的贷款利息先还掉。所以，那些该破产的企业就要让它破产，让它出局，只有这样这部分资金配置才合理。简单地讲，市场必须出清，哪怕是慢慢出清。对于产能过剩，严重资不抵债的工商企业，包括地方政府的融资平台，要坚决实施有节奏、有控制的市场出清，要么破产，要么重组，防止这些僵尸企业继续占用社会有限资源的现象再延续下去，以降低整个社会的成本。我听说，李克强总理也很着急，现在社会融资成本高，政府为此采取各式各样的措施想把融资成本压下来。但是，社会融资成本高不仅仅是银行的问题，而是整个体制的问题，该破产的企业破不掉，混在一起搞钱，民营企业的资金成本自然就高，这是体制改革不到位，利率市场化、汇率市场化的整个市场经济制度改革不到位的问题。这既涉及国企改革的问题，也涉及中央和地方的财税关系问题，光指望银行改，没有用。

第二，加快实施地方政府存量债务中不良资产的剥离政策。通过债务重组、债转股、资产置换和出售地方国有资产的方式，向市场明确披露地方政府债务存量的分类处置原则，以换取市场和投资者对它的信心，来恢复地方政府在市场上继续融资的能力。我们原来不知道地方债务到底有多少。这届政府组建后对此又做了全面审计，公布出来的地方债务是18万亿多。为什么现在地方政府借钱不容易？有些人为什么不敢借给地方政府？因为不知道地方政府的资产负债表情况。银行也不敢，帮助地方政府理财、卖产品是可以的，但是自己是不贷了。这种情况下，怎么解决这个问题？应该向市场公布这些存量资产中的不良资产有多少。对于这部分不良资产，有的重组，有的核销，有的用其他资产来置换，等等。这样的话，投资者和市场就明白了，这个地方政府的债务是干净的、清楚的，就敢借给它了。所以要防止经济僵死，有些企业该破产就破产，要动地方政府的存量债务，清清楚楚，严格要求。

第三，一些结构性的改革措施，比如股权基金问题、所有制改造问题、股市问题，还有民间借贷人条例问题，都要加快改革。我个人认为，在结构性政策里面，除了特大城市如上海、北京等以外，国务院应该下令，各省政府在年内必须启动户籍制度改革。户籍制度改革的实质是财政问题。什么叫城镇化？城镇化的实质是财政拿钱和深化改革，不是搞房地产，不是搞简单的城市规划。城镇化是工业化的必然产物，不是我们刻意想出来的。户籍制度的改革，一个农民工变成城市居民，孩子从生下来到上幼儿园、小学、中学，都要给予同等待遇，包括大学都要给予同等待遇。退休以后，要像城市居民一样有养老保险，看病一样报销。这意味着财政要拿钱，如果一个人要拿8万到10万，两亿农民要拿多少？因此，城镇化意味着财政要拿钱，要改革现有制度。从这个角度认识，应该要求各省政府必须在年内启动户籍制度改革，首先解决农民工的城市居民身份，然后提前按照中央政治局通过的关于财税改革的方案实施，不能观望。提前围绕户籍改革引发的中央转移支出问题，抓紧改革，重点解决户籍改革中地方财政的收支缺口问题。其他的改革动不了，可以先把农民变成城市居民，地方政府缺钱了，中央财政先动，先补贴。这样的话，可以增加消费。同时，户籍改了，居民身份改了，市场就着急了，因为一下子学校不够，幼儿园不够，医院不够，这样，可倒逼加快学校和医院的投资，加快基础设施建设，加快农民工住房的民间投资，加快商品房的出售，这样可以部分对冲掉我们制造业和基础设施整个投资水平的下降问题，把这块投资提前搞起来，有利于宏观上取得平衡。

第四，房地产政策要确定大政方针。总结这十年左右的房地产政策，就是政策碎片化，一会出这个政策，一会出那个政策。政府如果建立房地产市场的长效制度，房价慢慢就会稳住。房地产市场不整顿，中国早晚出大事，近两年我又补充说，整狠了，马上就出事。现在确实是烫手山芋。房地产市场长效机制的方向是什么，就是以消费为主导。一定要让市场明确，买房是为了住，买房不是像买股票那样。不鼓励房地产作为资产市场交易，中国在房地产市场上，绝对不能学英国、学美国，应该学德国、学新加坡，以消费为主导。

最后一点，采取以上一系列政策，最后可能都要涉及财税问题。因此，非常时期必须采取大胆积极的财政政策。说穿了，当前经济的困境，单靠央行政策来解决，危险很大。财政政策必须积极。中国经济仍在相对高速增长，积累的财富也相当可观，解决当前的经济问题是必须要付出点代价，当前也是有能力的时候。各项改革深入到后面，都涉及钱的问题。怎么办？不认真正视国退民进是不行的，这是中国经济内在发展逻辑的必然。

增长的极限与路径依赖

改革开放以来，中国经济经历了一个长达三十余年的高速增长期，被全世界誉为“中国奇迹”。从全球经济增长的轨迹来看，这种长期高速增长的“奇迹”是绝无仅有的，但是类似的情况却出现过，例如日本、韩国、新加坡等，也出现了较长时期的经济高速增长。虽然它们的增长期没有中国持久，增速没有中国高，但也实现了经济腾飞，被誉为“日本奇迹”“韩国奇迹”“新加坡奇迹”等。今天我们要说的是，从这些“奇迹”来看，不管期间增速如何高，但每个奇迹发生过后，经济增速都会陡然下降，好像经济增长到了极限一样。日本如此，韩国亦如此。目前，我们国家的高速增长期虽然没有明显的终结，但也出现下降的趋势。

增长的极限，是一个在全球范围内得到广泛关注的问题。《增长的极限》一书迄今已发行3版，陆续被译成37种文字，发行量达数千万册，成为1000多所高等院校的教科书，影响了经济、政治、文学、物理、化学、计算机、生物、环境等许多学科领域。《增长的极限》对世界的走向发挥了巨大而深远的影响，但也引发了旷日持久的争论。

其实，从人类社会发展进步的长期过程来看，是不存在所谓增长的极限的，人类社会发展史就证明了这一点。从地球上人类出现到现在，整个人类社会发展总体上是进步的、向上的。然而，人类社会发展之路又不是一条坦途，而是充满了曲折，确切地说是一条螺旋式上升的路径。在人类社会的某一个阶段，的确会面临极限问题，整个社会发展受到了各方面的制约和束缚，变得步履蹒跚、难以前行。这是为什么？因为从长期发展来看，正像美国里根总统所说的那样，“人的智力、想象力和创造力是无限的”，随着科技进步，人类社会的生产力水平会逐步提高，推动整个社会的发展水平不断上升。但是，在人类社会发展的某一个特定阶段，又会遇到增长的极限。这是因为人类社会发展过程中，人们总在探索适合某一阶段的最优发展方式，以获取最大的社会福利。然而，一旦某种模式形成以后，由于人们思维和行为上的惯性，又会将这种模式加以固化，导致这种发展模式在失去活力以后仍然支配社会发展。由于这种模式已经是不可持续的了，所以再沿着这样的路径发展必然会遇到诸多阻碍，也就遇到了增长的极限问题。可以说，正是人们在特定历史阶段的路径依赖，才导致了这一阶段发展遇到了极限。这也是经济危机产生的重要原因之一，历史上的1929年经济危机、1997年亚洲金融危机、2008年席卷全球的金融危机等无一例外，都是人们对某一种发展方式形成了路径依赖，而这种模式又已经落后了，于是人们按照惯性思维进入了歧途。然而，从长期来看，人们总能从“路径依赖”的惯性思维中醒悟过来，去探索新的发展模式、发展路径，最终突破原有体制、政策、资源条件、科技水平以及观念上的束缚，进入更高级的发展阶段。然而，历史上每次这种转换都是要付出巨大代价的，往往会发生暴力革命，或是暴风骤雨一样的运动。所以，知道了人类社会运行规律以后，我们不禁要问，能不能通过某种制度安排、政策设计以及其他手段，来避免人类社会在突破特定历史阶段发展极限过程中出现的破坏性革命运动，实现社会发展的和谐转型。这是一个值得我们思考的问题。

现在我国经济发展正处于十字路口，是通过不同于以往的道路推进生产方式和经济发展方式的转变，还是继续固化原有的发展模式和原有分工格局？与此相应，对中国发展道路、经济发展模式和产业结构问题的讨论也日益激烈。一条路是最省事的路，那就是借用跨国公司的力量，发挥比较优势，纳入世界分工体系之中。但是，简单地遵循比较优势，很有可能会强化现有的分工格局，导致工业所占比重居高不下，服务业需求外溢，贸易条件恶化，国际贸易摩擦加剧，其利益分配也会不利于我国国民福利的提高，同时，将更加加重资源、能源和环境的压力，甚至难以为继，上述结构矛盾将会进一步加剧。

另一条路是抓住新技术革命和全球化带来的机遇，转变发展方式，走新型工业化道路。为此，要求我们加快发展战略的转变、发展模式的转变和产业结构的转变。首先要积极推进发展战略的转变，摆脱对传统比较优势的路径依赖，由成本竞争转向质量、品牌和服务的竞争，实施提升比较优势、提升国际分工地位的战略。发挥比较优势是参与国际分工的基本原则，但可以通过完善市场机制经由企业来实现。而提升比较优势和提升国际分工地位，则需要更多的外部支持和政府的推动。比如，在关键环节，通过降低外部风险，重点支持自主创新品牌培育和专门化分工；在结构上，促进能够有效改善市场结构的排头兵企业和战略产业的发展。其次要积极推动发展模式的转变，物质要素投入中由主要依靠不可再生的物质要素投入为主，转向更多地依赖可再生的物质要素；从物质要素投入驱动向效率驱动转变，使经济增长更多地依靠自主创新、管理创新和劳动者素质的提高。再次要推进产业结构的转型升级，从注重比例关系到提升关键环节的转变。通过上述战略的转变和发展模式的转型，鼓励自主创新，鼓励建立与全球化相适应的营销体系，鼓励分工深化细化，鼓励生产性服务业的发展，推进信息化与工业化的互动融合，推进制造业、农业与服务业的互动融合；强化研发、设计、营销、管理、品牌等关键环节，鼓励对能源、原材料开展精深加工和机电工业等高加工度工业的发展，促进由价格竞争向品质、服务和速度竞争转变。这才是一条适合中国国情，使我们摆脱增长极限的新路。

新一轮世界能源革命：一场不能输的战争

目前，全世界正在兴起新一轮能源革命，核心是新能源。绿色能源也被称为清洁能源，是环境友好型的能源。它通常又具有狭义和广义两种概念。从狭义上讲，绿色能源就是指可再生能源，如水能、生物能、太阳能、风能、地热能和海洋能等。这些能源的特征是在消耗之后可以得到恢复、补充，并很少产生污染。从广义上讲，绿色能源则包括所有在生产及消费过程中对生态环境低污染或无污染的能源，如天然气、清洁煤和核能等。

绿色能源有两层含义：一是利用现代技术开发干净、无污染的新能源，如太阳能、风能、潮汐能等；二是化害为利，同改善环境相结合，充分利用城市垃圾淤泥等废物中所蕴藏的能源。在可以预见的未来，人类能源需求习惯难以改变，石油和煤炭仍将是一定时期内一次性能源消费的主力。不过，伴随着可再生能源近年来不断的技术进步，市场日益壮大，人类能源消费结构已开始发生明显变化，绿色能源发展道路逐渐成为共识。

取之不尽的潜力。中国绿色能源资源丰富，开发利用潜力很大。据测算，在今后二三十年内，具备开发利用条件的可再生能源预计每年可达8亿吨标准煤。在绿色能源中，太阳能资源取之不尽，清洁安全，是最理想的可再生能源。目前，国际上对太阳能的开发十分重视。据测算，中国拥有可开发太阳能达1700亿吨标准煤。

风能是地球“与生俱来”的丰富资源，加快开发利用风能已成为全球能源界的共识。风能的利用主要是发电，目前风电在全球已发展为年产值超过50亿美元的大产业，50多个国家正积极促进风能事业的发展。中国风能资源十分丰富，国家气象局提供资料显示，我国陆地上10米高度可供利用的风能资源为2.53亿千瓦，陆地上50米高度可供利用的风能资源为5亿多千瓦。世界公认，海上的风能资源是陆地上的三到五倍，即使按一倍计算，我国海上风能资源也超过5亿千瓦。我国已建成并网风力发电装机容量570兆瓦。风电设备制造技术已形成了批量生产能力，全国各地正在建设一批风力发电场。

如果绿色能源产业能够得到健康快速发展，可以带动大批相关产业的发展，并为城市创造大量就业岗位。美国的实践表明，可再生能源发电比传统发电方式的劳动密集程度要高。美国全球观察研究所的报告说，10亿千瓦时的发电量，如果用煤炭或核燃料，需要100个到116个工人，而太阳能发电站则可以提供248个工作岗位，风电场可以提供542个工作岗位。

与第一次和第二次工业革命不同，日渐兴起的第四次工业革命是以分布在世界各地、随处可见的可再生能源为基础，而这些可再生能源大部分是免费的，如太阳能、风能、水资源、地热、生物能、海浪和潮汐能等。绿色能源革命的目的主要包括：拉动经济走出低谷、增加就业、应对气候危机，发展低碳经济以及促进能源技术革命，抢占未来技术制高点等。

中国想要赢得这场绿色能源革命战争，要鼓励、刺激新能源设备制造商的生产，给世界传递这么一个信息——“中国价格”和“中国速度”已做好准备，中国将抢夺全球下一个千万亿美元之巨的产业——能源科技，正在走向绿色发展。

全球三分之一的太阳能电池由中国厂商生产，这个数字是美国的六倍。在风电方面，中国已成为世界上最大的风力发电机市场，同样超过美国。可再生能源是未来发展主要的战略产业之一，而且在技术上我们将很快赶上世界先进水平，这将会极大地推动中国的转型发展。

中国的污染种类非常多，从二氧化碳排放到煤炭的大量使用，都是高污染的来源。但与此同时，中国每小时就安装一台百万瓦特的风力发电机，这比每周新增一个火力发电厂更鼓舞人心。

中国正在可再生能源技术上迎头赶上，希望能站在这个被认为是下一场工业革命战略性产业的最前沿。如果取得成功，将会对这个星球产生深远的影响——从底特律的汽车工业到全球变暖，乃至21世纪世界经济的排名顺序。

能源革命的实质是什么？关键是科技。对比中外发展史，为什么张择端笔下的《清明上河图》盛景没有能从开封延续到北京？为什么爱迪生发明的电灯能够从美国照亮世界？这背后就是科技的力量。在中国历史上，革命和战乱曾让中国错失了第二次工业革命，而坚持比较优势的发展战略又让改革开放后的中国主动放弃了第三次工业革命，而目前面临第三次世界能源革命的百年机遇，我们绝对不能再错过。

人类每一次工业革命的原动力看似科技发明，实则能源革命。在第一次能源革命中，英国人成功地用煤炭代替了木柴，成就了大国崛起的梦想；在第二次能源革命中，美国人用石油代替了煤炭，创造了领先世界的辉煌；在第三次能源革命中，新能源革命已向我们展示了这种可能。哪个国家能抓住这次新能源革命的百年机遇，哪个国家就能引领世界下一个百年的发展。

回顾过去，近代世界历史上的大部分战争都跟争夺能源有关，比如1870年德国的俾斯麦挑起普法战争，占领了阿尔萨斯和洛林，使德国成为欧洲最大经济体，法国从此一蹶不振。而中东和北非的石油产区历来都是一触即发的战争火药桶，而新能源则是公平和慷慨的，只要拥有技术，不需要掠夺他国的阳光和风。李河君先生曾说太阳能是量无限、面无边、照无时、盖无偏、取无用、用无染。恐怕不仅太阳能如此，风能等很多新能源都是如此。新能源的核心竞争方式与传统能源相反，不是资源竞争，而是核心技术竞争，谁掌握了核心技术，谁就掌握了能源。然而，国人对新能源技术还存在着一些误解，这也是可以理解的，因为事物是不断变化的，人们往往高估了近一两年的变化，而低估了五至十年的变化，这就根本没法看清事物的发展趋势。对新能源的认识也是如此。

例如，十年前人们以为太阳能的光电转化率达到10%就了不起了，而目前薄膜光电转化率已达到了17%以上，单晶硅甚至达到了20%，而且提升的速度还在加快。记得就在前几年，我国的太阳能企业还在为将发电成本降到一元人民币而召开全行业誓师大会，而现在最新的技术发电成本只有四毛钱。新技术的发展就是这样一日千里。对新能源行业来说，新能源革命意味着不可逆转的终极替代。新能源发电成本不断下降，而传统石化能源成本不断上升，其交点就是大规模替代的战略转折点。

我们国家在新能源领域已经走在了世界前列。仍以太阳能为例，目前中国是领先世界的，比如多晶硅的提纯，世界上普遍采用改良的西门子工艺，能耗大，不环保，但中科院上海技术物理所发明的物理法，水耗和电耗只有西方工艺的三分之一和十分之一。太阳能的利用目前分为晶硅和薄膜两种技术，虽然单晶硅、多晶硅和薄膜在应用上各具优势，但薄膜技术是大趋势。前两年欧盟限制晶硅电池也是为了促使薄膜电池获得更大发展。美国在克林顿时期提出过利用太阳能的“百万屋顶计划”，但小布什上台后，宣布退出《京都议定书》，致使美国的太阳能利用技术被欧洲全面超越。目前德国是世界上最重视太阳能的国家，德国总理默克尔为此将关闭17家核电站，以支持太阳能的发展。现在美国发现自己落后了，又将晶硅的优势说成绝无仅有，其实是因为美国在晶硅方面具有传统优势，想吸引其他国家共同开发，自己则控制关键技术。我国的光伏产业目前还主要以晶硅为主，遭遇“双反”的也是这部分企业，而薄膜太阳能企业则丝毫不受影响。在薄膜技术方面，各国都处在相同的发展水平上，我国将太阳能产业从晶硅向薄膜升级，可以保持我国在薄膜太阳能领域的领先地位。薄膜太阳能技术是大势所趋，如果晶硅是黑白电视，那薄膜就是液晶电视。发展太阳能技术是百年一次的工业机遇，若中国抢先进入光伏时代，就可以与三百年来的传统工业经济发展模式告别了，我们会建立起更高效、更快发展，以共享为特点的全新工业体系——光伏工业体系。随着太阳能光电转化率的进一步提高，太阳能取代传统能源的时代已经来临，有一天，中国将不再有能源短缺。2013年是中国太阳能技术的转折年，光伏新增装机容量首次达到世界第一。

马克思曾说，文明如果是自发的发展，而不是自觉的发展，则留给人类自己的将是沙漠。这一至理名言也揭示了工业革命的真谛，任何一次工业革命都是人类自觉发展的结果，在本次新能源革命面前，当然也需要人类的自觉，谁最自觉，谁就可以最领先。从后羿射日到阳燧取火，中国人带着几千年的追日梦想穿梭时空，终于在21世纪第二个十年迎来了新能源大放异彩的时代。在中国和平崛起的大背景下，我们很庆幸地看到中国的科学家、实业家正在编织我们的百年梦想。

在目前自觉加入中国第三次能源革命的企业家中，不乏李河君、李书福这样的知名企业家。在一次随国家领导人出访的活动中，李河君和李书福刚巧在飞机上坐在了一起。交谈起来，三句话不离本行，李书福说，电动车每消耗一度电，可以行驶八至十公里。这对李河君是一个意外收获，他没有想到，驱动偌大的汽车竟然只需要这样少的电量，于是他马上提出，如果结合汉能公司现有的技术优势，用光伏覆盖车身应该就可以形成一个两三千瓦的太阳能发电系统，这一发电系统发出的电，至少可以支持电动车行驶100公里以上的路程。这样一来，李书福也收获了意外的惊喜，他也没想到，原来光伏薄膜技术已经进步到了这种程度。两个行业的领军者，两个“没想到”就在飞机上的交谈中碰撞出了创新的火花，两人随即决定合作研发这种太阳能汽车。今天，这种汽车已进入了研发初期。与燃油汽车相比，电动汽车的使用成本一般可以节省十分之一，因而具有极强的优势。可以预料，如果光伏电动汽车得到大面积使用的话，那将是一次伟大的革命。因为那意味着未来的人类在驾驶汽车的过程中将不需要任何燃料费用，只要时间允许，我们每个人都可以驾驶着光伏电动汽车穿梭于任何我们想去的地方，既不用考虑加油的成本，也可以省去充电的烦琐。这将是一个多么了不得的变革！

今昔对比，我们不得不感叹：前三十年中国的改革开放看柳传志和王石，后三十年改革开放就看李河君和李书福这样的企业家了。改革开放前三十年的中国企业家是没有核心技术的，而且也仅仅在中国领先；而改革开放后三十年的中国企业家将拥有自主创新技术，而且可以在世界上领先一把。

第四次工业革命:“危”与“机”的博弈

要实现中华民族伟大复兴的中国梦，中国必须加快崛起的步伐。然而，随着第四次工业革命来袭，有人开始担心第四次工业革命会终结“中国崛起”的进程。那么，“中国崛起”会被第四次工业革命终结吗？我们已经知道，第四次工业革命是指以数字化制造及新能源、新材料的应用为代表的一次变革，将引领人类社会迈入一个崭新的时代。这场新工业革命有两个显著特点：一是直接从事生产的劳动力需求快速下降，劳动力成本占总成本的比例会越来越小；二是个性化、定制化的生产，要求生产者贴近消费者与消费市场。基于这种变化，今后一种可能的趋势是，由于劳动力成本对生产的影响越来越不显著，国际资本将会从发展中国家向发达国家回流，导致发展中国家的劳动力优势丧失，进而降低发展速度。这也是人们担心中国崛起会被第四次工业革命终结的重要依据。

目前，发达国家制造业回流的趋势已经呈现出来。据波士顿咨询集团的一项调查结果表明，37%的美国企业已经计划或积极考虑把工厂从中国迁回美国，70%的美国企业称外包中国的实际费用比预计的要高。根据初步估算，在运输、计算机、材料合成、机械等领域，到2020年时，10%至30%现在美国从中国进口的产品将可以在美国制造。这大致为200亿至550亿美元的产值。另外，飙高的劳动生产率和廉价的美元使美国对欧洲制造业的吸引力也越来越大，导致欧洲工厂纷纷在北美登陆。从种种迹象分析，这更像是一个长期趋势的开端。美国媒体上“内包”渐成关键词。美国制造业重新崛起之说也越来越响亮。

无怪乎最近很多外国媒体认为，作为全球制造中心的中国将是这一场新工业革命的最大受害者。一方面，劳动力成本在新兴产业领域中的影响逐渐减弱，大量外资企业已经从原来出于劳动力成本的考虑转向资本效率的考虑，因而要迁回本国，这使“中国制造”处于十分困难的境地。另一方面，中国国内也出现了劳动力短缺的现象，劳动力成本趋于上升，这使得“中国制造”在传统的工业领域已经越来越不具竞争力。具体来看：

一是中国在经济快速发展的同时，也带来了众多的负面影响。对于中国得以快速发展所依靠的制造业来讲，中国几乎把所有的可再生能源科技产品均销往了海外，而自身却没有怎么发展。中国的经济发展了，人们的素质和对社会的认知却没有跟上。中国把清洁能源产品都销往了外国，而制造这些产品的污染却留在了国内。据了解，我国每年因为环境污染所造成的GDP损失高达15%，同时环境污染已经严重威胁了人们的正常生活。

二是中国国际贸易中的优势在于劳动力和要素的低成本。外国企业把先进的科学技术带到中国来，建立加工厂，凭借低价格在国际贸易中拥有竞争优势。而我国自身的技术创新很弱，缺少关键的技术。在金融危机的影响下，欧美国家受到不同程度的伤害，都在从中国撤回一部分的资本。美国希望重新发展它的制造业，以解决美国经济增长乏力所造成的失业人数增加的问题。而中国，在制造业如此情况之下，仍然存在失业，若是外国企业把工厂搬回国内，或者是搬到劳动力成本相差不多的东南亚，那么中国将要受到巨大的挑战。更可怕的是，随着第四次工业革命的到来，全球的中心将要发生转移。而中国还停留在“世界工厂”的欢喜之中，这样必将落后于其他国家。

三是中国的另一个挑战就是资源利用率和经济效率的低下。诚然，中国劳动力便宜，产品具有价格优势，市场上具有竞争力，但制造业比拼是看生产效率的，即单位产品或相同产品、产值所消耗的人工成本。所以说，即使我们未来依然能够保持廉价的劳动力供给，但是这样效率低下的发展方式也不能再延续了。

四是遏制中国制造业发展的另一个瓶颈是产业结构的不完整，缺少国际化的大企业。世界500强的公司，大部分都在发达国家，中国能够称得上跨国大型企业的很少。中国主要依靠的是投资和出口拉动，注重生产能力的扩张，从事的是劳动密集型制造，还处在世界制造业价值链的低端。产业结构不完整的重要原因是产业链不完整。虽然在产业发展上，我们往往拥有产业链上的各种类型的企业，但是这些企业之间没有建立起密切的联系，各个单打独斗，整体上缺乏产业链的效益。例如，我们国家为了促进产业发展，前些年搞了很多的产业集群，近几年是产业基地或者服务业集聚区。目的是好的，想让这些企业在基地或者集聚区内实现配套，形成完整产业链，进而以产业链融入国际产业。但是，这些区域往往只是把企业聚拢到一起，而企业间合作的意向并不强，所以往往只是空间上的集聚，没有做到产业上的聚合。这是一个比较严重的问题。

基于以上这些原因，未来的发展趋势对我们国家的的确确带来了不小的负面影响。从这个意义上说，第四次工业革命对中国发展将是一场不小的危机。但是，这些问题是我们发展中必须要面对和加以解决的，否则不仅要落后于第四次工业革命，甚至也会使整体发展轨迹终结。也就是说，即使不是为了迎接第四次工业革命，我们也要着手来解决这些经济社会发展方面的突出问题，实现经济社会的可持续发展。所幸的是，党中央和各级政府已经认识到了问题的严峻性，正在加大力度解决这些问题。所以说，在看到危机的同时，我们也在积极创造机遇。

改革开放三十多年来，我国工业化水平显著提升，工业经济发展成绩硕果累累，可以说为迎接第四次工业革命奠定了雄厚的物质基础。三十多年来，中国制造业发展成绩全世界有目共睹，“中国制造”形成了品牌。工业发展的这些成绩为第四次工业革命培育了大量的产业工人，形成了先进的工艺，留下了完善的产业装备，这些都是第四次工业革命的巨大财富。同时，我们党对世界经济社会发展趋势的把握越来越成熟，建立了更加科学合理的理论体系，用于指导未来的工业化、城镇化发展：

——2002年，党的十六大报告就提出“以信息化带动工业化，以工业化促进信息化，走出一条科技含量高、经济效益好、资源消耗低、环境污染少、人力资源优势得到充分发挥的新型工业化道路”。

——2007年，党的十七大报告提出了“五化（工业化、信息化、城镇化、市场化、国际化）并举、两化（工业化和信息化）融合”的思路。

——2012年，党的十八大报告指出，坚持走中国特色新型工业化、信息化、城镇化、农业现代化道路，推动信息化和工业化深度融合、工业化和城镇化良性互动、城镇化和农业现代化相互协调，促进工业化、信息化、城镇化、农业现代化同步发展。

从三次党代会有关国家经济社会发展战略来看，考虑到我国尚未完全实现工业化，城市化水平仍然较低的特点，我们主要是从促进整个国民经济全面协调发展的角度去应对第四次工业革命发展的浪潮，同时根据新一代信息技术渗透性强的特点，重点以工业化与信息化的深度融合作为战略支点，并将其作为具有中国特色的新型工业化道路的核心。

为实施上述战略，根据国际经济不景气以及近年来物联网、云计算技术快速发展的形势，我国将构成第四次工业革命的核心技术产业归结为战略性新兴产业，并将其内容明确为“节能环保、新一代信息技术、生物、高端装备制造、新能源、新材料、新能源汽车”等七大产业。为此，国务院于2010年10月发布《关于加快培育和发展战略性新兴产业的决定》(国发〔2010〕32号)，并于2012年7月发布了《“十二五”国家战略性新兴产业发展规划》，为加快战略性新兴产业发展做了全面系统的政策部署。

当前，我国战略性新兴产业发展面临诸多挑战。一方面，这些战略性新兴产业的核心技术大多掌握在国外跨国公司手中，国际经济持续疲软的现实也导致贸易保护主义日益盛行，针对我国的“双反(反倾销和反补贴)调查”不断增多；另一方面，一些发达国家为复兴传统的制造业优势，正在采取各种优惠政策促进新兴产业发展。例如，从2000年起，欧盟就开始积极推行大幅减少碳排放的政策，以加速向可持续发展时代的转型；近年来，美国政府提出“再工业化”战略，以促进那些已经转移到中国等发展中国家的高技术企业“回流”。这些挑战要求我们采取更加有力的措施加以应对。

为此，党的十八大报告提出了“创新驱动”发展战略，要求以全球视野谋划和推动创新，提高原始创新、集成创新和引进消化吸收再创新能力，深化科技体制改革，完善知识创新体系，强化基础研究和前沿技术研究，最终促进创新资源高效配置和综合集成，把全社会智慧和力量凝聚到创新发展上来。

中华民族已经错过了第一次、第二次工业革命发展的机遇，当前的第四次工业革命为实现中华民族的伟大复兴提供了极好的历史机遇。三十多年来改革开放的伟大成就以及新一届党中央的领导集体，为我们全面把握这个难得的历史机遇、沉着应对第四次工业革命的挑战，奠定了坚实的物质基础和坚强的组织保障。

积极融入第四次工业革命，与中国崛起、实现中华民族伟大复兴是完全统一的。中国已错过了两次工业革命，结果就是百余年的落后，蒙受百余年的欺侮。面对即将到来的第四次工业革命，中国无论如何没有理由再次错过。本着对当代人和下一代人负责的态度，中国应该积极参与其中。虽然面对第四次工业革命，我们可以说是困难重重。但这个痛苦的转折是必须面对和加以解决的。而且，我相信我们有能力解决这个难题。也就是说，在这次“危”与“机”的博弈中，我们一定能够把握机遇，消除危机，取得最后的胜利。从长远来看，第四次工业革命的发展模式和实施路径能够帮助我们化解当前发展面临的能源、资源困境，甚至改变世界经济发展的模式。在中国政府提出深入贯彻落实科学发展观，走可持续发展之路的背景下，第四次工业革命模式无疑具有更重要的启示意义。如能切实抓住这一机会，中国的崛起无疑将具备更深厚的基础。

第四章
中国特色才是王道

“学西方”是把“双刃剑”

在中国近现代史上，“学西方”是一个蜿蜒曲折的历史过程，这股历史潮流先后持续了一个多世纪，甚至到今天人们仍然能够时常感受到这股潮流的“余波”。

中国从洋务运动、戊戌变法、辛亥革命、新文化运动等，直到找到了马克思主义，在中国共产党的领导下才取得了社会主义革命和社会主义建设的伟大胜利。然而，回顾建党以来的风雨历程，我们不得不承认，虽然我们取得了巨大的成就，但同时也付出了极其高昂的代价。1927年大革命失败后，中国共产党遭受到重挫，许多共产党员惨遭杀害，党员从6万多人锐减到1万多人。仅仅一年时间，被害的共产党员和革命群众总数竟高达31万，革命形势急转直下。虽然中国共产党在临时党中央的领导下，进行了南昌起义、秋收起义、广州起义，但均未能

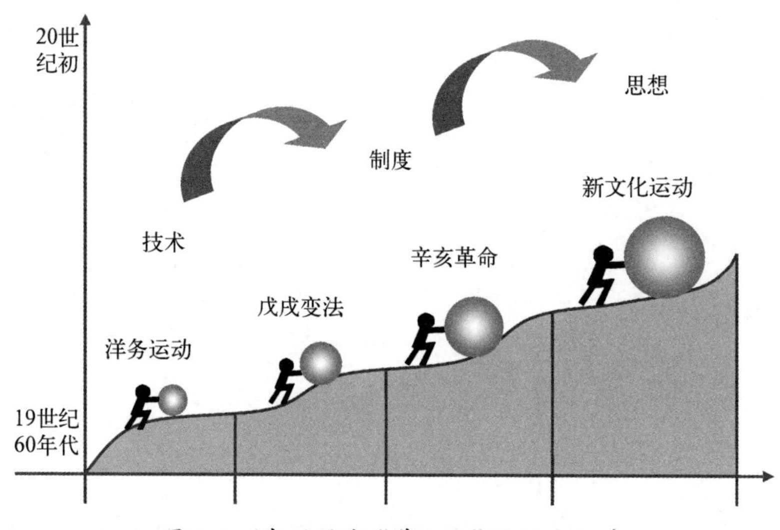

图4-1　中国近代“学西方”的历史探索

达到预期目标，明显暴露出我党在将马克思主义运用到中国革命中的种种不足和不适，特别是将所谓的俄国经验照搬照抄地运用到中国，一味地强调从城市到农村的革命路线。事实证明，这明显不符合中国的国情。为此，毛泽东、朱德等同志及时果断地做出了走农村包围城市的战略决策，到井冈山点燃革命火焰，实施土地革命，创建根据地，组建中国工农红军，党指挥枪。这些重大的战略措施挽救了党、挽救了中国革命。依靠毛泽东思想的指导，并将马克思主义与中国实践的具体结合，才终于使革命取得了成功，建立了无产阶级专政的人民民主国家。其经验就是将马克思主义与中国国情相结合，走中国革命化的道路。

新中国成立以后，由于在较长时期受极左思想的束缚，社会主义经济建设遭受到了一些严重的挫折和麻烦。如何进一步解放生产力、发展生产力，是摆在每个中国人面前的一件大事。1978年的改革开放在经济领域里恢复了我党一切从实际出发的优良传统，将马克思主义的经济理论与中国经济建设的实际相结合，创造性地提出和实施了一系列重大经济改革，极大地推动了我国经济社会的全面发展。

回顾我们过去走过的种种历程，我们应该清醒地认识到：只有将外来文化结合中国国情进行理论和实践的再创造，才能产生巨大的生命力和活力。我们积极融入第四次工业革命的浪潮，积极推进我们的能源革命，既要学习发达国家的先进经验，但更要考虑我们的国情，切记不能“照搬照抄”，否则我们还要付出沉重的代价。历史上“照搬照抄”的教训是用血和泪写成的，我们千万不能“好了伤疤忘了疼”，要勇敢地跟它“诀别”。

有一部经典的喜剧电影，叫作《上帝也疯狂》。影片告诉我们，面对外面世界的莺歌燕舞，人们千万不能迷失方向、失去自我，变得“疯狂”。

图4–2　《上帝也疯狂》电影海报

中国已经今非昔比了，然而新的问题也随之而来。遥想三十年前，甚至更早的过去，虽然曾经的“衣不蔽体、食不果腹”让人们觉得不堪回首，但是那时中外巨大的差距让我们的目标和方向都非常清晰和明确，就是“战天斗地”去脱贫。而在迈上小康以后，俗话说“仓廪实而知礼节，衣食足而知荣辱”，就有人开始在乎别人的看法了。当然，这本无可厚非，而且我们要进一步提升经济社会的发展质量，也必须要博采众长。然而，我们在“博采”的过程中却迷失了方向，失去了自我。别人做什么，我们也要做什么，一样都不能落下。思想进取本是好的，但就坏在了“盲目”上，从对西方物质的崇拜到对西方社会治理的盲从，就怕别人说自己“不行”，但就是不去认真思考那些东西是否适合自己。

毫无保留的“博采众长”，就容易被人牵着鼻子走。与国际接轨没错，但怎么接轨、如何防范隐患，自己要心知肚明。例如，作为新能源行业的典型代表，光伏产业向来被誉为朝阳产业、低碳产业，是近年来各地重点扶植的新兴产业之一，在政策和海外市场双重利好的刺激下，各地光伏项目纷纷上马，一时火遍大江南北，缔造了无数财富神话。然而，在短短几年的时间内，这个朝阳行业却如过山车一般，从巅峰一下跌入濒临破产的深渊。对照光伏产业昨日的辉煌与今日的惨状，个中缘由足以引起业界长久的反思，那就是过度依赖海外市场，最终只会受制于人。光伏产业80%的市场在海外，而欧洲独占70%。市场在海外，造成的直接后果就是容易受制于人，面临贸易保护主义的严峻挑战。事实上，光伏产业近几年持续萎缩，直接导火索就是欧盟受金融危机影响大幅削减了光伏产品的补贴。而与欧盟和美国纷纷举起反倾销“大棒”不同，国内太阳能市场近年开始启动，展示出了广阔发展空间，如果光伏企业把精力多用在做内功上，早日深耕国内市场，国内国际两条腿走路，恐怕不至于被欧美市场牵着鼻子走。

毫无保留的“博采众长”，还有一个后果就是容易盲目冒进。世界上供中国参详的成功样本很多，许多发达国家的创新经验、管理体制都值得借鉴，但创新与破坏，往往只有一纸相隔，不是所有新的东西都是对中国有利的。不研究中国的现实情况，遇到现实问题就大力鼓噪照搬西方模式，用休克方式改变中国社会，用大跃进的方式推进社会改革，其实质只能是泡沫和昙花一现，对社会进步和经济发展的贡献非常有限。还以光伏产业为例，跟许多新兴产业一样，光伏产业投资大、产出高，符合产业结构调整的方向，因而历来都是各地招商引资的宠儿，国内不少地方都把光伏作为重点扶植产业，多个城市提出要打造“光伏城”，在土地、税收等方面给予大量优惠，许多并不掌握多少核心技术的企业不惜以高成本融资上马光伏项目。事实证明，这种一窝蜂式的投资并不能带来繁荣，只会导致重复建设、恶性竞争和产能过剩。过剩的产能，迅速压低了产品价格，与之前过度投资带来的高额融资成本两面夹击，是导致全行业陷入困境的根本原因。

如今，世界经济政治都有了新的变化，我们与世界接轨的过程中，千万不能忘记自己的特色。一方面“大唱国际歌”，另一方面坚持“走自己的路”，脚踏实地、勤勤恳恳，才能取得更大的胜利，推动我们的社会主义事业更加繁荣。

宏观与微观之间的悖论

古诗云:“横看成岭侧成峰，远近高低各不同。”一些事情，由于各个人观察的视角不同，或者各个人眼界的差别，得出的结论有很大差

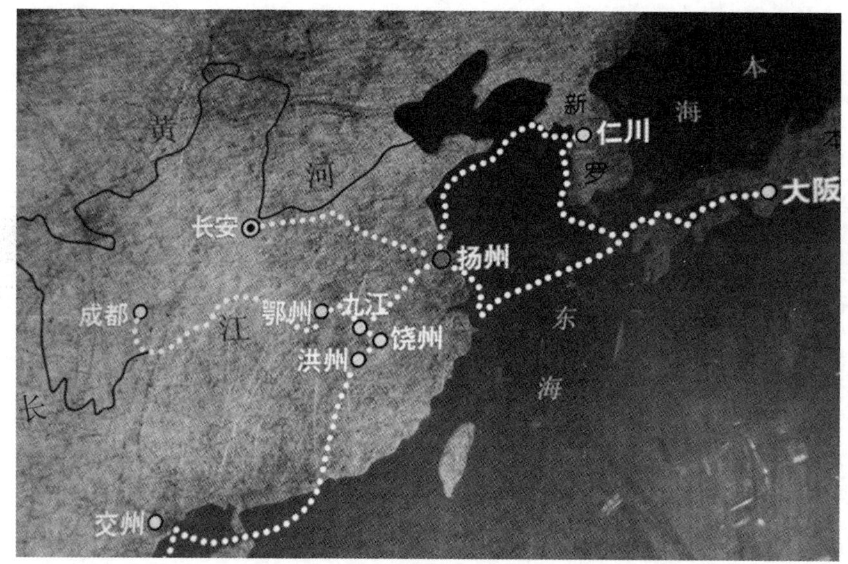

图 4–3　秦汉时期长江入海口

异。不仅如此，有时候对同一件事物，观察视角仅是宏观和微观的差别，所得到的感觉也完全不一样，甚至截然相反。古诗又云："不识庐山真面目，只缘身在此山中。"这就说明看问题仅从微观出发有时候很难对全局进行系统的把控；反之亦然，仅停留在宏观层面而忽视微观，也会使很多大战略、大方针在具体实施环节触礁。在日常当中，这种宏观与微观上的差别是经常存在的，往往会给人们带来困惑。有时候宏观上看是正确的事情，从微观上看却是错的；而有时候微观上是正确的事情，宏观上却是错的。

有一次，我应邀到扬州去考察，活动之余，参观了扬州市的博物馆。在博物馆里我看到了一幅图片，让我眼前一亮。这幅图片反映的是秦汉时期长江入海口的位置，据司马迁的《史记》记载，秦汉时期的长江入海口就位于今天的扬州附近。以后两千多年的时间里，长江入海口

图4-4　泰州市的望海楼

由北到南多次迁移，每次迁移都向南挺近了百余公里，同时海岸线也不断后退，长江下游三角洲形成并不断扩大。

以上介绍长江口变迁，是题外话。而我想说的，是从这个变迁过程中所感受到的宏观和微观上的差别。对于我们很多人来说，这也是一个难解的困惑。我们都知道长江是中华民族的一条母亲河，对中华民族的繁衍生息起到了巨大的作用。然而，我们也知道，也是这条河把上游的泥沙源源不断地冲刷下来。随着上游植被的破坏，每立方米河水中泥沙最高含量达到几百公斤。人们对上游生态环境的恶化感到触目惊心。如果说长江对泥沙的搬运加剧了这种生态恶化的进程，人们一定认为这是不对的，我们要改造自然、保护生态，坚决防止水土流失。但是，从下游来看，泥沙到了下游不断沉积，形成了河口三角洲。几千年来，河口三角洲不断扩大，形成了今天富饶美丽的长三角。从长江入

图4–5　黄土高原景观

海口变迁的历史来看，从北到南绵延了几百公里。也就是这几百公里的变迁，把上游的泥沙均匀地分布到下游，造就了江苏特有的淤长型海岸。从下游来看，长江把泥沙带下来，真是大自然的佳作，是上苍创造的一项伟大工程。

静下心来，仔细思考这件事情。上游自然条件、气候条件恶劣，所以把泥沙搬到下游自然条件、气候条件好的地方，这正是发挥了比较优势，达到了资源的优化配置。然而，上游生态恶化这也是不容忽视的事情。从不同层面看，两个方面都是正确的，如何取舍，这真是一个困惑。

还有一个事情，是我在工作中得到的一点体会。我的工作单位是江苏省发改委。为促进江苏省区域协调发展，我们省发改委长期对苏北的丰县开展扶贫工作，到目前已经有十五六个年头了。每年，委里都派干部专门驻丰县开展扶贫工作，每年下发扶贫资金数千万元。为了提高干部积极性，鼓励他们到苏北这些经济条件差的地区工作，委里给他们提干、提高福利。十五六年来，因为扶贫丰县这项工作，委里提拔了大批的处长和副厅级干部。而这些干部当然是积极开展工作，取得了大量成绩，在每年的评比中都有扶贫丰县的干部成为先进，他们还带回来大量的成功经验。

然而，这样一个在微观上看非常成功的举措，在宏观上的实施效果如何呢？我想有一个指标能够说明问题，就是丰县在全省县市中的排位。十五六年前，也就是开展扶贫工作之初，丰县在全省排倒数第六、第七位；扶贫几年后，排在了倒数第五、第六位；2011年，排在了倒数第二位；而2012年，据说是扶贫工作的决战之年，还提出了“决战2012”的口号，但丰县在全省的排位竟然到了全省倒数第一位。可见，微观上的正确，不能保证宏观上的胜利。因为整个事情的决策就是有问题的，扶贫工作体现了计划经济的时代烙印，而现在已经进入社会主义市场经济的新时期了。市场经济条件下，区域发展就要依靠市场机制发挥作用，培育区域核心竞争力，光靠帮扶是不行的。宏观和微观之间的反差，还表现在经济上。比如，金融危机以来，美国的宏观经济表现一直差强人意，GDP年增长1.5%—2%，但微观企业的业绩却表现不错；而中国的宏观经济表现尚且不错，GDP的增速虽有回落，但是仍旧年增长7.7%—8%，不过微观企业却是愁云一片。宏观和微观上的反差不时出现，成了巨大的困惑。

仔细想想，宏观是真实的宏观，微观也是真实的微观，那为什么反差会这么大呢？是因为我们观察宏观与微观用的不是同一把“尺子”，也无法用同一把“尺子”。例如，我们观察宏观形势通常用经济增长、物价指数、就业率和国际收支等综合指标，用的是“望远镜”；而观察微观形势通常用的是“显微镜”。宏观经济数据是一个整体，而身边的眼之所见却不过是个体，两者有反差是难免的。例如上面说过的长江口变迁的故事，从上游看，水土流失是不好的，之所以有这样的结论，是因为我站在上游的立场，眼界局限在上游；从下游看，成就了下游的美丽富饶，是因为立场站在下游，眼界局限在下游；说这是一个伟大工程，这又是从全国、全民族的视角，又到了宏观的层面。立场、眼界不同，结论自然不同。丰县扶贫的例子，把眼光放在工作层面，自然会为干部们取得的成绩感到欣慰和鼓舞；但是把眼光放在全局层面，不免会认为这项工作本身就存在值得商榷之处。其实，无论宏观还是微观，都是一个动态的发展过程。这就要求我们每个人都能以一种公正的眼光和健康的心态，把我们身边的微观世界放到一定的历史进程中加以考察。准确、科学地观察形势，调整自己的眼光。看宏观形势，应该有一种“微观视角”；看微观形势，要有一种“宏观视角”。

在实际工作中要有全局观念，要有大的战略思想，不能胸无全局、鼠目寸光。微观要服从宏观，小局要服从大局，部分要服从整体。有些事情从局部或眼前来看是可行的，但从全局和长远来看是不可行的；或者从局部、从眼前来看是不可行的，但从全局和长远来看是可行的，那么局部、小局就应当服从整体和大局。当然，“服从”不等于弃微观于不顾。因此，就应当在着眼于战略的前提下，对各个局部和阶段进行统筹兼顾、全面安排，做出策略上的灵活反应。由于宏观和微观是相互联系、相互影响和相互制约的，在实际工作中我们既要重视宏观对事物全局的决定作用，同时又要注意微观对事物全局的制约作用。宏观是由微观构成的。作为构成宏观的各微观，其地位和作用是各不相同的。有些微观、局部在事物全局中处核心地位，起关键性作用，犹如“牵一发而动全身”中的“一发”。因此，我们要特别注意抓住对宏观有决定意义的微观，抓住对全局有决定意义的关键环节和关键时刻作为工作的重点或突破口。

谈到这里，我还想继续说一点，那就是要转变我们的传统观念。日常生活中，我们习惯于用老眼光、旧思维去看待事物，有时候就会得出错误的结论。这是因为自然界的规律有很多是我们并不熟悉的，我们一成不变地看问题，就会出错。例如，我们传统发展煤电形成了一个惯性思维。比如要把发电量增加一倍，我们相应地就要把煤炭投入量增加一倍。对于煤电来说这是正确的。因为煤炭投入与发电量是线性的关系，所以要提高发电量，只能同比例地增加煤炭投入。然而，在发展新能源过程中，有些人直接把煤电里面的规律拿了过来，而不去思考新问题，转换新观念。我是一直从事风电研究的，所以我比较了解。风力大小与风电量之间并不是线性的关系，而是三次方的关系。也就是说，当风力提升一倍，风电功率却达到了之前的八倍。还有，风电功率与叶片是二次方的关系。最近，有一种2.75兆瓦的风机，直径达到了110米，旋转起来达到7000多平方米。过去我知道最大的风机叶片旋转起来有一个足球场那么大，而现在又是进一步的突破。所以，我们发展风电一定要转变观念。

我又想到一个例子，一个关于新型风机的例子。据我了解，目前有一种新型风机，它的特点是体积小，但是功率却并不低。它是怎么做到的呢？据我观察，它的独特之处就在于比原来的传统风机在设计上多加了一个罩子，这个罩子一头的口大，另一头的口小，风机就放在这个罩子里面。别小看这个罩子，作用可大了。我先要卖个关子，问大家一个问题：大家认为风从哪头吹进去风机功率大啊？我问过很多人，都认为风从大的口子进去功率大，原因是风从大口进去，向小口集聚就能提高功率。其实，他们都错了，风从小口进去，风机功率才大。这是为什么呢？原因是这样的，当风从小口进去以后，由于空间迅速变大，风速就会迅速减慢，这样内外风速瞬间发生了改变，导致罩子内外就会产生一个压力差，从大口方向就会产生对风机的吸力。这个过程跟飞机起飞的原理是一样的。由于这个原理，风从小口进入，风速就能得到一定程度的扩大。而我们前面说了，风速与功率是三次方的关系，也就是说风速大了一点点，功率就能有显著提升；还有叶片与功率是二次方关系。就是根据这个原理，日本人设计的风机在同等功率条件下，叶片小了三分之二。所以说，我们千万不能用传统思维对待新的未知世界，一定要转变观念，否则很容易就会犯错误。

比如说，我提出了非并网多能源智能供电系统。当初，我解释这个概念的时候，因为是以风电为例进行研究的，所以我习惯性地讲非并网风电。而听我说这个概念的人，一听到风电，马上就联想到风电不稳定，对我的理论举起大棒，要给予否定。其实，我们的研究发现，通过多能源协同供电，再加上智能调节系统，虽然输入端接收的是各种性质的电，有的不稳定，但是通过必要的调节，最主要的是通过各种电在物理性质上的综合，能实现稳定的功率输出。这是物理规律所决定的，是不以人的意志为转移的。我经过长期研究，我发现了这个规律。而那些没有研究过的人，就凭主观判断予以否认，这本身就是观念陈旧的表现。

再比如，20世纪50年代末经历过饥荒的人都应该记得，那时候树皮、观音土都成了食物，用来果腹。而十一届三中全会以来，生活条件改善了，人们吃得越来越丰富了。俗话说：食不厌精，脍不厌细。可是，问题也来了，人们开始面临肥胖的烦恼，由此产生了一系列病症。于是人们开始减肥，开始注意“卡路里”，提倡饮食的健康。现在，生活条件改变了，人们对健康、对饮食的观念也在改变。过去，我们面临的是物资的匮乏，生产效率的低下，同时环境质量很好，所以我们的任务就是拼命提高效率，生产更多的物资，这是那个阶段的客观要求。而现在，我们的物资极大丰富了，我们的生产率提高了，但是环境承载力下降了，所以要求我们必须转换理念，选择一种适合现时代的发展方式，再去拼命地掠夺环境资源显然是不可持续的。转换观念是社会进步、时代进步的必然要求。

科学技术怎样才能成为第一生产力

“科学技术是第一生产力”，这是邓小平先生的著名论断之一。然而，很多人却不能完全理解甚至曲解邓小平的本意。有一些人认为，只要科学技术突破了、领先了，就能支撑我国经济又好又快发展。然而事实却未必如此。比如，近些年中国风电发展这么快，但它有没有变成生产力呢？答案是否定的。

欧洲有一个风能杂志封面就讲中国是“风电银行”，他们认为中国大型风机没有自主知识产权，几乎全部通过国外技术的转让和生产许可证来进行生产，我们生产得越多，他们在中国这个“风电银行”里拿到的利润就越高。再比如，我们的光伏产业占全球的70%，给全世界带来“光明”，那么它有没有变成第一生产力和财富呢？没有，反而消耗财富、人力、物力，我们97%的光伏都是出口，我们自己用不起。发展风电、太阳能光伏不仅成为国外的提款机，还成为欧美国家制裁中国的“利器”，多么可气。我们国内一个著名的企业和美国签订了一个太阳能光伏的出口协议，美国的制裁条款出来以后，三年就要损失4亿美元，没办法，只好忍痛自己撕毁合同，赔了1亿多美元。

还有一个例子。近几年来，我们一直在进行“淮河生态经济走廊”的研究工作，希望在沿淮省份的共同努力下，将这一区域建设成为中国经济的第四增长极，这是我们的最终目标。在研究过程中，我们对淮河流域一些主要城市的经济社会发展情况做了分析，其中有一个城市科教资源的丰富程度让我们感到震惊，这就是蚌埠市。蚌埠市是安徽省下辖的一个地级市，是全国重要的交通枢纽城市。蚌埠科教资源丰富，拥有中央驻蚌科研单位中国电子科技集团公司第40研究所、第41研究所，中国兵器工业总公司第214研究所，玻璃工业设计研究院和机械工业第一设计研究院，拥有省级驻蚌科研单位工业自动化研究所和安徽水利科学研究院，以及91个地方科研机构。现有发酵技术国家工程研究中心和国家玻璃深加工工程技术研究中心2个国家级工程研究中心，省级工程研究中心和企业技术中心20个，博士后流动工作站3个，以及省级科技创新服务中心2个。蚌埠市启动了薄膜太阳能工程技术研究中心、薄膜光伏电池技术研发公共服务平台等研发机构的建设，并已正式挂牌。

蚌埠拥有安徽财经大学、蚌埠医学院、安徽电子信息科技学院、蚌埠学院、安徽科技学院、蚌埠经济技术职业学院、中国人民解放军陆军装甲兵学院、空军第十三飞行学院、中国人民解放军蚌埠汽车士官学校、中国人民解放军海军蚌埠士官学校等高等院校10所，各类职业教育院校34所，每年输送毕业生2.5万人，培养熟练技术工人4万人。此外，作为一个老工业城市，蚌埠拥有一大批敬业精神强、技术熟练的各类产业技术工人，劳动力素质高。然而，这样一个科教资源丰富的城市，其经济总量仅居安徽省的第九位；与同处于淮河流域的江苏省淮安市相比，不足淮安市的50%。可以说，丰富的科教资源并没有转化为现实生产力，并没有为区域发展创造出巨大的价值。

为什么我们的科学技术没有变成生产力？为什么我们的科学技术不能给我们带来财富？我们知道打仗时武器最重要，但关键是看用在谁手里，怎么用。就像核技术，如果用来杀人，都可以毁灭地球好几次了。枪杆子是个好东西，可以保家卫国，但是放在歹徒手里，就变成凶器了。上面谈到新能源的例子，在新能源的战略层面上，欧美国家很好地运用了《孙子兵法》的战略——“上兵伐谋，不战而屈人之兵”。谈到这，我们只有再次回到邓小平的论断，读懂他的内涵，才能解决我们面对的问题。

说到底，“科学技术”与“第一生产力”之间，不能简单地“画等号”，“科学技术”并不等同于“第一生产力”，两者间需要有科技转化的必要环节。只有选择正确的实施路径，确保科技转化顺利完成，才能释放出“科学技术”的强大力量，最终形成“第一生产力”，促进经济社会实现飞跃。反之，如果实施路径有偏差，科技转化受阻，再好的科学技术也难以落地，不但不能成为推动经济社会发展的强大“引擎”，反而会成为发展的沉重“包袱”。在1978年之前，中国农业发展的指导方针是“以粮为纲”，在其指导下，广大农村积极开展大兴水利、大搞农田建设、大办农业、大办粮食、大赶大超的群众运动。客观地说，“以粮为纲”的方针及具体做法，对农业科技发展以及基础设施建设起到了积极作用。到改革开放前夕，农业科技积淀已经达到一定规模和水平。在种子方面，杂交水稻技术已经育成并大面积推广；在化肥、农药方面，几乎每个县都有自己的化肥厂，农药新品种已经研发出来并投入生产；在农业水利方面，全国已建成大小水库七八万座、塘坝无数，人工河道网、田间道路网、沟渠网、防护林网基本形成；在农业机械方面，拖拉机等农业机械投入生产，装备水平提高；在耕作技术方面，农技站几乎遍布所有乡镇，每个农技站都配备一到两名专业大学生，农业科技人员下到田间地头进行指导，而且间作、套种、复种技术得到全面应用和推广。20世纪70年代末80年代初，我国农业发展的科技基础和基本格局已经形成，此后三十多年的发展仍然没有脱离这个框架。

即便在这样的科技水平条件下，我国仍然没能解决"吃饭"问题，物资紧缺现象十分突出。可见，不能在"科学技术"与"第一生产力"之间简单地"画等号"，科学技术基础并不能自觉地转化为社会生产力。生产力三要素包括劳动者、劳动工具、劳动对象，而科学技术要作用于这三要素，才能转化为社会生产力，这就是科技转化的过程，也就是实施路径选择的过程。改革开放前，中国农业形成的显性科技沉淀，表明科技已经物化到劳动工具、劳动对象上了。但也显而易见，科技与劳动者的结合并不紧密。根据木桶理论，决定木桶盛水量的恰恰是最短的一块板，即短板。而当时科技与劳动者结合不紧密，恰恰成了这块短板，这也就决定了科学技术必然不能转化为第一生产力。

改革开放前，旧有经济体制的最大弊端就是对人的束缚。人不是自由的人，连基本人权都不能得到保障，主观能动性得不到发挥。在农村，人是被"诱捕"在土地上进行劳动。当时，农村群众忙，干部更忙。中央要求县以下领导参加劳动要做到"一、二、三"，就是县级领导每年

表4-1　改革开放以前的农业科技基础

名　称	内　　容
种子革命	1973—1976年，我国南方籼型杂交水稻（育种代表为袁隆平）和北方杂交粳稻（育种代表为杨振玉）良种相继育成，从70年代后期开始大面积推广，到80年代中期大体完成推广，使水稻单产较以前选育的普通良种约增加20%—30%。与此同时，小麦、玉米、棉花、油料等其他农作物也都陆续发生了种子革命。
化肥革命	60年代末到70年代中期，我国各地陆续建成一大批中小型化肥厂，到1975年，已投产的化肥厂就使化肥施用量较1965年增长了3.1倍。1972年中美发表《上海公报》以后，西方允许部分民用产品对华出口，我国又迅速引进了13套大型化肥生产装置，并利用这些技术对原有化肥厂进行改造和扩建，这些装置和改扩建项目到70年代末80年代初刚好建成投产，迅速增加了每亩化肥的施用量，这在长期以农家肥为主的田地里起到了明显的增产作用，当时的增产幅度一般达20%—40%。
水利革命	自1958年大规模的农田水利基本建设开始，各级政府每年利用农闲组织社员兴修水利，修路、挖沟、迁坟、植树等整田改土，修造梯田，大面积垦荒，全国建成大小水库七八万座、塘坝无数，广袤的田野上，人工河道网、田间道路网、沟渠网、防护林网形成，极大地增强了农业灌排能力和防灾抗灾能力，保证了农业的稳产高产。这些农业基础建设工程，即使到了今天，仍使我们在这方面很少投入，多多获益。
农机革命	1975年我国农业现代化装备水平进一步大大提高，拖拉机和手扶拖拉机的产量分别是1965年的6.7倍和66倍，排灌动力机械增长4.9倍，用电量增长4.7倍。农业机械的大量投入，为机械深耕、农业灌溉提供了保障，这对提高农作物产量的作用是十分巨大的。
耕作技术革命	由于农田水利系统的形成，生长期短且高产稳产抗倒良种的相继育成推广，农业机械及化肥、农药的大量使用，间作、套种、复种技术得到全面应用和推广，作物复种指数大大提高，从一年一熟实现了两年三熟、一年两熟，极大地提高了农业产出率。

参加劳动100天，公社领导参加劳动200天，大队领导参加劳动300天，要做到“晴天一身汗，雨天一身泥”。但这只是表面现象、形式主义，实际生产中更多的是“出勤不出工；出工不出力；出力不出活；出活不出利”。

党的十一届三中全会以后，我国逐步取消对农业发展的体制机制束缚，解放了人性，激发了人的活力。1978年下半年，安徽、四川农村尝试包干到户、到组的生产方式，取得明显效果。1979年9月，十一届四中全会通过《关于加快农业发展若干问题的决定》，允许农民因时因地制宜，经营自主。1980年5月，中央领导发表谈话，肯定一些地方大包干的做法。9月，中共中央印发《关于进一步加强和完善农业生产责任制的几个问题》，认为包产到户“没有什么资本主义复辟的危险”。从“大包干”到“家庭联产承包责任制”，开创了具有中国特色的社会主义农村发展道路，引发了中国农村经济社会的一场历史性的大变革、大跨越。但其最具有革命性的意义，无疑是打破体制机制束缚，在很大程度上把人解放出来，使科学技术与劳动者紧密结合起来，所以就弥补了短板，回到正确的实施路径上来，推动科学技术转化为第一生产力。到1983年，全国实行“双包”的生产队达到了93%，其中绝大多数实行的是包干到户。粮食增产效益立竿见影，两三年时间全国粮食产量就超过3亿吨，之后仅用六年时间就再一次登上4亿吨大关，“吃饭”问题得到根本性解决。

峰回路转，经过三十多年高速发展，今天的科技发展面临着与三十年前相似的尴尬局面，那就是改革开放三十多年形成新的科技沉淀，科技成果比比皆是，在很多方面世界领先，还填补了世界空白。但是，这些成果却没有形成一些具有国际竞争力的产业，自主创新能力不强，关键技术、核心技术受制于人，一些成套设备、关键零部件、元器件、关键材料依赖进口。例如，太阳能光伏、风电、LED等战略性新兴产业，虽然政府给予了极大的政策和资金支持，但在关键技术、核心技术上却没有自主知识产权，发展路径更是被国外牵着鼻子走，结果就导致要么产能过剩，要么受制于欧美，命悬一线。当前，科学技术向第一生产力转化的过程再次出了问题，即实施路径出现偏差。但与三十多年前相比，今天的情况更加复杂。改革之初，只要在体制机制上做适当调整和创新，就能弥补科技与劳动者结合不紧密的短板，把长期沉淀下来的科学技术潜力释放出来，实现经济社会跨越式发展。今天，我国刚刚经历了经济高速发展的三十年，进入转型升级关键期。我国经济结构性矛盾仍比较突出，经济增长仍然主要依赖投资与出口拉动，依赖工业、物质资源和简单劳动投入带动，高投入、高污染、低产出、低效益的状况尚未得到根本改变，能源、淡水、土地、矿产等战略性资源不足的矛盾日益显现，城乡之间、区域之间、经济与社会之间发展不平衡的矛盾依然存在。

党的十八大报告指出，以科学发展为主题，以加快转变经济发展方式为主线，是关系我国发展全局的战略抉择，并已成为我国继六十多年前社会制度转型、三十多年前经济体制转型之后，决定国家命运的又一次重大转型。然而，转变经济发展方式是一个系统工程，其难度之大可想而知。苏联从20世纪60年代中期就提出转方式，但是一直到1991年苏联瓦解，始终没转过来。我国在1995年《关于制订第九个五年计划建议》中就提出要实现两个根本转变；2006年“十一五”规划对转变经济发展方式的内容和途径做了进一步的明确。但至今，转变经济发展方式的任务仍未完成。而且，随着世界经济形势变化，尤其是受到国际经济危机的深刻影响，转方式这项系统工程变得异常艰巨。这种背景下，既需要再次打破体制机制束缚，进一步发挥人的积极性、创造性和能动性；又需要提升对国内外经济社会发展形势进行研判的能力，提高经济决策的水平和质量。胡锦涛指出："历史经验表明，每次重大经济危机都会伴生重大科技突破和产业调整，强力推动经济发展方式转变。"历史也已经证明，世界经济增长的唯一出路在于依靠科技进步增强内在动力。我们要有饱满的热情和坚定的信心，坚持科技驱动经济社会发展的道路不动摇，站得更高、看得更远，从宏观性、战略性、前瞻性、全局性、国际性的视角，探索出更加科学的具有中国特色的实施路径，再次释放出长期积淀的科学技术生命力，形成第一生产力。

当前，实现科学技术到第一生产力的转化，一个重要战略突破口就在能源领域。人类对能源的利用，从薪柴时代到煤炭时代再到油气时代，每一次变迁都伴随着生产力的巨大飞跃。当前，资源环境约束加剧，能源安全形势严峻。我国人均能源消费量约2.6吨标准煤，仅为发达国家水平的三分之一，未来能源需求还将大幅增长，即使以世界最先进的能效水平实现现代化，消费总量仍将再翻一番。化石能源大规模开发利用对生态环境造成严重影响，国内部分地区生态环境严重透支，应对气候变化的压力日益增大。因此，新能源无疑将肩负起推动生产力进步的战略使命。新能源是战略性新兴产业，是面向未来的产业，也是第四次工业革命的关键。在新能源领域，很多科学技术关系到国家未来的长远发展，比如淡水可持续发展、高耗能产业发展、煤炭清洁利用、规模化制氢、智能电网等。如果能够从新能源入手，探索出具有中国特色的实施路径，就能够把长期积淀的科学技术潜力释放出来，转化为第一生产力，不仅能够创造出一系列万亿元级新产业，还能推动中国经济继续高速发展二十到三十年。

近年来，我国新能源发展很快，尤其是风电、太阳能等领域，而且能源装备制造水平显著提高，千万吨煤炭综采设备、3000米深水钻井平台、百万千瓦超超临界机组、特高压输电技术等居世界领先水平。但成绩背后，却没有跳出欧美的产业链锁定和技术路线锁定，我们的领先也不过是在欧美战略框架内的领先。同时，随着能源成为国际政治、经济、外交、国防、气候变化博弈的焦点，地缘政治、过度投机、热钱炒作和垄断经营深刻影响着国际能源市场的稳定，现在国家单一的能源政策是不能够跟上形势发展的。因此，现阶段推动新能源发展，要建立一个系统的能源发展战略框架，寻求高度集成化的解决方案。

为此，我提出非并网多能源协同智能供电的理论框架，在这个框架下提出淡水可持续化、高耗能产业低碳化、煤炭清洁化、新能源制氢的规模化、非并网多能源协同电网系统的智能化的系统解决方案。发展新能源，我们不能在战略层面总被欧美国家“牵着鼻子走”，长此以往，必将带来重大损失和巨大浪费。我们认为，大规模利用新能源应该是多元化的，要走具有中国特色的发展道路。“非并网”概念的提出已经有三十多年了，是我于1985年在当时国内唯一的风能研究杂志《风能》（第4期，总第12期）和1986年《江苏工学院学报》（第7卷第4期）发表论文时首次提出的。经过多年不断丰富和深化研究，已形成一套理论体系，并在国际风能界得到广泛认可。所谓“非并网”，就是大规模、超大规模的新能源发电，通过必要的技术创新与集成，用于能较好适应风电特性的高耗能工业，使大规模、超大规模新能源发电不经过常规电网，就能够高效、低成本、低故障率全部利用。非并网技术以高耗能产业作为载体，将我国丰富的绿色能源这一比较优势，通过高耗能产业这一载体，转化为规模化绿色产业，转化为强大的国际竞争优势。后面我会详细阐述对“五化”的研究内容，暂不赘述。

转向清洁的新能源和可再生能源，这是不以人们意志为转移的客观规律、发展趋势。党中央提出要实现中华民族伟大复兴的中国梦，而新能源的中国梦就是科学、健康、可持续地发展中国的风能、太阳能等新能源，为保护地球、造福人类多做贡献。习近平总书记指出：“实现中国梦必须走中国道路。”释放科学技术强大推动力，转化为第一生产力，毫无疑问，就是要走中国特色的科学技术发展道路。非并网多能源协同智能供电理论，是一条新能源多元化发展的道路，也是具有中国特色的新能源发展道路。坚持这条道路，能够把引领未来发展的重大新能源科学技术释放出来，转化为第一生产力。也许不需要三十年或者五十年时间，新能源的中国梦就会成为现实。

第二部分

中国的能源革命：
第四次工业革命的核心所在

第五章
能源产业的三大悖论

煤炭资源利用方式亟待创新

煤炭资源在我国能源体系中占有重要地位，在国民经济和社会发展中发挥了重要作用。长期以来，煤炭在我国一次性能源生产和消费中均占70%左右。未来，煤炭在能源结构中的比重虽然会有所下降，但在我国仍将高达70%以上，到2050年也不会低于50%。

然而，我们国家的优势能源，却因传统能源利用方式的弊端而面临艰难的发展形势。在哥本哈根世界气候大会期间，美国应对气候变化特使斯特恩将矛头直指中国，强调中国在未来十到二十年的碳排放量将远超美国。解振华反击，提出如果发达国家愿意到2020年减排四成，并同意对发展中国家提供财政援助，中国乐意奉陪，到2050年减排一半。这次会议还有一个插曲。当中国代表团团长解振华正要进入贝拉会议中心时，却被告知他的身份牌有问题，不能进入。在经过解释后，他重新办理了一张专用于各国代表团成员的粉红色胸牌，但还是没能进入会场，随后他的徽章被没收。由于“技术上的失误”，解振华就这样被拒绝入场，从开会的第一天到第三天，天天如此。中国代表团副团长、国家发改委天气司司长苏伟在第三天进场之后，引用了中国的古话“事不过三”“是可忍孰不可忍”。他用英语说：“大会开始第一天我不高兴，第二天是很不高兴，今天是非常地不高兴。”解振华在之前的会议上对美国的碳政策进行了猛烈的抨击，接着在随后的会议中，中国代表团多次要求陈述意见却被大会置若罔闻。

虽然中国的表态代表了众多发展中国家的立场，但中国也由此成为发达国家媒体的众矢之的。伦敦大学亚非学院金融管理学教授孙来祥，将中国宣布的减排目标称为“聪明的承诺”，因为这并不需要中国额外做很多。他认为，中国政府的减排承诺，同它的能源政策，同它提高经济效率的政策是一致的。所以从这个意义上讲，45%的减排数字本身并不是很大。当然，普通老百姓一般会以为，从现状减45%，是个很大的数。但实际上这是十年技术进步的积累。在哥本哈根全球气候变化峰会召开之前的12月6日，中国科技部部长万钢在接受英国《卫报》记者采访时就表示，中国的碳排放量将于2030—2040年间达到峰值。

但欧洲发行量最大的报纸德国《图片报》12月12日以《中国是世界拯救的阻碍？》为题说，在哥本哈根气候峰会前，中国公布了听起来令人难以置信的排放目标，想在哥本哈根峰会上作为一个“环境天使”，但这看起来像是欺诈。因为中国是与2005年相比，而不是像欧盟那样与1990年相比。

美国加州大学伯克利分校物理学教授理查德为《华尔街日报》撰文说，即使哥本哈根下周产生一个“梦幻”协定，全球排放量仍将继续上升。原因在于，未来碳排放大部分不是来自现在的工业化国家，而是来自新兴经济体，特别是中国。

目前，在经济布局上，重视环保的欧盟各国已先行一步，不久前，计划在未来十年内增加500亿欧元用于发展低碳技术。国际金融海啸爆发后上台的美国总统奥巴马，也一改往届总统在碳排放上的强硬态度，吹响了进军新能源领域的号角。在哥本哈根峰会召开之前，中国政府“在2020年单位GDP碳排放比2005年下降40%—45%”的表态彰显了大国的责任。中国作为工业化程度已经较高的国家，随着工业化、城市化进程的加快和人们生活水平的提高，人均碳排放量还将进一步提高，未来的“碳预算”也将出现赤字。发展低碳经济，不仅是我国转变发展方式、调整产业结构、提高资源能源使用效率、保护生态环境的需要，也是在国际金融危机情况下增强国内产品的国际竞争力、扩大出口的需要，还是缓解在全球碳排放等问题上面临的国际压力的需要。

多数发达国家历史上的赤字必然引起巨额的预算透支。例如，美国历史实际累积碳排放量已经是其总预算的2.6倍，英国为2.9倍。发展中国家未来的预算使用也将出现较大的分化。亚洲新兴工业化国家，如韩国和新加坡，2006年人均碳排放量均已超过9吨。作为发展中的大国，中国的人口数量众多，经济增长快速，能源消耗巨大，自主创新能力不足，来自能源、环境的压力十分巨大。于是中国出台能效标准，限制污染，投资绿色新技术。当前，大多数国家最优先考虑应对失业及经济崩溃带来的其他影响时，中国政府和产业界却没有停止绿色改革。中国通过自身更多的努力，加上来自其他国家的帮助，最终可能成为清洁技术革命的领头羊。气候谈判归根结底是一场政治谈判。在当今世界还未就减排责任达成一致意见的情况下，碳关税很可能只是一个“发达国家限制发展中国家”的借口。但是，如果长期不承担温室气体控制义务，中国在参与《联合国气候变化框架公约》活动中遭受的压力将会越来越大，如果处置不当，有可能影响中国的国际形象和地位。虽然根据“共同但有区别的责任”原则，中国并不需要承担具体减排义务，但由于二氧化碳排放数量的快速增长，发达国家要求中国参与温室气体减排或限排承诺的压力与日俱增。

在2009年9月22日联合国气候变化峰会上，中国国家主席胡锦涛就宣布，中国争取到2020年单位GDP二氧化碳排放比2005年有显著下降。哥本哈根会议上，中国已正式承诺到2020年单位GDP二氧化碳排放比2005年下降40%—45%。中国政府不带任何先决条件的承诺，等于是我们单方面的承诺。这意味着达到减排目标，只能靠中国自己的努力。中国的减排指标是一种相对减排承诺，减少的是碳排放强度的相对量。

中国和发达国家美国做出的绝对碳减排承诺是不一样的。中国提出的绿色方案呈现出一个重要问题：在完成减排任务的同时，根据各国实际国情，如何建立与本国国情相适应的，不影响本国经济进一步发展的方案，需要处理好发达国家和发展中国家在环境和气候问题上的分歧？中国绿色方案的原则体现出中国处理关于权利与义务具体实践的高度灵活性。第一，发达国家应率先大幅减排，进行双轨制谈判。第二，需要建立跟踪机制或者依靠现有的机制，确认发达经济体是否确实履行了它们各自的承诺。第三，处理好援助资金如何分配的问题。尽管在哥本哈根会议上，应对气候危机的新条约缔结一而再，再而三地被推迟，但是共建一个绿色未来的共识已经清晰。作为一场涉及生活方式、价值观念、生产方式的全球性革命，“低碳”不仅与产业、技术、城市相关，碳排放总量的刚性约束还改变了各国的国内外政策的思考模式和方向。一个未来的规则隐约可见：碳排放量的价格将会更高。这也就预示着，在此前提下，绿色经济很可能将推动下一轮商业模式和战略的创造，并且提供另外一种思维模式。

我们设定了低碳经济时代生活状态的基本目标：第一是科技发展，提高使用生物燃料的比例，促进高效环保；第二是基础设施建设，减少城市对农业的环境影响，特别要加强农村生态基础设施建设；第三是通过建立节约计划来节省能源，引导绿色生活理念和艺术环保的文明生活方式；第四是使用经济手段，实现经济的可持续发展，实现绿色盈利，减少气候贫困人口；第五是对弱势群体的培训教育和终身教育，提高全社会环保质量。

风电产业的发展及政策环境

2006年后，我国风电产业发展势头迅猛，2014年新增装机容量23 196兆瓦；累计装机容量114 609兆瓦。其中，新增装机容量和累计装机容量两项数据均居世界第一，占全年全球新增风电装机的50%以上。风电累计装机容量超过1000兆瓦的省份已经达到13个，超过2000兆瓦的省份达到9个。可以说，这是一个一路高歌的过程。在这一过程中，为了促进风电等新能源产业发展，中国颁布了《关于促进可再生能源发展有关问题的通知》，提出促进可再生能源发电项目，尤其是风电发展的优惠政策，包括由银行安排基建贷款，对银行贷款项目给予财政补贴，对采用国产设备的风电项目给予投资利润率优惠等。此外，对风力发电增值税率减半征收，对风力发电零部件和整机的进口关税也给予优惠。

在国务院公布的新一轮电力体制改革方案中明确提出，将制定发电排放的环保折价标准，形成激励清洁电源发展的新机制，这就为风电等来自可再生能源领域的电力提供了公平竞争的机会，从而大大促进风电等清洁可再生能源发电的发展。在电价改革方案中也特别提到，“风电、地热等新能源和可再生能源企业暂不参与市场竞争，电量由电网企业按政府定价或招标价格优先购买，电力市场成熟时由政府规定供电企业售电量中新能源和可再生能源电量的比例，建立专门的竞争性新能源和可再生能源市场”。

中国现行的风电激励政策，主要有以下几个方面：一是价格优惠政策。政府文件明确要求电网允许风电就近上网，并且要收购全部电量，上网电价按“发电成本+还本付息+合理利润”的原则来确定，还规定高于电网平均电价的部分要由全网共同承担。二是税收优惠政策，包括增值税优惠、关税优惠、减免所得税等。2007年初，财政部、国家发改委、海关总署和税务总局四部委联合发布了《关于落实国务院加快振兴装备制造业的若干意见有关进口税收政策的通知》，决定实施对16个重大技术装备关键领域调整进口关税的政策。2008年4月23日，财政部发布了《财政部关于调整大功率风力发电机组及其关键零部件、原材料进口税收政策的通知》，要求自2008年1月1日（以进口申报时间为准）起，对国内企业为开发、制造大功率风力发电机组而进口的关键零部件、原材料所缴纳的进口关税和进口环节增值税实行先征后退，所退税款作为国家投资处理，转为国家资本金，主要用于企业新产品的研制生产以及自主创新能力建设。三是投资补贴政策，主要包括贴息贷款、财政补贴等。我国从1987年起设立了农村能源专项贴息贷款，主要用于大中型沼气工程、太阳能利用和风电技术推广应用等方面。在可再生能源方面，中央政府的补贴主要用在研究开发和试点示范上，地方政府的补贴除一部分用于支持可再生能源的科学研究外，主要用于太阳能和风电技术的推广和应用。四是研发投入政策。中央政府的可再生能源研究开发政策主要体现在两个方面：一方面资助可再生能源研究和开发，给予大量的补贴；另一方面支持可再生能源发展计划，制订并实施了一批大型的发展计划。

随着电网公司特高压输电线路、智能电网等基础建设的提升，电网大范围消纳风电能力和跨区域风电输送规模将增加，风电并网率将进一步改善。目前，风电产业成熟度不断提高，发电成本也已经趋于下降，相对于传统能源的竞争优势逐步显现出来。风电技术已经成为较为成熟的新生电源技术，风电在中国能源结构中占的比例也将逐步提升。然而，问题也随之显现出来，这些问题主要体现在风电产业缺少具有自主知识产权的关键技术。

近年来，我国风电装备的技术能力有了较大提高，风机零部件方面，相比十年前我们什么都依赖进口，现在基本上什么都有能力国产了，一些主要零部件，由于性价比高，接到国外的订单也不少。然而，大部分零部件实现了国产化并不等于风机就能实现国产化，在风机整机的研发和设计上，我们依然没有掌握核心技术。我国规定风电场使用设备的国产化率要达到70%，但形势并不乐观，因为在这70%的设备中，绝大部分的技术从国外引进，知识产权仍在国外，而不是我国自己的技术。每生产一台风机，就得支付一定的技术使用费，为欧美国家创造外汇。中国风电发展得越多，它们提取的利润就越多。因此，欧美国家反而鼓励中国大力发展风电，使得中国源源不断地向欧美国家支付使用费。

作为一个风能大国，要把风能产业做大做强，一定要建立一个以企业为主体，产、学、研相结合的技术创新体系，走一条适合中国国情的发展之路。只有掌握先进技术、拥有自己的新技术才能避免受制于人，实现可持续发展。

中国的具体国情和电网的现实条件，决定了中国风电的发展必须走多元化的发展道路，我们要进一步拓宽思路，以多元化的模式解决风电发展的瓶颈问题。一是可以通过跨区域的电网建设来大幅度增强电网对风电的吸纳能力，缓解目前上网风电量少的瓶颈，这是风电多元化发展的一种途径。但是，我国华北、东北、华东、华中、西北、南方共六个区域电网相对独立，且抗超负荷、波动性的能力较弱，如果一味强调跨区域的电网建设，成本和难度都很大。二是美国提出要搞“智能电网”和“超导电网”来发展绿色能源。但目前我国关于智能电网方面的研究进展缓慢，甚至是刚刚起步，与美国IBM、通用电气、谷歌等公司在智能电网方面的研发仍有很大差距。中国电力行业资深专家吴敬儒就曾提出:“智能电网是长期工程，恐怕到21世纪末甚至22世纪还要搞，现在只是起步阶段，不能急于求成，2020年全面建成统一的坚强智能电网这个目标不现实。”而且，超导电网的启动也根本不会一蹴而就。虽然高温超导电缆的运行总损耗只是常规电缆的一半，电流输送能力是常规电缆的三到五倍，但是成本是常规电缆的十倍。而且，超导电缆需要以液氮为冷却剂，在−196℃ (77 K) 的环境下才能实现无电阻传输。这些都决定了超导电网现在只能是个“概念”，远远没有达到电缆替代传统产品的阶段。三是以上两个思路并未从根本上跳出电网的思维，只能从一定程度上缓解风电发展的问题。我在三十年前就提出“非并网风电理论”，在具有中国特色的、有自主知识产权的风能利用新途径方面进行了一些探索与研究。

目前，中国风电产业发展虽然遇到了很多问题，比如说弃风限电、难以消纳、并网受阻、产能过剩、海上风电发展缓慢、科技创新能力薄弱等，但是我觉得风电产业发展总体上仍然是稳定的。比如说，中国主流风电机组的单机容量逐年提高，3兆瓦级风电机组批量生产，5兆瓦和6兆瓦的风电机组也已投入运行，特别是研发了低风速、抗风沙、耐低温、抗台风和高原性的风力发电机组系列。与整机配套的关键零部件已基本上可以在国内制造（包括合资企业和外资企业），形成了较完整的产业链。2012年7月，国务院专门印发了《"十二五"国家战略性新兴产业发展规划》，对风电产业的可持续发展提出了行动计划和政策建议。同时，风电技术进步也迎来了新机遇，科技部下发了《风力发电科技发展"十二五"专项规划》，提出了中国风电科技发展的总体目标。2012年设立了"7兆瓦级风电机组及关键部件设计及产业化技术"和"分布式中小型风电机组设计制造关键技术"等风电科技项目，以及海上风电、储能技术等工程示范项目，国家在风电科技上的投资近亿元。2012年还先后成立了国家可再生能源中心和国家水能风能研究中心，积极开展风能国际合作交流。

我们以前的发展表明，中国风能发展需要世界；而现在越来越多的证据表明，世界风能发展也需要中国。在十八大和十二届全国人大会议上，我国已将"要大力推进生态文明建设，努力建设美丽中国，推动能源生产和消费革命，支持节能低碳产业和新能源、可再生能源发展，确保国家能源安全"提高到了基本国策的高度。按照"十二五"能源规划和可再生能源规划，海上风电场是国际风电发展的新领域。目前，全国海上风电投产装机容量不足300兆瓦，发展空间和潜力非常巨大，将成为未来决定中国新能源行业格局的竞争制高点。江苏、山东、上海、浙江、福建、广东等沿海省份，都将海上风电作为一项重要内容予以发展。因此，不仅要从政策层面做工作，更重要的是要从企业层面优化资源配置，实现整合。

发展清洁能源和可再生能源，这是人类社会发展的历史趋势，也是未来社会发展的必然选择，是不以人的意志为转移的客观规律。在第四次工业革命中，发展清洁能源和可再生能源也是核心内容。虽然当前无论是在中国，还是在欧洲，风能发展都遇到了各种困境，但是，随着技术进步、实施路径创新，我相信风电的“春天”一定会再次到来。我还相信，如果我们准备更加充分，克服之前发展过程中遇到的一系列难关，我们再次迎来的风电的“春天”，一定是一个永恒的“春天”。只要再经过至多几十年的努力，这个风电的“春天”就会来临，让我们翘首以盼。近期，在中国，大家都在讨论怎样实现中华民族伟大复兴的“中国梦”。习近平总书记说，中国梦归根到底是人民的梦。他说：“实现中华民族伟大复兴的中国梦，就是要实现国家富强、民族振兴、人民幸福。中国梦是民族的梦，也是每个中国人的梦。”作为一个从事新能源研究三十余年的科研人员，我的中国梦自然与新能源息息相关。我的中国梦就是科学、健康和可持续地发展新能源和可再生能源，建立一条具有中国特色的第四次工业革命实施路径，最终为保护地球、造福人类多做贡献。

科技泡沫与留给中国的几个世界第一

新中国成立以来，在党和政府的大力支持下，在科技人员的不懈努力下，我国的科技事业取得了举世瞩目的成就。然而，在科技迅猛发展的主旋律下，依然跳动着与“基本面”不相和谐的音符。近些年来，科技“越轨”事件屡屡曝光。在这些事件的背后，投机、包装者，抄袭、剽窃者，甚至伪造学历、篡改数据、侵占他人成果者大有人在。种种不和谐的事件，败坏了我国科技界的名声，冲击了我国科学研究的良好环境，影响了我国科技事业的正常发展，甚至引发了科技“泡沫”。

科技泡沫还有另一种表现形式，就是我们所谓的科技型企业的市场价值被明显高估，形成泡沫。在过去的十几年当中，由于政府加大引资力度，一些科技型创业公司出现并迅速成长起来。这些公司往往把焦点放在网络上，也有的从事芯片、电信设备和生物科技开发等。目前，中国已创立了数十个“新硅谷区”，这些亮闪闪的高科技开发区和培育基地的面积有城市那么大。最大的高科技开发区是北京中关村，投资到中国的国际风险资本几乎有一半以上都投到了这里。流进中国的钱正在把一个个小城镇转变成科技中心，把这个世界第二大经济体转变成创新领域的世界级选手。然而，一些基金经理对不远的前景却保持了一分警惕，担心中国正在制造一个与美国相似的科技泡沫。中国科技公司一开始的发展方式在很大程度上与美国一样。中国疯狂的投资热潮始于2005年初，谷歌令人激动的首次公开募股之后，风险投资再一次对投资网络公司兴奋不已。不过现在，一些投资者却开始考虑撤回他们的资金。原因是，上市的很多中国国内公司的估值都被疯狂抬高，不管从外部怎么看，都明显像个泡沫。美国达特茅斯大学塔克商学院研究中心主任科林·布雷顿说:“现在立刻去中国可能会以不好的结果收场。”

科技泡沫如此可怕，它的根源是什么呢？其中有一个重要原因就是，我们的科技体制导致科研人员和科技企业过于急功近利。例如，在我们的科研体制下，往往对科研人员提出“刚性”的指定性评价指标，导致科技人员不得不把论文作为追求的目标，注意力完全集中在如何完成论文指标、如何产出更多的论文上，至于科学研究的深度和创新度可以放在第二位，甚至全然不顾。还有我们的科技型企业。近年来，国家为了推进科技事业快速发展，对科技型企业发展从金融政策等方面都开了绿灯。例如，科技型企业上市的要求就相对降低了很多。然而，这些企业就钻了这个空子，一旦上市就拼命圈钱，把科技创新放到了一边。这些企业的做法不仅与国家的目的背道而驰，也使企业的价值快速贬损，很多企业上市不久就市值缩水。可以说，科研人员的急功近利，导致科技成果只重数量，忽略了质量；科技企业急功近利，导致只为圈钱，忽略了科技成果的推广和普及。而这一切的根源，又在于我们的科技体制还不健全。

由于科技泡沫存在，整个科研环境就坏了。人们在这个环境下，不能区分什么是真正的高精尖，什么是滥竽充数。劣币驱逐良币，使得真正的创新也遭到质疑，受到不公正的待遇。这种现象如果是正常的科学质疑、争论本也没有什么，我们最多花点精力，去伪存真也就可以了。但是，前面我们说了，近百年来国人养成了不自信的坏毛病，遇事没有主见，容易限定在别人划定的框子里发展。这样问题就严重了，由于我们的科技泡沫出现了，而又没有评价标准，这样往往就把国外当作参照系。科学是没有国界的，但是科技人员、科研成果都是有国界的。我们套用人家的标准，就很容易跌入他们为我们设好的陷阱。例如，由于科研人员急功近利出论文，可是真正的研究哪有速成的呢？必须要耐住寂寞，冷板凳一坐几十年才有可能取得一点成绩。

在这种无奈之下，科技工作者往往就跟着国外的尾巴搞研究，人家做什么，我们跟着模仿什么。我们常讲消化、吸收、再创新，可是由于急功近利，根本来不及再创新，有人甚至直接把国外的成果翻译过来就充数了。在这种条件下，我们的科研怎么会有自己的特色和方向，完全被西方控制了。如果只是部分投机的科研人员这样也好处理，毕竟有学术正义感的人还是居多。然而，在我们的科技管理者的观念中，也有重视国外、轻视国内的思想。例如，在鉴定科研成果的时候，他们首先要问国外的研究进展怎么样，技术路线怎样。简言之，只有被国外证明可行的，我们才敢认可。的确，国外在科技方面有很多领先我们的地方，但是我们也有强项是国外所不及的。如果都把国外作为参照系，那我们原创性的科研成果还怎么发展？

科技泡沫看似一个独立的问题，但是联系着方方面面。在金融危机后，各国都在积极寻求对策，期望尽早摆脱危机的阴霾。对于我们国家而言，尽管通过政府投资，使我们没有像国外那样经历严重的衰退。然而，我们的泡沫却在悄悄地变大。如果沿着现有的发展轨迹，这些泡沫破灭在所难免。而对于泡沫，我们甚至没有重视，还继续跟着别人，走人家的老路。中国市场经济体制建立的时间尚短，经验较欧美不足，在国际竞争中难免遇到诸多陷阱。像太阳能光伏产业就是最好的例证。美国往往鼓吹中国的诸多优势，把我们捧到天上。当我们飘飘欲仙、不能自拔的时候，他们的阴谋就来了。

现在他们留给我们诸多的第一，例如煤电、煤化工、钢铁、电解铝、风电、光伏、LED、稀土等，其实背后都包藏祸心。这不是阴谋论，也不是我们心胸狭隘，这是赤裸裸的现实。仔细想想，有哪一个后面不是隐藏着阴谋，稍有不慎，我们就跌入陷阱。例如，我们煤电世界第一，煤炭是我们最大的优势之一，结果他们用二氧化碳减排、温室效应来忽悠、限制我们，而我们还真的往圈套里跳，甚至不惜自断其臂；煤化工、钢铁、电解铝等高耗能产业，是我们发展的重要支撑，然而，在减排陷阱中，几乎没有了发展空间，很轻易就会被砍掉，轻者也是限制发展，完全不从国情出发探索中国特色发展道路；风电、太阳能等更不必多说。我们牺牲了自己的资源、能源、环境，成就了他们的利益，给他们送去了福音，却还被他们指责，世间有这样的道理吗？中国如何发展，最主要的是要坚持中国特色。

为什么我们要对以美国为首的西方国家保持警惕？这是有历史渊源的。历史经验告诉我们，必须警惕他们的陷阱，否则我们就要自吞苦果了。说这个问题，我们要从世界形势分析。在第二次世界大战当中，美国是西方唯一一个非但没有退步反而实力迅速提升的国家。战后，整个亚洲被战争摧残得一片狼藉，犹如废墟一般；欧洲也经过希特勒的打击而实力大大受损；非洲、大洋洲、拉丁美洲更是没有能力与美国争锋。于是，除了苏联，美国彻彻底底地变成了全世界的老大哥。然而，20世纪90年代初苏联解体，世界老大哥的唯一对手也消失了，从此美国唯我独尊，开始肆无忌惮地大行霸权主义了。不过，由于意识形态的差异，美国一直把中国当成它霸权主义道路上的绊脚石，并且这种认识已经深深地印在了它们的国民意识当中。为了搬掉中国这块绊脚石，美国做出了多次尝试，曾经就伙同它的追随者们先后发动了朝鲜战争、越南战争，但不仅没有尝到甜头，还都遭到了惨败。随着世界经济政治形势的变化，美国也逐渐意识到，依靠战争是不能让中国屈服的，也不符合世界大趋势，于是就从有形的战场转向了无形的战场。企图搞垮中国的经济，达到不战而让中国屈服的目的。

前些年，美欧等国大肆炒作温室效应，大肆炒作地球变暖的危害，大力倡导低碳环保清洁能源。在美欧等国的推动下，有关减少二氧化碳排放、使用无碳清洁能源的国际会议开了无数个，相关的国际协定也签订了无数个。这些国际会议和国际协定成了美欧等国宣传使用无碳清洁能源的舞台。同时，欧美国家的政府大力扶持太阳能光伏发电，太阳能光伏发电组件在欧美等国的价格大涨。美欧等国与中国的经济联系十分紧密，经贸往来十分频繁，中国的商人们马上发现了制造太阳能光伏发电组件这个挣钱十分容易的产业。中国商人在利益面前昏了头脑，一窝蜂上马太阳能光伏产业，有些人甚至不惜去借高利贷。太阳能光伏产业成了只有房地产业才能相比的暴利行业，中国变成了世界上最大的太阳能光伏产业生产基地。

太阳能光伏发电的成本大约是燃煤发电成本的11—18倍，因此目前各国光伏发电大多依赖政府的补贴，政府的补贴规模决定着本国的光伏发电产业的发展规模。很快，美欧政府对太阳能光伏发电的投资热情减弱，美欧等国的光伏发电产业马上萎缩，中国生产的光伏发电组件迅速过剩，产品严重积压。更为严重的是，2012年10月10日，美国商务部裁定，中国晶体硅光伏电池及组件的生产商或出口商在美国销售此类产品时存在倾销行为，倾销幅度为18.32%—249.96%。根据这一裁定，美国商务部将要求海关对相关产品征收高额的“双反”关税。美国的裁定，将直接影响到欧盟，欧盟很可能沿用美国对中国光伏产业制裁的方案。中国的光伏发电产品以出口欧美市场为主，欧美市场一旦对中国关闭，中国庞大的光伏产业将会马上倒闭，中国的经济将为此付出沉重的代价。

我所说的是不是危言耸听呢？从中国光伏产业的实际发展情况就能见分晓。光伏产业是利用太阳能发电，替代传统能源的产业。从整个产业发展过程来看，中国光伏产业兴起于2009年，2009—2011年，中国光伏产业过了三年顺风顺水的日子，但从2012年开始遭遇到变局之痛。我们要问，光伏产业“热”开始于2009年，为什么早不热晚不热，偏偏在金融危机后就变成热门呢？这又缘于低碳经济的骗局。

金融危机过后，发达国家的经济受到重创，他们痛切地感到，金融、保险等虚拟经济靠不住，虚拟经济是一堆泡泡，说没就没了，而工业才是实实在在的，只要机器设备还在，随时可以启动。欧美国家曾经实现了工业化，后来走了一段去工业化的道路，现在又要发展工业，叫作再工业化。可是，他们的工厂都转移到中国来了，想再回到发展工业的轨道上怎么办呢？很明显，如果发展那些已经转移出去的工业，他们已经变得没有优势，是竞争不过中国的，那么最简单、最有效的办法就是发展一种新型工业，这种新型工业必须是资金密集型和技术密集型的，只有他们才有这个能力和实力。低碳产业就成了当时的热门产业，他们有的是资金和技术，可以处于这个产业的领先地位。可是如果你不跟着他们走，照样发展你的传统产业，他们的计划就会落空。于是，他们想出了一个绝妙的想法，口号就是要保护全人类共同的地球。2009年，哥本哈根全球气候峰会开得热热闹闹，在二氧化碳导致全球升温，并可能最终导致地球毁灭的情况下，各国首脑需要表现出拯救地球的责任和远见卓识的政治家气度。

光伏产业作为低碳经济的杰出代表，也就应运而生。可是太阳能的价格非常昂贵，比煤电的价格要贵五到十倍，如果真的使用太阳能，企业将不会有竞争力，不亏损才怪呢。除非这个企业的钱多得烧不完，否则不会去用太阳能发的电。当欧洲经济繁荣的时候，对太阳能补贴一点也算不了什么，反正有钱。可是从2011年以来，欧洲麻烦不断，美国的金融危机最终在欧洲修出了正果，债务危机让欧盟国家疲于奔命，欧洲经济持续走下坡路，这时候像太阳能这种花拳绣腿的事情，只好暂时放在一边。继续花大价钱补贴太阳能，那就是吃饱了撑的，欧洲太阳能市场正在走向崩溃。狡猾的美国人把中国人和欧洲人引上了太阳能的发展之路，可是自己早就进行了战略转向，它的新能源战略不是太阳能，而是页岩层石油和天然气的开采，并且大获全胜，被称为美国能源史上的页岩气革命。2000年，美国页岩气产量不足天然气供应的1%，而今天已经占到30%，而且份额还在上升。美国天然气市场已经出现了供大于求的状况，天然气价格和进口量降至十年来的最低点。据美联社报道，仅在2011年，美国天然气价格就下跌了35%。页岩气大开发使得美国对进口石油依赖下降，2011年降到了45%，中国是56.5%。美国的煤炭企业开始遭遇滑铁卢，天然气正在取代煤成为美国的主要发电能源。

2012年以来美国煤炭上市公司股价一直跌跌不休，以后中国人可以上美国买便宜的煤。与此同时，美国掀起开采石油热潮，如同历史上黄金大发现，如今美国开始了“黑金”大发现，而且真的发现了。谁说石油即将枯竭？早着呢，全球石油生产重心正悄悄由中东转移到美洲，以后哪怕是中东炮火连天，美国也岿然不动。如此丰富低廉的天然气和石油唾手可得，美国已经快乐得不再想什么新能源，用我们的成语叫作乐不思蜀，那么昂贵的新能源，美国才不玩，让其他国家玩去吧。在美国只有像苹果、谷歌这样的暴利企业才玩太阳能，北美太阳能消费只占全球的9%。美国不玩太阳能，却大量生产太阳能设备，卖给中国。

中国人以为找准了产业发展方向，甚至上升到第四次工业革命的高度，“大跃进”精神与“大包干”精神一起迸发，光伏产业开始了突飞猛进的增长。全国有31个省市自治区把光伏产业列为优先扶持发展的新兴产业；600个城市中，有300个发展光伏太阳能产业，100多个建设了光伏产业基地。2008年，我国前十位最大的光伏企业产能占全球的30%，随后迅速上升，2010年占50%，2012年占63%。我国俨然成了光伏产业大国，可是两头在外，两头都受制于人。设备在外，产品销售在外。我国不掌握核心技术，机器设备需要向欧美企业购置，欧美国家通过生产设备实现再工业化。产品销售市场也在国外，中国人讲究实惠，几乎不使用光伏产品，都指望欧美人使用。2010年96%的产品出口，2011年88%的产品出口。主要出口到欧美市场，尤其是欧洲。光伏产业的市场主导权完全掌握在欧美人的手中，欧美市场的一点风吹草动，就足以让中国企业大打喷嚏。

科技发展迅速，但是泡沫化倾向严重；很多的世界第一，却没有为我们自己带来财富。这是值得我们反思的问题。再回到前面，优势能源，要么变成过街老鼠，要么变成人家的银行。这还是值得我们反思的问题。为什么辛苦培育起来的所谓优势，竟然成了为别人牟利的工具，却不能为我们带来财富？这一定是我们在某些方面做错了。可到底问题在哪里呢？更重要的问题是，怎么能够以后不再犯同样的错误了呢？我想重要原因就在于我们在发展中没有自己的主见，所谓“人云亦云”的发展。我想发展偏离了自己的轨道，变得盲目而没有方向，失败是必然的。

我们知道德国正在持续进行能源转型，从21世纪初开始已有十几年历史了。2000年，《德国可再生能源法（第一版）》正式实施，这一版法律最重要的着力点是鼓励对可再生能源投资，并为投资者提供法律保障。具体措施是，无论投资者投资风电还是光伏发电，都保证全额上网，而且确定一个二十年不变的收购电价。《德国可再生能源法》给了投资者一个安全保障，使人们愿意对可再生能源进行投资。经过多年的发展，可再生能源在德国快速发展起来，但是也出现了新的问题，就是可再生能源的装机量已经超出了电网的承受能力，甚至超出了电力消费能力——在某些时段内，可再生能源发电量加上部分不能停机的电量已经超过了用电需求，这时，问题就出来了。举个例子，周末阳光好风也大的时候，风电和光伏发电量增加，可是德国的工厂周末都不上班，光伏和风电在电力市场交易中就卖不出去，电价是负的，也就是说谁这时用电要倒贴钱给他，实际上也是一种弃风弃光了。

德国今天的困扰是光伏发电造成的。之前政策是光伏电量全额收购，补贴电价二十年不变，虽然近年来光伏上网电价不断下降，但是目前经营者还是有6%—8%的利润，也算不错。德国之前的政策是光伏发电必须全部上网，但如果电力需求没有那么大，就会出现负电价，谁用电倒贴钱给谁。根据规划，到2020年，德国的光伏装机将从现在的3万兆瓦增长到5.5万兆瓦，到那时可再生能源更需要贴钱使用，就成为不经济的能源了。另一个暴露出来的问题是，由于大量风电和光伏发电快速增加，导致德国传统发电厂发电小时数减少，固定投资更高，成本大幅上涨，有的传统电站成本提高得很厉害。更严重的是，因为传统电站基本不赚钱，甚至亏损，所以很多电站都要求关停，但是政府不能无视传统电站关停，因为没风没光的时候还需要传统电站发电，他们是系统的保障能力，需要维护系统平衡。但靠政府行政命令维持传统电站不关停难以为继，长此以往，传统电站很可能纷纷破产，所以德国目前传统发电能力也急需补助。还有一个问题。德国的风能资源与用电负荷中心是分开的。北部风大，风能资源丰富，南部太阳能丰富，但主要负荷集中在南部。当前德国风电发展迅速，但北部地区已经消纳不了这么多风电，要将风电输送到南部，这就需要建设大功率的输电线路。所以，《德国可再生能源法》修订的最重要内容就是，要求可再生能源的发展必须适合电网改造的进度，把可再生能源的发展和电网的改造捆绑在一起。

新版的《德国可再生能源法》要求可再生能源的发展必须适合电网发展的进度，也就是说，电网改造到什么程度，可再生能源才能发展到什么程度；反之，如果一个区域的电网不能承受，那么可再生能源就不能再发展。德国北部的风电发展得很快，由于德国的电力负荷集中在南部与西南部，所以必须要建设高压输电线路将风电从几百甚至1000千米外输送过来。据我们的测算，要消纳北部的风电，德国需要建设4800千米的高压输电线路。线路没建起来，电就送不出去。德国建设电网的过程也很复杂和漫长。首先要提交规划，然后和各利益主体反复讨论修改，最终经过网监局批准之后才能建设，建设与运营的成本最终摊在电费中。目前德国已经通过审批，要建设4800千米的高压输电线路，其中2000多千米是交流高压线路，包括采用380千伏的德国建设和运营的最高电压等级。目前还规划2800千米的直流高压线路，具体电压等级还在讨论中。

借鉴德国的经验来看，光伏和风电等可再生能源发电要和电力系统相匹配，要考虑电力系统的接受能力和极限情况。所以，要调整可再生能源补贴电价政策，新装机的可再生能源将不享受补贴价格，要和传统电力一样到市场上交易，让投资者决定投资收益问题，鼓励可再生能源在电力交易市场中实现自身价值。要让可再生能源的发展与电网建设、基础设施建设相匹配，不能只管发电，而不管系统，一方面要加强基础建设，另一方面要引入市场机制。过去十几年中，我们对可再生能源的鼓励过了度、过了头，反而忽视了提高能效、节能、基础建设等其他重要的环节。今后我们要逐步降低可再生能源的补贴和刺激，转而加强对节能的鼓励和支持，同时还要重点解决电网与电力系统的问题，如智能用电问题，如电动汽车充电与发电匹配等问题。

中国的光伏近年发展得非常快，特别是分布式光伏大批上网之后，将对配网产生很大压力。因为以前的配网不是为了光伏电源而建，必须改造配网才能适应光伏发展。由此带来大量的改造需求，如果不改造，将会出现很大的配网瓶颈，光伏也难以上网消化。以前配网的电力流是从上向下走，现在出现了从下向上走的情况，因此需要新的配网技术，同时为了解决电力拥塞问题，必须发展智能电网。未来电力用户也要适应新的电源特性，也就是说，以前用户需要多少电就给多少电，今后可能就是发多少电，用户就尽可能用多少电，也就是用电侧的管理。中国要建立一套完善的、智能的电力系统，实现将可再生能源“运出去、消纳掉”，并不断优化系统，包括蓄电、用电和整个能源链的全过程，这是最关键的，不优化系统，就接受不了这么快速发展的可再生能源。

第六章
走出新能源发展的认识误区

“补贴”——良药还是苦酒？

里夫金认为，中国所生产的可再生能源科技产品几乎均销往海外，可再生能源发电量在中国国内能源消耗总量中的比例只有0.5%，这一事实无疑令人失望。他说：“根据2009年一项由哈佛大学与清华大学联合进行的研究成果表明，只要中国提高补贴和改善输电网络，到2030年，风力发电就可以满足中国所有的电力需求。”

我们说，把“补贴”作为中国风电等新能源产业发展的“良方”，是只知其一不知其二。但是，这样的建议却被我们的有关领导采纳了。我认为，新能源产业作为我国重要的战略性新兴产业，在发展初期的的确确需要得到一定程度上的政策扶持，才能不断发展壮大，这完全符合产业发展的规律。我们国家正是由于尊重和遵循产业发展规律，所以按照产业生命周期的发展要求，专门制定和出台了一系列涉及产业“补

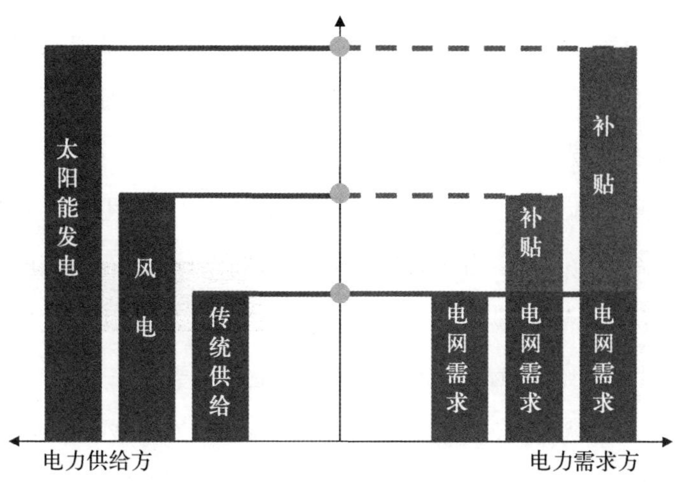

图6-1　中国新能源补贴发展示意图

贴”内容的政策措施，例如：中国原电力部颁布了《关于风力发电场建设和管理的若干意见》，中国政府颁布了《关于促进可再生能源发展有关问题的通知》，国务院公布了新一轮电力体制改革方案。

然而，产业发展壮大的根本还是要依靠产业自身的比较优势和竞争优势，“补贴”等政策措施虽然能够起到帮扶的作用，但是仍旧只是外因，我们知道事物发展过程中起决定性作用的还是内因。而且，就是根据产业生命周期理论，政策扶持也不是贯穿产业发展全过程的，只是用在产业发展的初期，后面产业成长起来以后，政策是要逐渐退出的。再者，我们国家的国情决定了，完全以“补贴”的方式发展新能源是不现实的，我们根本补不起。这也是最关键的一点。

我们算一笔细账：看现在的风电发展，上网电价是0.61元/千瓦时，煤电上网价格是0.43元/千瓦时，也就是说，风电上网国家要补风电0.17元/千瓦时。然而，现在煤电的利润仅是0.05元/千瓦时，相当于3.4千瓦时的煤电利润才能补助1千瓦时风电的发展。再看太阳能光伏，现在江苏光伏上网电价是1—1.3元/千瓦时，也就是说我们最低需要11.4千瓦时的煤电利润才能补助1千瓦时光伏发电上网，而最多则需要17.4千瓦时煤电利润才能够补助。

我们再从减排的效果来算一算账，我们都知道利用新能源发电能够减少二氧化碳排放，当前的技术条件下，每节约1千瓦时煤电能够减排0.997千克二氧化碳。然而根据前面算过的账，1千瓦时风电上网要3.4千瓦时煤电作保障，1千瓦时光伏发展上网需要11.4—17.4千瓦时煤电作保障。也就是说，如果通过发展风电减排，为了减少0.997千克二氧化碳，我们需要排放3.39千克的二氧化碳才能保障；如果通过发展太阳能光伏减排，为了减少0.997千克二氧化碳，我们需要排放11.37—17.35千克的二氧化碳才能保障。

看到这个结论，我想大家都会觉得触目惊心。所以说，只要提高补贴就能满足中国所有电力需求，这是一个很大的误区。“补贴”并不是我们发展新能源的“良方”，上网也不是新能源发电的唯一出路。我们被西方国家“牵着鼻子走”，最终只能进入“死胡同”。我们发展新能源，是要它为社会创造价值。而现在，我们这些新能源技术大多没有成熟，还停留在研发设计阶段。我们在研发的过程中，要不惜血本研发科学技术，但在没有成熟之前，并不能大规模推广，大规模推广就变成了劳民伤财，并歪曲了先进生产力。我们是社会主义的发展中国家，处于第三世界，资本积累还没有到这种大量普及的阶段。“拿钱买环保”是不现实的，也违背了科学发展观的要求。所以说，我们发展新能源要从国情出发，走适合我们发展的道路。“补贴”对于新能源产业发展的确具有一定作用，我们完全可以运用这一手段，使它发挥“四两拨千斤”的作用。但是，千万不能形成对“补贴”政策的过度依赖，不然即使有再多的人力、物力、财力也会被耗尽，而我们的新能源产业也不会有起色。

风电的出路：一个未了断的公案

中国风能协会公布的2012年统计数据显示，2012年中国弃风限电超过200亿度。200亿度，意味着什么？这意味着有大量的风机相当于是在空转，弃风限电现象愈演愈烈、不断加码。2012年风电限电整整比2011年增加一倍，达到史无前例的水平。按照现在每千克标准煤可以发三度电的水平，200亿度电等于浪费了670万吨煤，一辆满载电煤的火车可装运1000吨煤，这相当于2012年有6700辆运煤的火车直接开进了茫茫大海，由此造成的经济损失超过了100亿元。同时，由于这部分风电不能被生产和生活所利用，为了保证电力供应，我们还要燃烧煤炭来补充这些电力损失，为此不得不额外承受高达2000万吨的二氧化碳排放污染，还有各种由此带来的二氧化硫、氮氧化物等污染物和粉尘的侵害。中国科学院公布的“大气灰霾追因与控制”专项组的最新研究结果显示，频发的强雾霾事件，是异常天气形势造成中东部大气稳定、人为污染排放、浮尘和丰富水汽共同作用的结果，是一次自然因素和人为因素共同作用的事件。研究认为，人类污染物排放是造成雾霾天气的内因，可以说是“主谋”。在北京地区，机动车为城市PM2.5的最大来源，约为四分之一；其次为燃煤和外来输送，各占五分之一。对于整个京津冀区域，专项组认为，应重点控制工业和燃煤过程，重点在于燃烧过程的脱硫、脱硝和除尘；同时要高度关注柴油车排放和油品质量。

不仅弃风限电总量在加码，弃风限电的区域也在不断扩大。中国风能协会秘书长秦海岩在接受《中国能源报》采访时就曾指出：“去年（2012

年）有些地区限电比例高达50%，平均值在20%—30%，蒙东地区尤为严重。”更为令人担忧的是，2012年的弃风限电已不仅仅局限于“三北”地区，曾经无限电之忧的南方地区也加入其中。例如，由于2012年南方地区来水较多，“风水矛盾”致使云南大理因此弃风限电达10%左右。

大规模限电的直接后果是限电地区风电无利可图，使企业经历了从繁荣到衰退的如同“过山车”般的过程。短短两年时间，“最好的风”就变成了“最坏的风”，中国风电产业进入风电寒冬。当年，明阳风电、金风科技和华锐风电三大风电巨头连续上市，创造了风电产业的神话，也造就了财富的神奇；而现在，三大风电巨头全部陷入尴尬的境地，曾经的富豪身价急剧缩水，演出了一场财富和产业的悲喜剧。风电产业链的钢丝绷到最紧状态，已经把所有风电场推向了崩溃的边缘。

事实上，中国的弃风限电由来已久，2007年即埋下伏笔；2009年风电并网比例最高的内蒙古自治区发生了较大规模的弃风限电；2010年这一趋势在全国范围内增强；2011年全国总共弃风限电123亿度，三北地区平均弃风比例高达16%；2012年弃风限电超过200亿度，史无前例。现在很多不明就里的人都在问：中国的风电量占比只有2%，为什么会出现这么大规模的弃风限电现象呢？像风电强国德国、丹麦等，风电量占比都已经超越20%了，可它们并没有出现弃风现象。面对这样的疑问，中国风电界普遍把弃风的最重要原因归为电网。他们认为由于风电成本高，电网公司从成本收益角度考虑，根本就不愿意接纳风电，所以就导致了弃风现象如此严重。人家国外20%都能接纳，而我们2%都接纳不了，足以说明电网公司的消极态度。他们也承认，电网公司的确做过对风电有利的举措和研究，但认为那些都只是零星小范围的，仅是应付国家规定罢了。正是基于对电网公司不作为的看法，他们为解决弃风问题开出的药方就是强制电网公司接纳风电。例如，2006年1月1日起实施的《中华人民共和国可再生能源法》(以下简称《可再生能源法》)，就要求电网公司要"全额"收购可再生能源发电；而《可再生能源法》出台的一个重要理论基础，就是《中华人民共和国可再生能源法立法研究》(以下简称《可再生能源法立法研究》)。

由国家发展和改革委员会能源局、国家发展和改革委员会能源研究所完成的《可再生能源法立法研究》，是《可再生能源法》付诸实施的重要理论和舆论基础，还获得了2005年度国家发展和改革委员会优秀研究成果奖的二等奖(一等奖空缺)。这份研究成果传达的一个重要观点就是，由于电网公司不配合才导致弃风现象如此严重。经过这份成果的"论证"，在《可再生能源法》中就有了"全额收购可再生能源发电"的规定。我们的一些官员也由此对电网公司充满了责备。

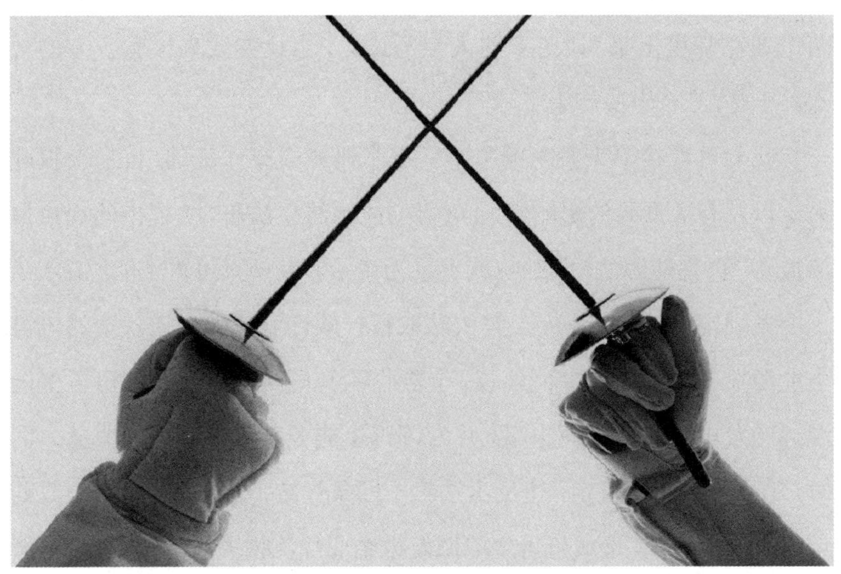

图6–2　关于风电出路：历史性"对决"

其实，把风电不能上网归罪于电网公司，是不符合事实的。我在获得2005年度国家发改委学术研究成果二等奖的《中国风电产业发展新战略》的研究报告中，就明确阐述过我的观点，简单地说，就是由于我国以煤电为主的电网结构，形成我国的电网在现有条件下不可能大规模消纳风电。这份研究报告与前面说的《可再生能源法立法研究》，同时获得了2005年度国家发展和改革委员会优秀研究成果奖二等奖（一等奖空缺）。在这份报告中，我阐述的观点与《可再生能源法立法研究》中的观点截然相反。但两份观点截然相反的报告——一份是基于对个人三十多年研究经验的深刻总结和对新能源发展规律的客观认识，一份是研究团队和众多权威的理论集成——同时出现在获奖名单中，并且获得了同等级的奖项，这是为什么？难道上苍要跟我们开这样一个历史性的玩笑吗？我想最大的可能是因为当时的决策层对于这个问题也处于探索阶段，还并不能对风电的前景做出准确的判断，所以让我们两个观点都摆出来，让更多的人参与讨论，也让实践来检验各方的观点。于是，一个对决产生了。

我们再看接下来发生的故事。有了研究成果作基础，再加上权威人士以及有关领导的影响力，《可再生能源法立法研究》提出的观点最终被《可再生能源法》采纳也就不足为奇了。其中，《可再生能源法》第十四条规定：电网企业应当与依法取得行政许可或者报送备案的可再生能源发电企业签订并网协议，全额收购其电网覆盖范围内可再生能源并网发电项目的上网电量，并为可再生能源发电提供上网服务。同时，第二十九条还规定：违反本法第十四条规定，电网企业未全额收购可再生能源电量，造成可再生能源发电企业经济损失的，应当承担赔偿责任，并由国家电力监管机构责令限期改正；拒不改正的，处以可再生能源发电企业经济损失额一倍以下的罚款。由此可见对电网公司的强硬态度。看到这里,人们可能不禁要认为:还是团队的研究成果更加科学、更加具有说服力。我的确承认他们影响力之巨大,相比之下也为自己的“人微言轻”“势单力薄”而感到困惑和苦闷。然而,我更多的还是焦虑,担心我们的新能源事业“误入歧途”。

不过,真理往往掌握在少数人手里。果不其然,几年以后全国人民都看到了这样一个事实,即风电多了上不了网,我当初所担心的事情成了事实。而电网公司虽然没有全部收购风电,却也没有被处以罚款。否则按照《可再生能源法》仅就赔偿一项,电网公司的直接经济损失就将达到1000亿元。与之相对应的是,《可再生能源法》却做出了调整,2007年《可再生能源法》中“全额”收购可再生能源发电改为“全额保障性”收购。这时候,真理的天平终于向正确的方向偏了。为什么风电多了上不了网?这是国情所决定的,是我们的电网结构所决定的。国情决定了像《可再生能源法》第十四条、第二十九条这些条款在当前根本就实施不了。我们的电网以煤电为主,如果用煤电为风电调峰,综合成本是难以想象的。所以说,这不是电网企业不配合,而是实在做不到。我们还没有能力像西方国家那样给予风电并网大规模的财力支持,还是“拿钱买环保”的事,在目前来说真是奢望。而我们法律制定时并没有将科技进步作为基础和支撑,没有深入结合我们的国情,而是过于乐观,简单地判断了形势,因而在实施过程中法律也就失去了权威性、严肃性。还有,我们各级政府部门制定了一系列大大小小的新能源发展规划,尤其是新能源作为战略性新兴产业以来,进入各种规划的频率更是高了许多。但是,我希望这些规划一定要与我们的实际情况相结合,否则真要和老百姓说的一样,“规划规划,嘴上说说,墙上挂挂”。

所以说，《可再生能源法》这一调整，我认为是一个重大的进步，它向我们风电产业发展的正途迈出了很大一步。

然而，我还是过于乐观了。因为总有人执迷不悟，在风电并网这个问题上“撞了南墙”之后，仍是不肯“回头”，再次义无反顾地直奔“南墙”而去。就在《可再生能源法》调整的当年，仍然有人固执地认为，风电不能并网是电网的错，而法条调整是对电网企业的妥协。他们还认为：修改后，对关键词“保障性”没有解释、没有定量，实际中也难以核查、没有监督和难以监管，所以电网公司就成了一个天然的执行者，这无疑增大了电网公司弃风限电的经常性及随意性。可见，对电网公司的看法并没有变，不过他们改变了对电网的手段。他们不再强制电网公司接纳风电了，而是采用“哄”的方式，提高电网的积极性，以此提高风电上网比例。于是新的政策又出台了。2012年4月6日，财政部、国家发改委、国家能源局三部门联合发布了《可再生能源电价附加补助资金管理暂行办法》（以下简称《办法》）。《办法》指出，可再生能源发电项目接入电网系统而发生的工程投资和运行维护费用，按上网电量可获得适当补助。具体的补助标准为50公里以内每千瓦时1分钱，50—100公里每千瓦时2分钱，100公里及以上每千瓦时3分钱。《办法》还提出，国家投资或者补贴建设的公共可再生能源独立电力系统的销售电价，执行同一地区分类销售电价，其合理的运行和管理费用超出销售电价的部分，通过可再生能源电价附加给予适当补助，补助标准暂定为每千瓦每年0.4万元。《办法》的出台，也许能在一定程度上提高电网企业收购风电等可再生能源发电的积极性，但我认为还是治标不治本。

为什么这样说？现在我要把风电不能上网的问题仔细解释一下了。风电上不了网的根本问题所在，是风电的随机波动特性会对电网平稳运行造成很大的冲击，如果电网接纳风电就不得不花大力气用在调峰上。而我们以煤电为主的电网结构决定了，用煤电去调峰还的的确确存在很多问题。例如，作为电网公司研究机构的中国电科院曾做过多次风电并网比例的研究，得出风电占最大供电负荷为3%、5%、10%的不同结果。然而，令其尴尬的是，在中国电科院刚刚论证内蒙古电网风电承受能力为8%—10%后不久，内蒙古电网的风电并网比例即大大超越这一范围。由于中国电科院的结论往往被现实证伪，他们的工作成果就逐渐不被采用了。为什么会这样？就是他们不了解中国电网结构，我国以煤电为主的电网结构是最大的国情。我们花大力气鼓励电网公司，提高他们的积极性，以此提高风电比例，实际上是以牺牲煤电用作深度调峰得来的，是“杀敌一万，自损八千”得来的，难以为继。

所以说，并不是电网企业不响应国家号召，而是实在勉为其难。过去一旦风电不能并网，就有人指责电网企业，说他们是垄断在作祟等。其实，这真的是冤枉了电网企业，不能并网的症结其实在于我们的电网结构，也就是我们的国情，电网企业真的无能为力。知道了这一点，我们就应该清楚了，问题的关键并不在于有没有补贴，因为补贴是无济于事的。而且，我还要说的是，如果补贴过高了，电网积极性真的被调起来了，反倒是坏事。这又是为什么？我说了我们是以煤电为主的电网结构，想想如果用煤电调峰会是什么情况。如果风大了，那么煤电必须减少才能保持电网平稳，可是原煤发电过程决定了这个调整是不能及时完成的，因为煤炉一旦烧热了就不能立即停下来，强制停车，设备都有损坏的危险。反之，如果风小了，就要煤电补充，可是煤炉加热是要有一个过程的，并不能迅速热起来。用煤电调峰，最大的问题就是滞后性，如果违反规律，就会对生产设备和生产过程造成伤害。所以说，补贴电网企业也不是解决并网问题的根本方法，如果不按规律办事甚至会酿成大患。

这次又让我言中了，这种补贴真的把企业的积极性调动起来了。事情是这样的，蒙东地区是我国风电发展的重点地区，风电装机6560兆瓦，占该地区发电总装机容量的31.2%。但风电的快速发展和大规模接入给蒙东地区电力系统安全稳定运行和风电消纳带来了巨大挑战，弃风现象日益严重。为破解蒙东地区风电消纳难题，东北电监局会同内蒙古自治区经信委联合印发了《蒙东地区风火替代交易暂行办法》（以下简称《办法》）。《办法》规定，当电网由于调峰或网架约束等原因被迫弃风时，参与交易的火电企业在最小方式基础上进一步减少发电，由风电企业替代火电发电，同时给予火电企业一定经济补偿，补偿价格由风火双方自行商定。在这个办法的激励下，2012年10月中旬，在电监会东北电监局和东北电网公司组织下，中电投集团通辽发电厂和花灯风电场开展了我国首次风电和火电替代交易，交易电力10兆瓦，累计交易电量30兆瓦时。

首例交易就达到如此大的规模，说句心里话，我真是担心这样的做法会酿成不可挽回的局面。前面我已经分析这条路不可行的技术层面的原因了，有关部门非要这样做无疑是在用国家的补贴贿赂电网来达到风电上网的目的。这样做，看似解决风电上网难题了，可是制约风电上网的深层次问题并没有得到解决。为了得到补贴这点利益，以牺牲整个电网为代价，这完全是在违背科学规律。促进新能源发展、推进节能减排的方式有很多，风电的利用方式也是多元化的，为什么有关部门就偏执于这样一种违背规律的做法呢？实在让人觉得不可思议。

最新消息称，期盼多年的“可再生能源配额制”已于2019年5月正式出台。在国家发改委能源研究所可再生能源发展研究中心主任高虎看来，配额制是制度层面的设计，它强制规定了电网企业、发电集团、地方政府接纳可再生能源的责任。然而，在我看来，这又是一个危险的信号，如技术上没有突破，有可能带来灾难性的后果。

事实上，“大型风力发电只能并网，难以直接作为产业用电”，这一直是一个认识上的误区。现在国内外风能作为电能利用一般有以下三种方法：离网型供电、并网型供电、非并网供电。在三条路径中，大规模风电发展走“非并网”的路径，才是符合国情的现实选择。原因在于：风能资源具有高度的不稳定性，即所谓的“处处都有，却不是时时都有”，这样就导致风电具有大幅度波动的特性。而我国现有电网是以煤电为主，大家知道，煤电调峰能力较弱。所以，在这样的国情条件下，由于缺少有效的调峰手段而导致风电难以大规模并网。目前，我国已并网风电需要煤电装备几乎1∶1配套调峰，这样对煤电的损害很大，这并不是一条切实可行的发展路径。在没有水电或燃气发电调峰的情况下，风电对电网贡献率难以超过10%，这是一个普遍性难题。

在这种背景下，我们提出大规模非并网风电的发展新思路，走出一条符合我国国情、具有中国特色的大规模风电100%的高效、低成本、低故障率多元化利用之路。我们不再纠结于风电非要上网这一难题了，

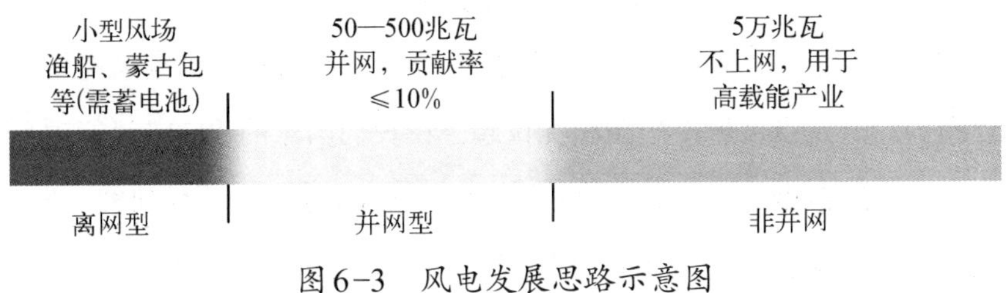

图6-3　风电发展思路示意图

而是换一种理念，通过实现风电与高耗能产业之间耦合以及负载智能化，建立一个非并网多能源协同智能电网系统，实现了对新能源的高效利用。美国斯坦福大学一位管理科学与工程系教授曾说过：创新战略在于创造新价值，因为没有价值的新科技或新产品不能带来利润，只是浪费资源。我们社会主义制度的优越性就是能够集中力量办大事，但是这也是一把“双刃剑”。一旦实施路径有误，反倒由于“尾大不掉”而造成更大的危害。

发展新能源的过程中，我们也深刻体会到：脱离国情的“路径选择”，会使“先进的科学技术”不仅不能为我们创造价值，反而消耗宝贵的财政资源。我们并不认为风电并网是世界上大规模风电场的唯一应用方式，是适合中国国情的正确的、唯一的“实施路径”。脱离了国情，我们的产业发展就会失去方向，被别人牵着鼻子走，同时造成政策被迫摆动不定。前面说了，在风电能不能上网的问题上，上苍曾跟我们开了一个历史性的玩笑。今天，我们要做的就是不要让这样的玩笑重演，所以我们要对新能源产业重新定位，深刻认识其发展规律，根据我们的国情，制定出中国特色的发展战略，不能被欧美国家牵着鼻子走。因为在产业调整过程中，损失的是我们自己的资源和机会。

风电只能在风况特别好的地方发展吗？

有人说，中国风电一定要在风能资源丰富的地区发展。这看似正确，但其实是一个误区。为什么这样说呢？这要从我们国家风能资源分布和经济发展区域不平衡状况说起。在我们国家的“973”风能项目中，有一个课题组专门对我国风能资源分布情况进行了系统研究，研究发现：中国风能资源主要分布在“三北”地区，从空间上看呈“人”字形。但是，多年来从事经济社会发展研究的经验告诉我，这些风况资源特别好的地方，往往是我们国家经济欠发达地区，相对来说地处偏僻，这就带来了很多难以解决的问题。

一个问题是，由于这些风能资源丰富的地区往往在经济上属于欠发达地区，这就决定了它们对电力的需求相对有限，那么一旦把风能资源优势全部释放出来，发出来的电在当地根本就用不完。因此，它们发展风电的动力就显得不足，即现实需求并不迫切。同时，这些地方的财力也不允许大规模发展风电。大家知道风电项目的前期投入很高，项目回收期很长，这就使得在这些地方投资风电项目的积极性不高。工业是用电大户，所以工业发达的地区对电力的需求也相对较大。例如，东部沿海是我国经济发达地区，而它们的电力消费占全国的比重与其地区生产总值占比也是大致相当的。而风能资源丰富的地区，往往是工业化水平较低，经济发展滞后的地区，这就决定了电力消耗必然不高。但是，建设风电项目一般都是要以当地为主，即使大型企业进驻也要得到当地政府的支持，可是支持这些项目就意味着大量的前期资金投入，这对于经济欠发达地区而言，是一个较大的挑战。试想，花那么多钱去干一件对自己来说并不是非常需要的事情，谁会有动力？所以，在这些地区发展风电的动力就不足。

也许有人会说，这些地区用不完的电可以卖到沿海等地区去啊，这样不仅解决了东部地区电力紧张的问题，也提高了在欠发达地区发展风电的收益。这的确是一个好的建议，但是忽略了一个问题，即从“三北”到沿海，这么远的距离，输电问题如何解决？我要告诉大家的是，在常温超导问题没有解决之前，对新能源发电远距离输送是极其不划算的。即使项目建成了，风电也真正输送到了沿海地区，它的价格也不会

图6-4　风电场运营和维护

比现在沿海地区的电价低，企业当然不愿意投入更高成本买这些风电，虽然这对风能富集区有好处。

也许还有人疑惑，说即使风能富集区自己没有能力搞风电，那么社会资金难道也不愿意去吗？事实上，这些资金是追逐利润的，市场前景不好，他们当然没有兴趣。而且，不仅社会资金不愿意去，还有一些关键的人也不愿意去。哪些人呢？比如说技术维护人员，这是一个很大的问题。我们研究发现，在风力资源丰富的地区发展风电不仅经济性不足，而且在技术上也面临瓶颈。这个瓶颈就是，在这些偏僻的地方，往往没有很好的维护能力。比如一个1000兆瓦超超临界的煤电，只要有一个管理团队、一个顶尖的工程师，能够判断毛病就行了。而一个1000兆瓦的风电场，如果每台风机1兆瓦就要1000台，2兆瓦就要500台，这么多台要多少人去维护，大家可想而知。但是，能够维护的人员却十分短缺，不仅顶尖的技术人员不愿意留在那些地方，就是一般技术人员也不会长久生活在那边。环境要对专业人才有足够的吸引力才行。

因此说，风电只能在风况特别好的地方发展，这是一个误区。并不是风大的地方就最适合建风场，风能储量只是一个因素，还要综合考虑产业、交通、管理、维护等方面。中国引进的风机都是欧美风机，都是高风速风机，而中国多是二三类风区，适合低风速风机，应该差别化发展，大风大用，小风小用，各类风区用不同类的风机。比如安徽来安，风速5.6米/秒，低风速风机就可以用了。

“万能”智能电网的有限智能

有人说，中国大力发展可再生能源发电，归根结底是要提高智能电网的智能化程度。这句话听起来很对，但这是一个误区。人们也许会认为，我是一个爱“泼冷水”的人。因为前面我说过，五年前我就以风电为例，讲过可再生能源发电上不了网的问题，当时大家还都不认同，以为风电等可再生能源发电上网是天经地义的。结果五年后的今天，全国人民都知道可再生能源发电多了上不了网。现在有人又认为电网智能化了，可再生能源发电就能全部上网。而我却认为，虽然智能电网可以增加电网对可再生能源的接纳程度，但仍然不能从根本上解决问题。

这是我在“唱反调”“泼冷水”吗？我想当人们了解我的想法以后就不会这样认为了。我在新能源领域已经研究了三十多年，对我们国家的新能源事业始终怀着一份深厚的感情和一颗赤诚的心，我怎么会冷眼看待这个产业发展呢？我之所以总是在关键时候提出不同的声音，一方面是坚信自己的研究、自己的判断，这是出于一个科研工作者最基本的自信；另一方面是真心希望我们的新能源事业少走弯路，这更是出于一个科研工作者最基本的良知。所以，我要把我知道的及时说出来，哪怕只是为我国新能源事业尽到一份“口舌”之力，我也很欣慰。

所谓智能电网，我认为从电网一开始出现就是智能化的，而且人们不断用当时最先进的技术武装它，提高它的智能化程度。现在的智能电网包括发电、输电、配电、用电四个环节。其实，所谓智能，主要体现在发电的智能化以及输、配电的智能化，而用电环节的智能化水平并不高，但事实上这才是最关键的。为什么说现在用电环节智能化水平不高呢？因为智能电网的目的是通过发电、输电、配电的智能化，将各种来源的电能综合起来，达到稳定的输出。这时，电网输出的电已经是稳定的了，因此用户只要使用就可以了，即用户侧不必要做革命性的改进。虽然现在提出所谓的智能家庭、智能电器等，但其实质上仍然是在以前的基础上做小幅度的调整。而真正的用电智能化变革，我认为是要使用户侧直接适应新能源发电的特性，即将新能源发电直接应用于负载，使两者耦合，这时候的负载才可以称作智能负载。

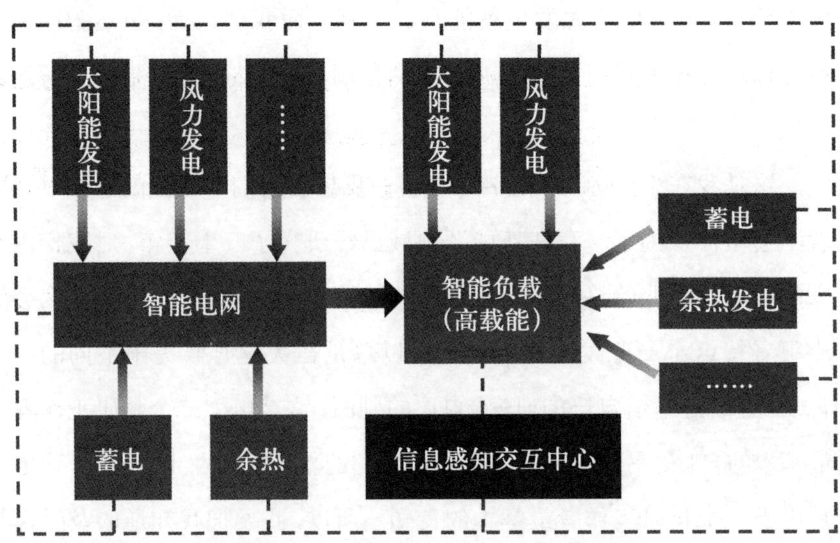

图6-5　非并网多能源智能电网体系示意图

上面我们谈了智能电网中用户不能实现智能化的问题，其实在我国智能发电和智能输配电方面也有障碍。其中，智能发电在中国难以规模化，我们没有那么多燃气等调峰方式，像美国27%以上靠燃气发电，可以调峰，而我们国家85%靠煤炭，我们电网的这种结构决定了按照国外常规发展模式难以过多地使用可再生能源，尤其是风电。比如火车、客车要快，货车要重，随着客运和货运的发展，客货分离到网络分离是必然趋势，科技进步要效率优先，效率优先就必须要专业化。在输配电方面，以风电为例，中国风电资源集中于西北地区，与集中在东部的电力市场逆向分布，需解决远距离大规模输送问题。而大规模输电，如果不能实现常温超导输送，必然由于电耗而降低效率，进一步提高电力成本。

我们说，现在的智能电网是有缺失的，远不能解决我们国家在新能源发电上面临的难题。为此，我们国家的“973”计划风电项目提出，建立非并网多能源协同智能供电体系，彻底解决新能源发电的瓶颈，并提高用电环节的智能化水平，实现全面、革命性的变革。我们提出的非并网多能源协同智能供电体系，从结构上看，是在一般智能电网的基础上，多了一个智能负载模块，是“智能发电+智能电网+智能负载”构成的体系，这就极大地提高了电网的智能化水平。在我们这个体系中，新能源发电既可以输送到电网，当然更多的是直接与用户侧相联系，直接应用于高载能负载（其原理将在后面章节阐述）。对于新能源发电直接用于用户侧，我们采用最先进的物联网技术进行调节，使发电与用电两个环节达到最优化匹配。需要指出的是，我们并不是通过技术手段对新能源发电的不稳定性进行调节，从而产生稳定电力输出再用于用户侧；而是通过技术手段，使用户侧能够适应电力的不稳定性。研究发现，很多高载能产业在生产过程中，能够接受电力在一定区间的波动而不影响生产，我们就是根据这一点把两者进行有效匹配。可以说，智能负载是一个革命性的发现，有了它才使智能电网体系趋于完整。

再回到前面的话题，为什么在一些人看来我总是给新能源的发展“泼冷水”？相信大家在听了我三十多年来从事研究工作的心路历程之后，不仅能够理解我的一片苦心，也能够接受我三十多年的研究心得。记得2011年温家宝总理访问马来西亚时，在马来亚大学的演讲中提出:“要做大事而不要做大官。”他还说:“一个人不管从事什么职业，只要一生为人民做好事，人民就会永远记得他。”其实，三十多年的研究经历中，我始终坚持的就是这一点，就是要踏踏实实地做一件对国家、对人民有益的事情。我一直认为，心系国家的前途命运，着眼于国家重大战略需求，是一个科研工作者的根本出发点和原动力。有了这样的出发点和原动力，就能够以坚忍不拔的态度去勇攀科学技术的高峰。重大科学技术成果的取得，纵然要有方方面面的支撑，然而积极探索、永不懈怠的执着精神一定是必不可少的。我个人在三十多年的研究过程中取得了一些成果，对新能源产业发展也有了比较清晰的认识，这些成绩的取得就是在坚持不懈的研究过程中积累起来的，是水到渠成的结果。而且我相信，只要有了“做大事”的信念，再加上不懈的努力，优异的成绩就离你不远了。

说到这里，我还想说一点，就是科研工作者一定要有战略眼光。只有站在一定高度，才能对事物发展具有比较全面、系统的把握，即所谓的“会当凌绝顶，一览众山小”。总而言之，具有“做大事”的决心，具有战略眼光，就一定会对事物发展具有敏锐的洞察力，就能对事物发展机理具有清晰的认识，从而得出科学的论断，而不是人云亦云，被牵着鼻子走。

核电并非“已经安全可控”

2014年3月，习近平总书记在海牙国际核安全峰会上首次阐述中国核安全观，强调“要使核能事业发展的希望之火永不熄灭，就必须牢牢坚持安全第一原则”，“任何以牺牲安全为代价的核能发展都难以持续，都不是真正的发展”。4月，习近平总书记首次提出“总体国家安全观”，其内容除了包括政治、国土、军事、经济、社会、生态等十方面的安全之外，还特别提出了“核安全”。

核电作为核能利用的重要途径之一，确保安全的重要性已然超过其他所有能源品种。人类历史上三次重大核事故的严重后果表明，核电安全直接关系着一个国家的政治稳定、国土安全、经济发展、社会安定和生态文明。

1979年美国三里岛事故导致20万人在惊恐不安中大撤离，卡特总统视察事故现场时宣布“美国不会再建核电站”。其后三十多年时间里，尽管美国几度经济低迷和能源紧张，但从未启动新的核电站建设。这个仅为五级、堆芯仅是部分熔毁的核事故，已经让美国人深受伤害。三里岛事故耗时十一年才完成燃料碎屑的回收，而损毁的机房在去除放射性物质后被封锁起来，至今还处于严密监控之中，拆除时间未定。

在切尔诺贝利事故20周年时，苏共中央总书记戈尔巴乔夫承认：“这场事故是压倒苏联的最后一根稻草，民众对政府产生了极度不信任感和幻灭感。”今日的乌克兰仍然无法摆脱核事故的梦魇。一个方圆30公里、总面积约3000平方公里的无人区，当年的石棺已无法阻止核污水流入湖泊，乌克兰不得不斥巨资集全世界之力，设计建造一个巨大拱顶来包裹石棺。而要让这座灾难遗址真正安全，工程人员预计至少需要一百年时间。在此期间，如何防止放射性物质渗入地下水、危及基辅300万居民的供水，始终是悬在乌克兰政府头上的利剑。

日本福岛核事故已经过去几年了，但至今也无法止住核污水以每天400吨的速度激增（目前厂区和机房核污水量已高达52万吨），31万难民无家可归。面对诸多难题，东电公司不得不坦承，“处理核事故的核心工作至少要到2045年才可能完成（还不算反应堆机房和核废料的安全处置）”，“电站报废至少需要四十年时间，今后任重而道远，将是一场终点遥远的马拉松”。

前事不忘，后事之师。核电安全事关重大，不仅关系着“总体国家安全观”的贯彻落实，更关系着中华民族实现伟大复兴的“中国梦”。核电发展不仅要确保当代人的安全，还要保证子孙后代的安全。对核事故的风险和严重后果不能有任何低估和轻率。

我国核电建设起步比发达国家晚得多，目前以“运行堆年”为指标的实践经验尚不及美国的1/33、法国的1/15、日本的1/14、俄罗斯的1/11。在保障能源安全、应对气候变化、保护生态环境等多重压力下，对于“核电该在我国能源转型中担当何种角色”这一重大问题，我们完全有条件通过发达国家的多年实践和最新认知，结合国情来权衡利弊、审慎抉择，以免把人家已经得到教训、证明是弯路的路再重走一遍。

发达国家核电大规模发展于20世纪六七十年代，当时水电资源已基本开发完毕，风能、太阳能还十分昂贵，为解决能源问题，几乎都选择了发展核电。然而几十年实践下来，随着三次重大核事故的发生，以及核废料处理、核电站退役成为沉重负担，发达国家对核电的“双刃剑”

效应认识得越来越深刻：核电虽然有能量密度高、无火电污染物排放等优点，但也有远远超乎人们想象的无穷后患；随着可再生能源技术突飞猛进，核电并不是“安全、清洁又经济”的能源。

目前除个别国家有少量在建机组外，发达国家呈现出明显的“弃核”态势，纷纷转向技术难度更小、建设周期更短、环境代价更小、成本也并不比核电高的能源品种。

一直以来拥护核能的德国总理默克尔在福岛核事故后感言：“即便日本这样的高科技国家，都无法避免核电风险。如果政治家有这个认知，就该负起责任。”并毅然决定“2022年前德国全面弃核”，开始以可再生能源为核心的能源大转型。意大利、瑞士随后也决定弃核。法国总统奥朗德明确表示，不希望法国继续保持对核电的依赖，承诺在2025年前将法国核电比重从75%降到50%。瑞典最新民意调查显示，50%以上民众对核电持怀疑态度，希望淘汰这种有争议的能源，瑞典正考虑效仿德国、瑞士和意大利，逐步取缔核电。

发达国家所遭遇的种种难题，是我国思考核电发展走向时不能忽视的前车之鉴：

第一，现阶段的科技水平还未能使核电“已经安全可控”。核电在现阶段之于人类，“可以做到安全”不等于“已经做到安全”，“可分析、可认识”不等于“已分析、已认识”，“可驾驭、可控制”更不等于“已驾驭、已控制”。美国、苏联和日本三次重大核事故警示人们：直到目前，人类的核安全是建立在核电站本身“不出事”的基础上的。尽管技术进步把核事故发生概率一降再降，然而一旦天灾人祸导致核电站出了“万一”，最先进的核国家也没有好办法。连控制污染扩散都很难，更别提彻底消除核污染了。

日本作为核电强国和机器人最发达的国家，至今无法接近高放射性污染的机房，无法阻止地下水不断流入，无法取出熔毁脱落的堆芯，除了不断注水冷却反应堆，别无他法。真正控制住污染，完成机组报废，还有太多科技空白。日本已向全世界征求方案，但至今无解，未来何时能有，不得而知。

关于号称“安全系数比第二代提高了百倍”的第三代核电技术，目前在全世界尚无运行实践，所谓的“更安全”仍然是概率安全，而且只是理论计算结果。“实践”才是判定核电安全与否的最重要标准，正如国际核电界早已达成的共识:“核电安全性完全依靠经验，技术先进并不能代表更可靠和更安全，除非有若干堆年经验证实”，“核电技术创新风险很大，必须从若干实验试点开始，经过若干年实践证明后才能推广”。

第二，核废料处理已成为全世界无法摆脱的危险重负。如果说重大核事故只是小概率的极端恐慌事件，那么核废料污染则是一直伴随人类的难以卸掉的危险重负。目前，全世界443座核反应堆已积累了36万吨致命的高放射性核废料（致命放射性污染可持续10万年以上），而且还在以每年1.2万吨的速度增长。

目前，全世界没有一个国家找到了绝对安全、永久处理高放射性核废料的方法，核废料泄漏事故更是时有发生。2014年2月14日美国位于地下655米深处的军用中低放核废料储藏室就发生了一起严重的泄漏事故。因许多存放乏燃料的冷却池已饱和，存在比福岛核电站更大的火灾隐患，美国核管理委员会2012年决定，“新核电站无法获得许可，现有的许可也不能更新，直到美国想出处理核废料的办法”。德国“弃核”后电价暴涨，然而大部分德国民众仍鼎力支持，因为“不想留下核废料给小孩，不想让后代再面对核电厂的风险”。

由于核废料处理压力越来越大，国际社会公认“核电能否复苏，先决条件之一是乏燃料安全处置”，欧美科学界频频发出警告：“核废料处理已成世界性天价难题”，“核废料为后代造成的隐患远远超过我们的想象”，并特别提醒当前积极建设核电站的国家，“不要忽视核电站退役和核废料处理等可能遗患无穷的重大问题”，“核电要发展，前提是想好核废料处理，否则这个问题最终会成为挥之不去的梦魇”。

第三，核电站退役周期漫长且成本非常昂贵。废弃的核电站若不进行“退役”处理，遇到海啸、地震、恐怖袭击等天灾人祸，核威胁仍在。然而，直到有核电厂需要退役时才发现，“安全退役”耗时又耗钱。从停止反应堆到彻底完成“退役”的时间长达十到八十年。

荷兰多德瓦德核电站1997年关停，要到2047年才能完成退役。原来人们估计一座核电站的退役资金只占最初投资的10%—15%，而法国布雷尼力核电站退役资金从2001年占最初投资的26%升至2008年的59%，总金额超过原始预算的20倍，而且还在上涨。俄罗斯仅为5兆瓦的奥布宁斯克核电站从2002年开始退役，目前仍在进行中，仅2008年卸载核燃料、2013年拆卸厂房和设备就耗资折合人民币8970万元，相当于核电站投资成本至少要增加1.8万元/千瓦。

截至2012年1月，全球共有19个国家的138座核反应堆已关闭，但目前只有17座核反应堆的退役工作彻底完成，而未来十年全世界还将有80个民用核反应堆面临关闭。所以联合国开发计划署说：“数目不断增长的到期核反应堆的退役问题，正成为令全世界担忧的问题。”

第四，内陆核电因为缺少冷却水而运行困难、前景暗淡。欧美国家建设了很多内陆核电站，跨国科学家团队耗时十年对这些内陆核电站的运行情况进行跟踪调查，于2012年6月发表了研究报告《核电、火电面临气候变化的风险研究》，指出："在气候变暖趋势下，缺少冷却水正成为欧美在运核电站的严重约束。2003—2009年的夏季，欧美多个内陆核电厂出现了因为缺少冷却水而被迫停运的状况。"该报告同时预测，"因为冷却水的缺乏，2030—2060年核电和火力发电能力将在美国下降4%—16%，在欧洲下降6%—19%"，并特别强调"严重的水资源约束使内陆核电难以持续发展，建设新的核电站时，选址放在海边是应对气候变暖有效的、重要的策略"。

核电产业发展是一个庞大而复杂的系统工程：一是产业链包含前端天然铀资源的勘探储备、中端核电机组建设和后端核废料处理，三个环节需要同步发展；二是每个环节特别是对核电机组建设而言，选址再可靠，技术再先进，如果管理跟不上去，一个小小失误都可能导致一场核事故。国际经验表明，技术并非万能，随着核电设备软硬件水平的提高，人为因素已成为最重要的潜在事故源。

习近平总书记在荷兰海牙核安全峰会上讲道："一个木桶的盛水量，是由最短的那块板决定的。"因此，我国核电产业应该以什么速度发展、应该发展到什么规模，不能取决于第几代核电技术的先进性如何如何，而应取决于核电产业链各个环节以及核电设计、制造、调试、运行、管理维护、事故处理等各方面的能力能否协同发展。只有稳中求进，才能最大限度地降低核事故风险，才能让"核能事业发展的希望之火永不熄灭"。

以"总体国家安全观"为指导和"确保安全"的前提下，我国核电产业尚有以下几大"短板"亟须高度重视和解决：

一是核废料处理已成为我国核电产业最薄弱的环节。因为在运机组数量较少且绝大部分投运时间不长，所以当前核废料数量有限。但是在建的29台机组2020年全部投入运行后，乏燃料处理压力将马上凸显出来，大亚湾核电站到2018年就将面临乏燃料无法外运的难题。根据中国核能协会的数据，现有48台机组将使我国2020年乏燃料数量累计达到1万吨，并以每年1200吨的速度继续增加，而我国乏燃料运输能力仅为每年需求量的16%。虽然我国计划2030年建设一个年处理能力800吨的核废料储藏水池，但这远远不能满足需要。

而且，将乏燃料从东部沿海地区长途运输到西北，是一件非常危险的事情，必须确保运输容器在任何“天灾人祸”下都安然无恙。目前，我国还没有相应技术和设备来满足这种高难度的运输要求。如果购买国外技术，又要面对成本奇高的问题。所以，2020年已经离我们很近，现有48台机组的乏燃料处理——谁来取、怎么取、运到哪儿、怎么处理——已是无法回避、迫在眉睫的难题，如果核电规模继续扩大到80台机组甚至更多，又该是何种压力呢？

此外，我们还需要为核废料的天价处置费用做好资金准备：目前国际上乏燃料处理成本为1000美元/公斤，按全寿命周期产生量折算后，一个百万千瓦核电机组的投资要增加9000美元/千瓦。乏燃料处理后仍需要寻找高放废物永久处置库，美国和日本的高放废物处置计划分别耗资575亿美元和3万亿日元。而遗憾的是，由于全世界尚没有一个永久处置库建成，人们至今也不知道在目前天价投资基础上还要再投入多少才能封顶，而美国尤卡山地下永久处置库工程在2010年累计烧钱高达400亿美元后正式终止。

二是我国核电安全监管能力建设严重滞后。核电天使与魔鬼身份的突变，关键因素之一是安全监管系统。美国、日本、法国、德国、瑞典、瑞士于2009年联合进行的大规模核电厂事故调查显示，人为因素失误造成的核电厂事故占比平均超过60%，最高则达85%。法国原子能委员会和核安全局反复强调："技术进步固然重要，但杜绝人为操作隐患更是核电安全的关键。"所以，法国核安全局每年对大型核用户的700—800次核查中，除了涉及核电站的设计、设备，更重要的是检查评估核电运营商的组织管理、操作程序等反映核安全文化水准的指标。

与国际水平相比，我国核电安全监管能力建设严重落后：监管人员数量不足且普遍缺乏实际经验，安全监管经费投入也严重不足。根据环保部核与辐射安全中心的数据：1990年我国每个核电机组监管人员33人，达到国际平均水平，但随后逐年下降，2009年已降至3.8人，仅为国际水平的十分之一。2009年我国单台核电机组的监管经费是233万元人民币，而法国是983万美元，日本是678万美元，美国是788万美元。我国核电安全监管能力亟待提高。

三是核电人才培养速度跟不上核电规模增长速度。核电站高级管理人员的短缺正严重制约着中国核电发展。基于安全考虑，核电人才培养一般周期很长。一个符合条件的核电站主控室操作员通常需要八到十年时间，除参加各种严格培训外，正式上岗前需要3000个小时实践操作。一台百万千瓦级核电机组需要人才上千，如果一年建设十个机组则需要一万人。目前国内有核电专业的院校仅三十来所，每年毕业两千余人，远不能满足需求，而且专业严重不平衡，学核电厂设计的多，学设备制造、工程建设、运行管理的少。我国目前施工力量和人才数量仅够支撑每年建设四到五个机组。人才培养不是一朝一夕之事，如果跟不上核电发展速度，没有足够合格管理人才上岗，无异于给核电安全埋下巨大隐患。

四是天然铀资源严重依赖国际市场使我国受制于人。目前全世界可经济开采的铀资源（开采成本低于130美元/公斤）仅够530座百万千瓦级核电机组运行六十年，而我国铀资源情况更不乐观，已探明的经济可开采储量仅供40座核电机组使用六十年。目前48台核电机组已经使我国天然铀资源年需求量的对外依存度超过85%，远远超过了当前石油进口依存度和50%这一国际公认的“安全警戒线”。虽然利用海外铀资源发展本国核电是目前国际通行做法，但在国际铀资源储量有限且市场一直供不应求的情况下，核电规模继续扩大将使我国的资源能源安全严重受制于人。天然铀是稀缺的战略资源，我国有限的铀资源应优先保证国防舰艇、海岛防御所需的核动力，而没必要像法国等国家那样，为核电背上沉重的包袱。

目前除新疆、内蒙古、青海、西藏等七个边远省份外，我国所有内陆省份均已部署了核电站（总共26座，其中长江沿岸有22座），福岛核事故使这些项目审批在“十二五”期间搁浅，我国核电发展也从之前的追求规模与速度转向安全与质量。但是，核电企业希冀重启内陆核电的呼声却从未停止，甚至有意无意地通过舆论把这种希冀演绎成“国家既定战略方针”。

尽管李克强总理和习近平总书记分别在2014年4月的国家能源委员会会议和6月的中央财经领导小组会上，讲的都是“在东部沿海地区启动新的核电项目建设”，并特别强调“在确保安全的前提下”，但被力主内陆核电大发展的人士曲解为“内陆核电项目建设迎来新的曙光、核能产业新一轮快速发展定调”，甚至7月14日媒体发布了“中广核集团与贵州省发改委、能源局签订投资意向协议，拟投资380亿元在贵州铜仁等地建两座核电站，建设时间从2014年至2020年”的重磅新闻。内陆核电破土动工俨然已迫不及待。

从安全性、清洁性、经济性任何一个角度来说，发展内陆核电都不是我国能源结构转型的优选，而且与欧美相比，我国内陆省份发展核电有三大“先天缺陷”：

一是我国是世界上地震灾害最为严重的国家。中国地震局地质研究所的地质研究和历史记载表明，我国是三大板块交界处，是世界上地震灾害最为严重的国家：20世纪以来共发生6级以上地震近800次，破坏面覆盖到除浙江、贵州、香港特别行政区以外的所有省、自治区和直辖市。我们以占世界7%的国土承受了全球33%的大陆强震，是全球大陆强震最多的国家。福岛核事故后，国内外核电专家都认同“日本的地质条件不适合建设核电站”，同理，在地震频发的我国内陆，核电站也将面临同样的危险。很多业内专家主张“核电厂选址应该在一千年历史上没有4级以上地震的地方”，按此标准没有适宜建设内陆核电的场址。

二是我国是水资源严重短缺的国家。我国人均淡水拥有量只有世界平均水平的四分之一，近些年旱情范围和程度愈发加大，江西、湖南、广西、云南等多地大旱，很多湖泊出现干涸。发展内陆核电必须“万无一失”“绝对可靠”地保证源源不断的冷却水供应（为火力发电站的数倍）。即便停止运行，核能热量仍然在释放，仍要不断注入冷却水。一旦断水，就可能发生福岛那样的重大核事故，且放射性污染物只能排向附近的江河湖泊，污染几亿人赖以生存的水源。在缺水地区，第三代核电技术并不比当前依靠电源驱动的第二代技术更安全。欧美国家水量充沛、风调雨顺尚且出现内陆核电的水资源困境，我们不应重蹈覆辙。

三是我国内陆核电厂址的大气弥散条件比美国差得多。大气弥散条件是核电环境影响评估的重要方面之一，风速和静风频率则是与之最相关的两个气象要素。美国内陆核电厂址的年平均风速几乎都在3

米/秒以上，年静风频率仅为1%—2%（即每年无风期仅1周左右），大多数内陆核电厂方圆80公里内人口较少，与我国人口稠密度相差甚远。根据中国核能行业协会2013年5月发布的报告《内陆核电厂环境影响的评估》，我国目前选定的26个内陆核电厂址中，15个厂址的年平均风速不到2米/秒（其中包括湖南桃花江和湖北咸宁），14个厂址的年静风频率高达10%—30%，相当于每年无风期长达37—100天。与美国相比，我国大部分内陆核电厂址的大气弥散条件太差，美国的"高斯烟流模式"也并不适合我国小风速条件下的环境评价和风险分析。因此，拿美国密西西比河建有核电厂来佐证我国长江沿岸布局22座核电厂的合理性，是站不住脚的。

三次重大核事故残酷地证明了墨菲定律——"只要发生事故的可能性存在，不管这种可能性多么小，这个事故迟早会发生"，"灾难的发生往往不是在意料之中而是在意料之外"。在我国内陆核电问题上，不能因为"第几代技术发生事故概率已低至××"而心存任何"小概率事件"的侥幸。

核事故的严重后果非任何其他事故可比，所幸苏联地广人稀、日本福岛地处海边，如果发生在我国内陆地区，灾难性后果不堪设想！严重而持久的放射污染和心理恐慌，将是我们政治稳定、经济繁荣、生态保护所无法承受之重。

因此，在人类对核能还未达到"已控制、已驯服、已安全"的现阶段，在发达国家已认识到内陆核电运行困难的今天，在可再生能源已能做到"物美价廉"的形势下，我国不应冒内陆核电建设之巨大风险。

第七章
能源革命从理论到实践

“捧着金饭碗乞讨”的反思

近十年来，中国风电产业发生了巨变，经历了从爆发式高速发展，又跌落低谷，再转入复苏的曲折过程。2003年底，中国风电装机只有50万千瓦，世界排名第十；发展到2013年，中国风电并网容量达到7700万千瓦，吊装容量超过9000万千瓦，上升为世界第一的风电大国。

同时，风电设备制造业快速成长。21世纪初中国风电场建设，主要依赖进口的风电机组，但由于价格昂贵，难以大规模发展。2003年，政府决定实行风电特许权招标政策，要求项目规模至少达到10万千瓦(100兆瓦)，使用的机组部件本地化率不低于50%，以后又升至70%，并且通过上网电价的招标竞争选择开发商。风电特许权招标政策的目的是，建立一定规模的风电市场，培育本国风电设备的制造能力，降低占

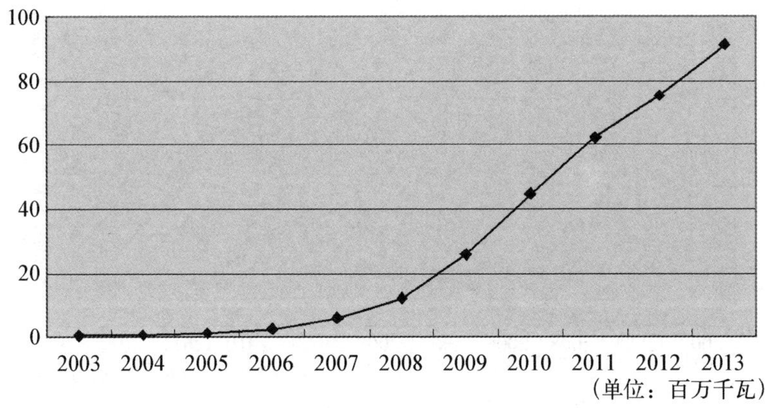

图 7-1　2003—2013 年累计吊装容量

风电项目投资 70% 的风电机组价格，最终使上网电价降下来，有利于更大规模的发展。

此后几年，中国风电每年新增和累计装机容量的增长速度均超过 100%，其中，2009 年当年新增约 1400 万千瓦，累计约 2600 万千瓦。风电机组供不应求，销售利润较高，吸引大量机电制造企业进入风电领

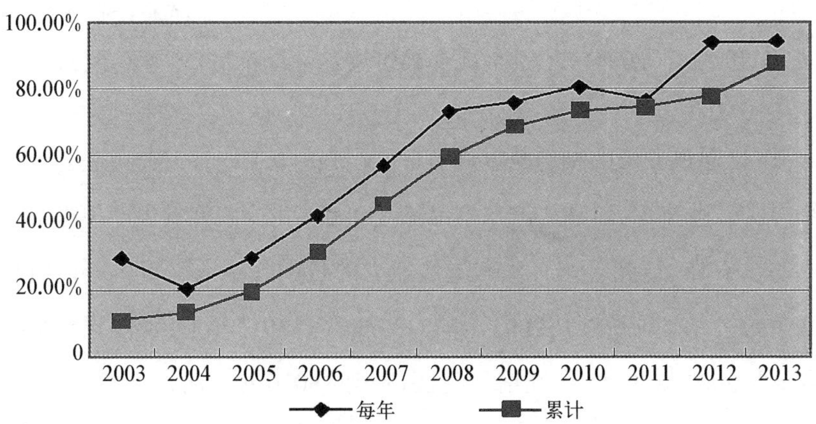

图 7-2　2003—2013 年内资风电机组制造商新增和累计吊装容量市场份额

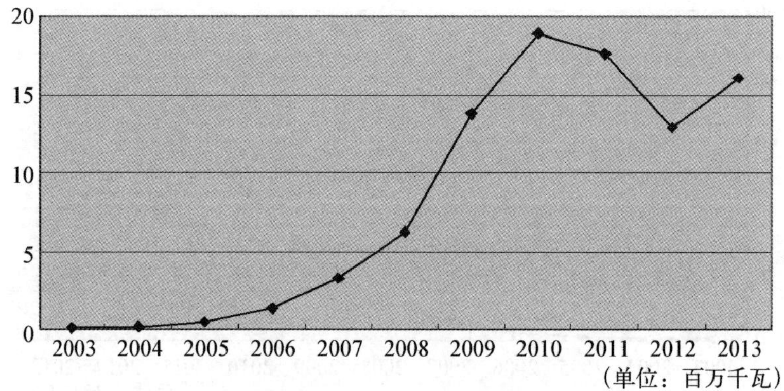

图7–3　2003—2013年新增吊装容量

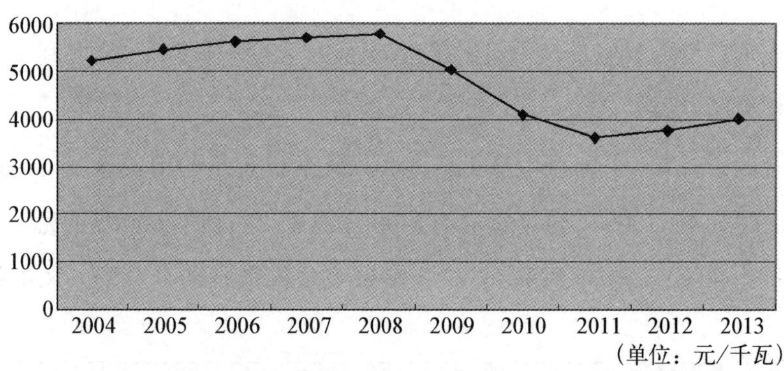

图7–4　2004—2013年风电机组设备投标价格（不含塔架）

域，主要通过欧洲的制造商以许可证生产，或与工程咨询公司联合设计等方式引进技术，迅速生产出产品满足市场需求，大批量生产使机组成本明显下降，达到了培育本国制造能力的目的。中国内资风电机组制造商的累计市场份额从2003年的11%增长到2013年的88%，累计吊装容量从2003年的6万千瓦增长到2013年的8010万千瓦。

从事风电机组制造的企业在2009年时达80多家，每家企业设计能力都在年产50万千瓦以上，总量达到4000万千瓦，而国内市场每年需

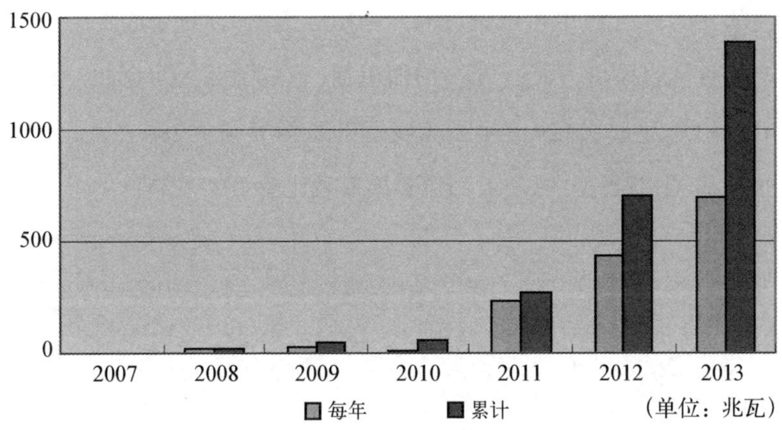

图7-5　2007—2013年中国风电机组出口（已发运）设备容量

求不超过2000万千瓦，发生了产能过剩的问题。2010年以后由于开发商不能及时获得电价补贴和弃风限电等原因，减少对风电场的投资，导致制造商的恶性低价竞争，2011年机组投标平均价只有3600元/千瓦，利润微薄甚至亏损，经营困难。

在激烈的竞争中，主要风电机组制造商积极解决运行中暴露出的质量问题，严格控制生产成本。同时努力提高自主研发能力，及时推出适应市场对不同运行环境需求的产品，包括低温、湿热、台风和高海拔等环境运行的机组，特别是满足低风速区域要求的产品。此外，还自主研制了可以用于海上风电场的5兆瓦和6兆瓦大功率机组，许多样机安装后正在试运行。风电机组的用户积累了多年的运行经验，认识到采购最低价的设备，不能保证质量，频繁的故障停机损失发电量，减少收入，开发商开始重视以风电机组运行寿命期发电成本最低为标准选择机组，设备价格逐渐回升，但是尚未达到使制造商获得合理效益的程度。

从2007年起风电机组制造商开拓国际市场，促进了企业管理水平和产品质量的提高，释放产能，增加盈利，形成国际化的企业。2010年以后出口迅速增长，2013年当年发运的机组容量约700兆瓦，累计约1400兆瓦，出口到美国、澳大利亚和埃塞俄比亚等27个国家。

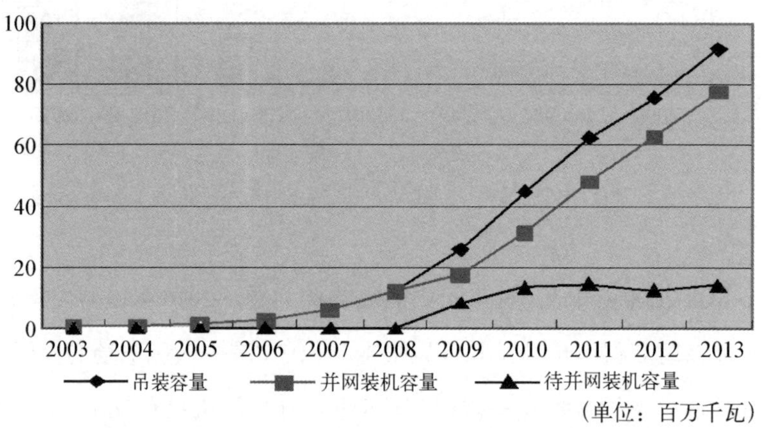

图7-6　2003—2013年累计吊装容量、并网装机容量及待并网装机容量

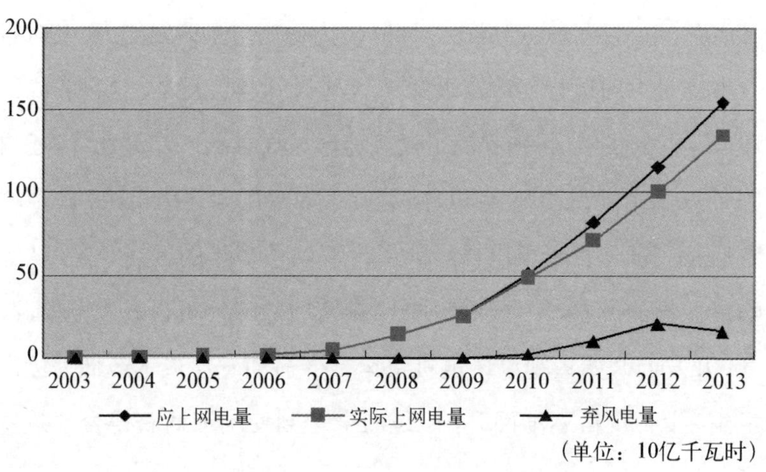

图7-7　2003—2013年上网电量和弃风电量

中国风电场开发商以国有发电或能源集团为主。燃煤发电是最重要的业务，为了改善电源结构，都积极开发风电等清洁可再生能源发电项目，参加风电特许权项目和风电基地建设的投资。特别是2009年实行按风能资源分区域的风电上网标杆电价以后，风电场项目的效益更加明确，装机容量迅猛增长。

然而，电网规划和建设滞后于风电场建设，吊装容量和并网容量统计数据显示，在2009年底有800万千瓦完成吊装的机组未能与电网连接，以后每年等待并网容量均在1300万千瓦至1400万千瓦，需要加快电网规划、核准及建设进度。

风电场与电网连接以后，从2010年起又发生了弃风限电的情况。弃风电量，即受供电负荷水平和电网调峰的影响，由于调度运行管理等因素造成损失的风电场上网电量。弃风率是弃风电量与应上网电量之比。2011、2012和2013年全国的弃风率平均值分别是14.5%、17.1%和10.7%，风电场开发商售电收入缩减，影响对新风电项目的投资。

中国风能资源丰富的地区在北部和西部，地广人稀，工业也很少，电力负荷小，而这些地区集中开发风电场，装机容量大。另一方面燃煤电厂在冬季取暖期以热定电，为保证供热不能减少发电功率，这个季节风力强劲，所发风电不能全部在当地消纳，造成弃风。

解决的方案主要有两个：一是增加当地的电力负荷，已经建立了一些风电供热的示范项目，将原来需要弃风而损失的风电利用起来，为带有储热装置的电力供暖系统供电。另一个是建设跨区输电的通道，将风电输送到中国东部电力负荷中心。2014年1月从新疆的风电基地哈密南到河南郑州的±800千伏特高压直流输电线路投入运行，输送能力800万千瓦，输电距离2200千米。跨区输电通道项目的规划、核准和建设都已提速。

为了减少弃风限电，分散式开发风电受到鼓励，即在电力负荷较大的地方建设风电场，接入电压等级不大于110千伏的电网，不改变现有输电容量，在当地消纳风电电量。与中国北部和西部集中开发风电的地区相比，虽然这些地方的风能资源较差，但是风电标杆电价是最高的，而且制造商能够提供低风速风电机组产品，没有弃风限电情况，使风电场项目可以盈利，吸引开发商投资。

提到风电发展，不得不提海上风电发展情况。根据国家能源局出台的中国风电发展“十三五”规划，到2020年，全国海上风电开工建设规模达到1000万千瓦，力争累计并网量达到500万千瓦以上。上海、江苏、广东等海上风电规划已经获得国家的批复。国家能源局会同国家发改委、海洋局和交通部等部门，共同研究促进海上风电开发建设的措

表7-1　国家电网公司规划的特高压输电方案

电力基地	送端	终端	直流（千伏）	交流（千伏）	输送能力（GW）
张北风电基地	河北张北	江西南昌		1000	9
锡盟能源基地	内蒙锡盟	江苏南京		1000	9
	内蒙锡盟	江苏	±800		8
蒙西能源基地	内蒙蒙西	湖南长沙		1000	15
	内蒙蒙西	湖北	±800		8
哈密能源基地	新疆哈密南（2014年投运）	河南郑州	±800		8
	新疆哈密北	重庆	±800		8
酒泉风电基地	甘肃酒泉（2014年开工）	湖南	±800		8

施，推进产业下一步发展。在未来几年，随着海上风电技术的不断进步，海上风电开发成本会进一步降低，我国海上风电会取得更快的发展。

我出生在江苏盐城，地处江苏的沿海地区，对在这一区域发展风电，尤其是海上风电我有体会。近年来，对江苏沿海地区的发展，我们可以说是倾注了大量心血。一方面，这里是江苏经济的“洼地”，省委、省政府对它的发展给予了高度关注，而我们作为省发改委的专职研究部门，责无旁贷要为此出谋划策，提供战略决策的咨询意见。另一方面，我个人就出生在江苏沿海的盐城，自然对这片土地饱含深情，我真心而迫切地希望这里早日崛起。所以，无论是出于工作需要，还是出于个人情感，我都愿意不遗余力地投入对江苏沿海问题的研究工作中。为此，我们不仅编写过总体发展规划以及专项规划，还出版过专著。当然，为了取得第一手资料，少不了要到沿海地区实地调研，这也为我们提供了难得的与大海近距离接触的机会。我出生在海边城市——盐城，所以对海有特殊的感情，我喜欢站在海边、凭海远眺的那种感觉。面对一望无际的海水，感受着阵阵海风，我都会思绪涌动，感慨良多。而且，站在我们江苏的海边，心情又复杂了许多。江苏经济发展水平在全国处于前列，用占全国1%的国土面积和5%的人口总量，创造了占全国10%的GDP，这是令世人刮目相看的成绩。但是，江苏消耗的能源总量也占到全国的10%左右，同时还是二氧化硫和酸雨的环保“双控”区。江苏经济发达，但传统能源匮乏，所需能源基本依靠外部输入，未来发展面临能源与环境双重瓶颈，迫使“十二五”规划经济发展速度从两位数减到了个位数。想到这些我感到痛心疾首，而更加觉得伤自尊心的是，广大沿海地区还是江苏乃至全国的经济洼地。

在人们的传统印象里，东部沿海地区应该是我国经济最发达的地区，对全国经济发展具有重要的带动作用。然而，这也有特例，比如说江苏沿海地区。一直以来，江苏沿海地区虽然具有得天独厚的区位条件，经济发展也取得了很大成绩，但和苏南地区相比，乃至与中国沿海经济发达地区相比，江苏沿海地区经济发展仍然相对迟缓，不仅成为江苏省经济发展的“洼地”，也成为中国沿海经济带中的断裂部和凹陷区。我出生在江苏沿海，即使已经离开出生地二十多年，也一直心系江苏沿海的发展。当年，有一首歌《我的中国心》，歌词写到“洋装虽然穿在身，我心依然是中国心”，表达了海外游子对祖国的眷恋。而我对家乡的情感也是一样的。江苏沿海的大发展是我人生三大梦想之一。2004年，我们研究院参与了国家“十一五”规划江苏沿海开发的前期调研，了解到国家准备在全国选址设立四个百万千瓦级风电基地，预定方案中没有江苏，理由是江苏的风能资源贫乏。但根据我多年研究，我认为这个判断是不准确的。江苏沿海绝对不是风能资源贫乏区，它的丰富程度甚至比得上“三峡工程”。

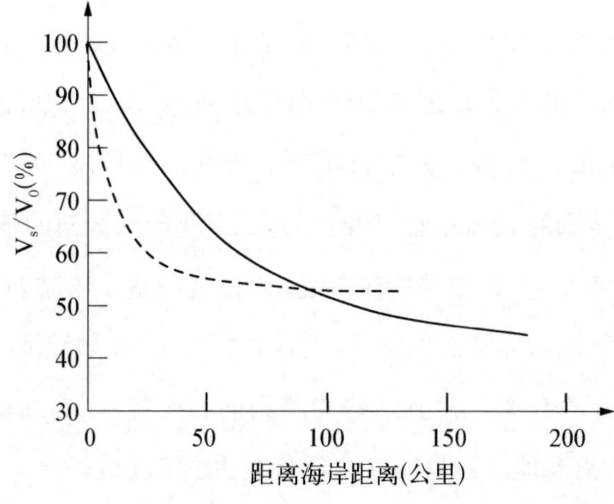

图 7-8　“高桥浩一郎曲线”统计台风登陆曲线

关于沿海风能资源，以往学术界存在这样一种定论：海洋风上岸后的急剧递减区为50公里。比如山东荣城与文登两地相差不到40公里，而荣城有效风能密度为240瓦/平方米，文登为141瓦/平方米，相差59%。日本的高桥浩一郎的统计数据曲线显示了海洋风风速随着登陆的距离风速削减的情况，被风能界称为"高桥浩一郎曲线"。若台风登陆时在海岸上的风速为100%，而在离海岸50公里处，台风风速为海岸风速的58%左右。图7-8上黑色点线（虚线）即为高桥浩一郎统计曲线，黑色连贯线为山东荣城—文登统计曲线。其中V_s表示台风登陆后距海岸若干公里处的风速，V_0表示台风登陆时的风速。

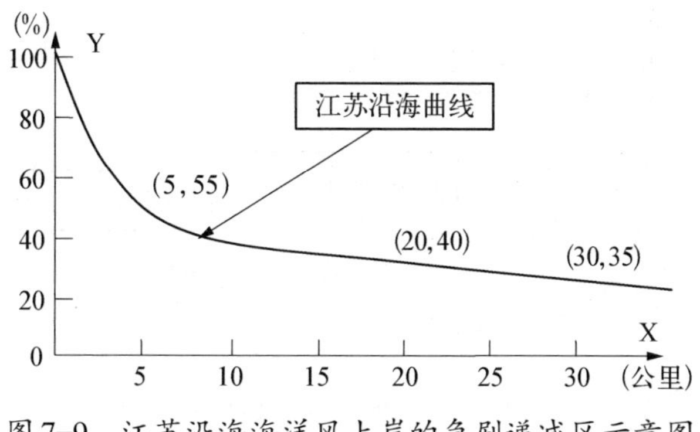

图7-9　江苏沿海海洋风上岸的急剧递减区示意图

事实上，这条"高桥浩一郎曲线"并不具有普遍的代表性。因为山东荣城是半岛地形，风的迂回递减作用不明显，所反映的两条曲线相差不大，可作为参照依据，但对于长三角来说则有天壤之别。不同的地形，风资源的情况是不一样的，因此不能被当作"金科玉律"用以评价中国沿海不同区域的风能资源状况。特别是对拥有广袤的沿海滩涂的长三角来说，具有与山东荣城完全不一样的地形特征，如果套用"高桥浩一郎曲线”，即“海洋风上岸后的急剧递减区为50公里”的理论，这一地区则为风能资源较贫乏区。

但苏北的实际情况并非如此。早在20世纪80年代初，我就根据长期的实践经验判断，江苏沿海绝不是风能资源较贫乏区。于是在1981—1982年利用两个寒假先后对这一区域进行了考察，后又在气象部门的支持下通过大量同步跟踪测量，提出这一区域海洋风上岸后的急剧递减区为10公里的新统计曲线，而不是长期认为的“高桥浩一郎曲线”的50公里。

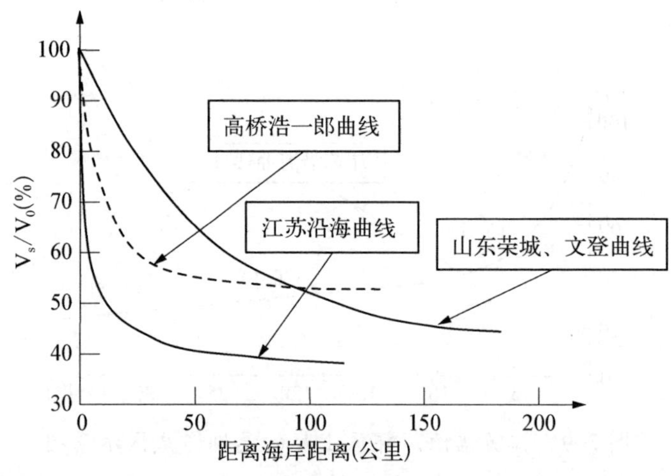

图7-10　三类台风登陆曲线比较示意图

当时，我国著名的空气动力学专家，中国空气动力学会副会长（会长钱学森），中国第一、第二届风能协会会长戴昌晖，也对“高桥浩一郎曲线”表示怀疑，但一直苦于没有第一手资料支撑，因此新的统计曲线与戴教授的预测相吻合，被他称为“顾曲线”，同时这一新理论在戴老的推荐下得到了我国老一辈空气动力学和风能界专家们的认同和支持，从而将江苏沿海的风能资源评价为较丰富地区，为今后这一地区的大规模风能开发解决了理论障碍。

因此，在江苏沿海岸线10公里以内的滩涂地带，风能资源则更为丰富，有效风能密度在0.20千瓦/平方米以上，年有效风能大于1750千瓦/平方米。2001年，我主持江苏省重点研究课题《融入全球产业链的江苏沿海经济带发展战略》，在调研过程中，我就发现东台、如东、大丰三市所辖的浅海辐射沙洲具有独特的发展风力发电的资源优势。这一发现得到了省发改委和三市政府的高度重视，将过去仅在岸线附近规划发展风电的视野延伸到整个浅海区域。

从国家海洋局2005年3月6日卫星拍摄的我国东部沿海海域图（图7-11）中，可以清晰地看到，在全国沿海沙滩中，东台市海域有淤长

图7-11　长三角东台海域辐射沙洲卫星图

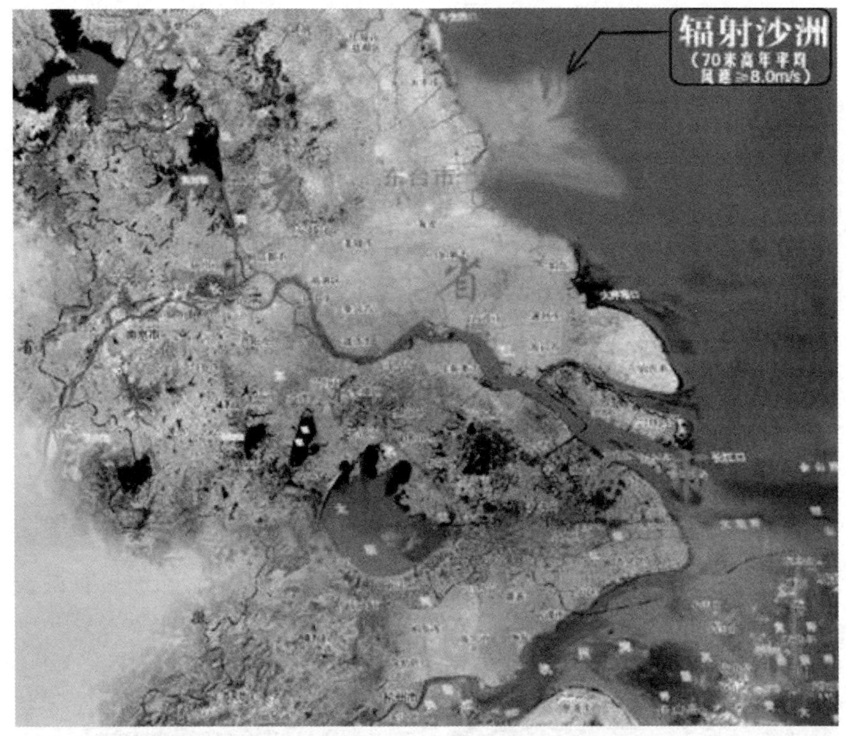

图7-12　江苏东台市海域附近的辐射沙洲

型辐射沙洲。这个辐射沙洲的规模之大、发育之快，不仅在国内独一无二，在全世界也属罕见。据检测、调研，全世界仅有中国长三角东台海域和英国莫克姆海湾共两处拥有大规模淤长型辐射沙洲，其中位于东台海域的面积最大，达2000多平方公里。

根据国家海洋局东海预报中心外磕脚海洋站提供的2003年1月至2005年3月的气象资料显示，东台市近海海域东沙岛、条子泥、歪脚行等大范围滩地内10米高度的年平均风速达到6.83米/秒，初步估算70米高度的年平均风速达到8.0米/秒以上，年风功率密度将达到400瓦/平方米以上，全年可正常发电，属风能资源丰富区域，具有很大开发价值。

因此，针对我国“七五”“八五”期间风电布局的不合理，以及风电产业发展中存在的误区，我认为在一些能源丰富的经济落后地区不适合发展风机制造产业，提出了改正方法和新思路，“风电发展应向东部沿海地区进行战略转移”的核心建议，被采纳并写进国家“十一五”规划。由此，江苏成为全国四个百万千瓦级风电基地之一，风能资源丰富的江苏终于如愿成为我国风电发展的战略重点。鉴于对国家“十一五”规划的建言献策，国家发改委给我颁发了荣誉证书。国家发改委能源局认为：这个建议“明确提出了我国风电产业发展的战略方向和重点，为制定风电产业发展规划提供了重要的科学依据，促进了国家风电产业战略布局的调整，对江苏沿海风电基地的发展起到了直接的推动作用”。

江苏沿海所处的长三角经济圈，发达的制造业基础，使风电场建设所需的大量设备可以实现就地制造与安装，为我国大力发展风力发电提供便利。同时，长三角地区的内河航运和海运具有得天独厚的优势，是我国港口密度最大的地区之一。长三角又是我国各大经济增长极中经济实力最强、经济增长速度最快的地区，然而它同时又是资源最缺乏的地区，长三角地区的苏东海域浅海辐射沙洲发展风力发电可为长三角地区提供强大的绿色能源。

根据上述有利条件，我提出了以长三角浅海辐射沙洲为中心构建“中国绿色能源之都”的战略构想，对利用长三角2000多平方公里的浅海辐射沙洲构建“中国绿色能源之都”的必要性和可行性进行了调研和论证，发挥其特有优势，发展以6万—12万千瓦装机容量的风电场为中心的大风电产业。“中国绿色能源之都”只要投入一个三峡的资金量，即可建设3.3个三峡的风电装机容量和3.5倍的发电量。如果能够实现1.2亿千瓦装机容量的远景目标，经济与社会效益将更为可观。这个构想也得到了当时省委主要领导的认可。时任江苏省委书记李源潮在陪同张国宝到南通、启东考察风电项目时提议：到江苏沿海搞海上风电，那里的潮间带从南通的长江口一直到连云港，整个江苏苏北的海岸线都可以搞。李源潮还对他说:“这一带用来建设海上风电，1000万千瓦也不成问题。三峡也就1000多万千瓦，还要移民100万。在这里建的话，不用移民，多好。”从此以后，“风电三峡”成了专有名词，我也就成了提出“海上风电三峡”的第一人。2006年，国家发展和改革委员会原常务副主任、中国宏观经济学会会长房维中认为，这一战略构想开创了宏观经济实证研究的新模式，我国空气动力学和风能专家以及国外同行对此予以高度评价，这一战略的实施将缓解长三角乃至华东地区的电力与能源紧张局面，并对长三角新世纪的健康与和谐发展乃至实现我国的第三步发展战略目标做出贡献。

对于江苏沿海风能资源丰富这一事实，经过多方呼吁，终于得到了社会各界人士，尤其是风能领域人士的认可。但是，新的问题又出现了，大家对如何利用风能资源产生了分歧。当时，主流观点是认为风电必须上网。但是，根据我个人三十多年的研究，我认为根据我们国家的实际情况，大规模风电并网这条路是走不通的。所以，我就把我的观点和三十多年研究的相关成果解释给有关人士听，他们把我的理论叫作“非并网理论”。现在，不仅中国人知道这个理论，外国人也知道中国有一个顾为东，专门研究“非并网”。老外还在“非并网理论”前面加了两个字，称为“顾氏非并网理论”。

2006年春，我经钱易院士介绍，找到清华大学原副校长倪维斗院士，就“中国绿色能源之都”战略构想以及“风电非并网”等问题，与倪维斗院士进行了一番交流，我郑重介绍了“非并网风电直接应用”这一风能领域的全新概念。我认为中国发展风力发电有着与欧美等风电强国不同的背景和现实条件，在中国风电并网技术尚未取得突破性进展的情况下，风电可以不经并网直接应用于氯碱、有色金属冶炼等高耗能产业。经过深入交流，倪维斗院士认同了我的想法，认为风电非并网直接应用于高耗能产业的设想的确是当前风电产业发展值得探讨的新方向，认为我首先提出的“风电非并网”理论，对大规模风电的利用提出了一条新的路子。随后在倪维斗院士的帮助下，根据我设计的风电非并网实验具体方案，于2006年3月25日在清华大学电力电子实验室完成了该构想的概念性实验，为工业性中试奠定了基础。

然而，几年过去了，江苏沿海蕴藏的巨大风能资源，尽管得到了省内领导和全国知名专家的认可，但仍未能转化为现实生产力，这座巨大的绿色资源“金矿”未能成为苏北经济腾飞的新引擎，这迫使我不断地反思问题究竟出在哪里？当我与风电主管部门接触越来越多，我就越体会到他们在骨子里已经认定风电并网这条路了，这也成了我国风电发展的指导思想。当我将视角转到全国的风电发展现状时，发现形势同样不容乐观。

2009年底，中国政府在哥本哈根大会上，对国际社会做出了非化石能源满足2020年15%能源消费需求的政治承诺，这个目标与随后提出的2020年单位GDP二氧化碳排放强度较2005年减少40%—45%的目标一起，成为我国近中期国民经济社会发展的约束性指标，从而对未来清洁能源的发展规模和节奏提出了空前的期望与要求，也是对风电发展的又一次重新定位。

《可再生能源法》颁布以来，中国的可再生能源产业保持着全球瞩目的发展态势，2009年，中国首次超越欧美，成为2009年世界可再生能源投资大国，以及世界上新增风电装机容量最大的国家；太阳能光伏电池的产量也连续三年位居世界第一，2009年占全球产量的近四成等。但与此同时，中国总的能源消费量也突破了30亿吨标准煤大关，大大超过了预期。目前估计2020年中国的能源消费量将接近46亿吨标准煤，按15%的非化石能源计算，需要6.9亿吨标准煤的非化石能源，比2004年计算的可再生能源比例15%的指标，整整多出了2.4亿吨标准煤。即使考虑了核电的发展，对风电等可再生能源需求的压力也是巨大的。中国工程院2007年曾经组织一批专家对中国中长期风电的发展做了判断，最乐观的估计是2020年风电装机达到1.2亿千瓦，2030年达

图7–13　海上风电场

表 7-2　2003、2008、2013 年电源结构（发电量）

	2003	%	2008	%	2013	%
火电	1579	82.89	2779	80.95	4190	78.31
水电	281	14.75	563	16.4	896	16.75
核电	43.9	2.3	68.4	1.99	112.1	2.1
风电	0.94	0.05	12.8	0.37	134.9	2.52
其他	0.16	0.01	9.8	0.29	17	0.32
总计	1905	100	3433	100	5350	100

（单位：10亿千瓦时）

到2.7亿千瓦，2050年达到5亿千瓦。由于15%非化石能源消费比例的要求，业界普遍调高了对风电的期盼，认为2020年风电至少装机达到1.5亿千瓦，最好实现2亿千瓦。在实现15%的非化石能源消费比例中占据3%—5%的比例。

我们国家有世界上储量最大的可利用风能资源，大力发展风电已成为大家的共识。但如何发展？选择什么样的技术路径？这些至关重要。长期以来，我们有一种思维定式，习惯于接受欧美发达国家向发展中国家兜售的“先进”概念，从臭氧层空洞、超导电网、碳捕捉，再到风能、太阳能等可再生能源的开发，我们在启动发展相关产业时，没有认真分析国内的实际情况，而是有意无意间落入欧美发达国家预先设定的技术轨道，由于核心技术掌握在他们手中，我们在发展过程中不得不支付昂贵的费用购买相关的设备与技术专利。在我的印象中，清华大学原副校长倪维斗院士不止一次地说过，在风电发展过程中，必须重视培育我们自己的风电产业，用目前数量并不太大的风电发展这块“蛋糕”，来“喂养”我国自己的风电产业，供其迅速成长。弄得不好的话，这块“蛋糕”主要会给外国企业瓜分，而国内企业被边缘化，使中国风电在很长时期内患“软骨病”。我们要在经济国际化的大背景下，按照市场经济的规律，在政府的指导下，培育起中国自己的风电产业。

中国风能资源丰富，在解决了风电设备制造能力和成本问题以后，风电具备大规模发展的条件。发展风电的主要动力在于：改善电源结构；增加清洁能源发电量，减少污染物和温室气体排放；应对气候变化。中国的电源以燃煤火电为主，虽然发电量比例从2003年的82.9%减少到2013年的78.3%，但是总量仍然很大，达到4.2万亿千瓦时。中国政府承诺到2020年非化石能源要占一次能源消费的15%。这些目标是约束性指标，也是制定其他各种能源规划的主要依据。过去十年，中

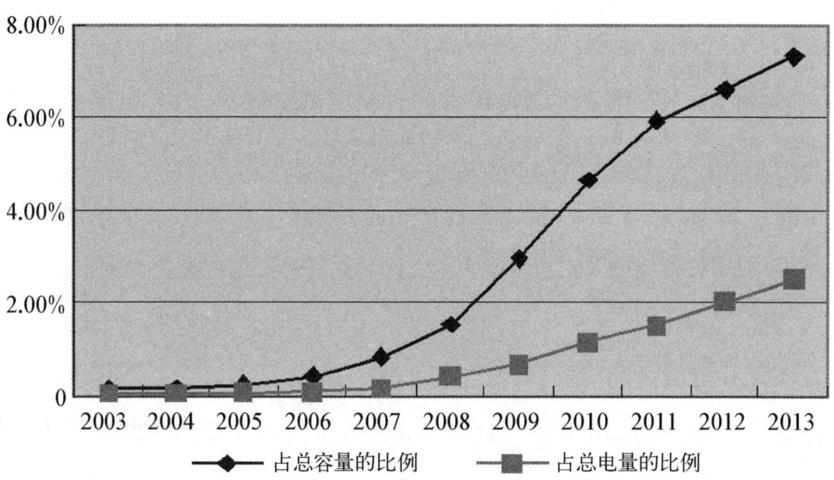

图7-14　2003—2013年累计风电并网装机容量和上网电量占电力总容量和总电量的比例

国风电已经成长为大规模的产业，2013年累计并网装机容量达到7700万千瓦，上网电量约1350亿千瓦时，从2012年起风电超过核电电量，成为中国第三大电源。风电并网装机容量占电力总装机容量的7.3%，风电上网电量占总发电量的2.5%。

2011年10月国家发改委能源研究所发布《中国风电发展路线图2050》，提出风电已经开始并将继续成为实现低碳能源战略的主力能源技术之一。设定的中国风电发展远期目标为：2030年风电装机容量达到4亿千瓦；2050年风电装机容量达到10亿千瓦，满足17%的电力需求。预计在2020年前后中国陆地风电成本将与煤电持平；2050年当年风电贡献的二氧化碳减排量将达到15亿吨。实现上述目标，将取得巨大的环境和社会效益。

总的来看，我们国家有世界上储量最大的可利用风能资源，截至2018年底，我们仅用了短短十几年时间发展了1.84亿千瓦装机，还拥有世界上最大的风机制造产业，世界上最庞大的运行风电场。但是，这些并没有给我们带来财富。在欧美国家的推动下，中国风电成为世界第一了，但是并网的比例却是全世界最低的。为什么？说到底是因为我们发展新能源方面总是被欧美牵着鼻子走，我们应该根据自己的实际发展情况，走一条具有中国特色的新能源发展之路。

能源革命：非并网多能源协同智能供电系统

所谓非并网风电，不过是我几十年来一直以风电作为案例进行的系统研究，其实质是包括网电、风电、光伏、太阳能热发电、潮汐发电等在内所有能源的非并网多能源协同供电智能电网系统，它不同于传统的电网结构和运行规律，是一个友好适应所有非化石能源的非并网多

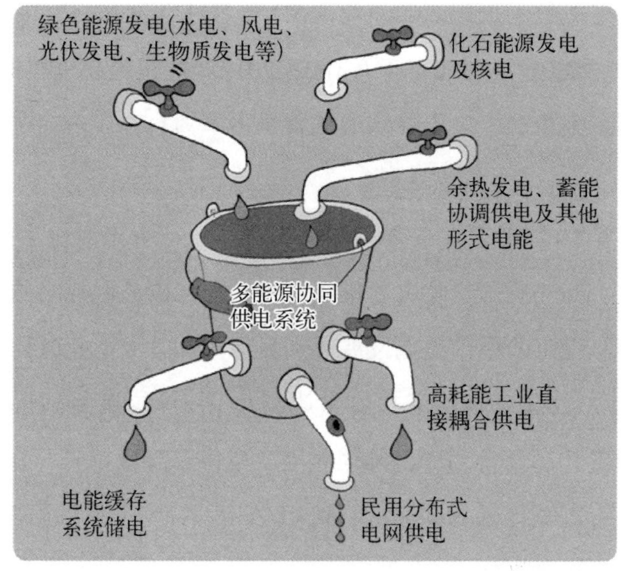

图 7-15　非并网多能源协同供电系统示意图

能源协同供电智能电网系统，它是基于物联网平台由智能供电、智能电网、智能负载组成的新型智能电网系统。

非并网多能源协同供电系统的理论模型，是我根据三十多年研究基础首次提出来的，是原创性的理论成果，揭示了不同形式电能的固有属性和内在规律，解决了多种电能协同供电的科学问题。非并网多能源协同供电系统区别于常规的离网型风电系统、并网型风电系统和分布式电网系统，是分布式电网的升华，并超越分布式电网电能输入的单一来源，实现了多种电能协同供电。

非并网多能源协同供电系统的核心内涵是，把区域优势化的能源放在合适的地域发电，在特定的供电系统中各能源有适当的电力供给比例，协同发挥最优化作用。该系统有许多集中供电系统所不能实现的优势，主要体现在：能量利用效率高；就地生产，就地利用，能量输配的损失小；各种形式的电力协同配合，按一定优先级为负载供电，使各类能源均发挥最优利用状态；能源系统的安全性高。

一直以来，集中化是中国电力供给的显著特点。现代化电力系统不仅要求高效率，而且需要足够的灵活度和安全性，此外电力供应和终端负载在形式和距离上也应当更加靠近，减少转换、输送、存储的环节和消耗。非并网风电理论指出，各类能源产生的直流电有着相同属性，电压高的电流优先为负载供电，因此可将不同能源产生的电能以一定优先级排序协同为负载供电，保持负载连续工作。这就为多种能源产生的电能为某一区域协同供电提供了理论依据。

根据非并网风电理论，发展的非并网多能源协同供电系统是将风电、网电、光伏发电、水电、核电、余热发电及沼气发电等多种能源产生的电能，通过智能控制系统按一定顺序使用，给某个区域协同供电。根据有无网电，此系统有两种能源供给模式。当有网电时，多能源协同供电模式可以优先使用风电、光伏发电、水电、余热发电及沼气发电等绿色电力，不足部分由网电补充。当无网电时，可以利用上述多种电力进行多能源脱网独立供电。

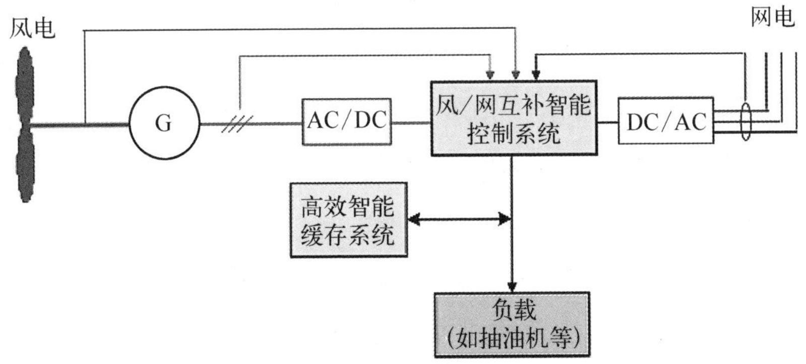

图7–16　非并网风/网协同智能供电系统结构示意图

非并网多能源协同供电系统采用分布式布局，与集中供电的电网体系形成多层次、多梯度协同供电网络，不仅提高了国家电网安全运行能力，而且提高了区域特征明显的绿色能源利用效率，解决了电网薄弱地区波动性风电的消纳，增强了电网应对用电负荷波动的能力，还可解决电网难以延伸的边远地区供电问题。

非并网多能源协同供电系统可以根据地区产业特点，进行整体规划和配置，将电能输出与其他形式能源输出相结合，形成冷、热、电、气、水等综合供给保障体系，为某一区域进行能源综合联供，最优化配置使用能源。

我们以风电为例，非并网风/网协同智能供电系统，采用智能变换跟踪、高效智能缓存、变工况自适应等新技术，供电系统效率可以大幅度提高。在平均风速7.2米/秒以上时，风电的平均供电比例达到65%以上。目前行业内风/网互补供电技术一般采用以下两种方式：一是风电与蓄电池结合，风力发出来的电给蓄电池充电，充满后再供给负载，蓄电池与电网采取切换式供电方式。缺点是，蓄电池成本高、使用寿命短，蓄电池充放电一次能量损失30%左右，风电利用效率低。二是采用切换方式，如设定风电切入值为DC 480 V时，网电断开，只使用风电。此时风电功率就得不到网电补充，由于后端负载功率大于风电功率，单靠风电不能完全满足负载要求，就会导致负载工作失常，甚至来回切换，引发设备故障。而当风电电压低于设定切换电压时，则断开风电全部使用网电，又造成风电能量的浪费。因此，这些技术都不是真正意义上风/网协同供电技术。

基于非并网风/网协同智能供电理论开发的系统，完全克服上述系统缺点，具备以下特点：一是非并网供电模式，风电不需要并网，也不使用蓄能装置（如铅酸蓄电池、液流电池、抽水蓄能电站等），与网电同步给负载供电，柔性对接，对电网的影响在其正常波动范围内；二是风电智能变换跟踪技术，不管风力发电机输出功率大小（只要有电），都能以风电发电量的多少为基数，与网电同步给负载供电，保证风电100%使用；三是风电高效智能缓存技术，对于功率周期性波动的负载，可以大幅度提高风电利用效率，减小负载对电网的冲击；四是风力机具有自动变桨限速或偏航限速、自动卸荷、自动停机与开机功能，使系统运行更可靠、稳定、安全和方便。

非并网风/网协同智能供电系统，主要由风力发电机组、协同智能控制系统、高效智能缓存系统、整流器、直流变换器等组成。

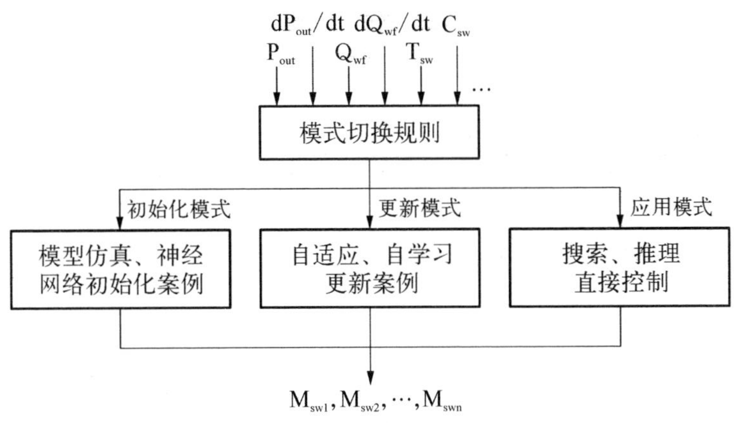

图7-17　非并网风/网协同智能供电系统结构示意图

系统工作原理为：风力发电机发出来的交流电，经整流后为直流电，进入非并网风/网协同智能控制系统，与网电整流后的直流电进行协同，同步给负载供电。如果负载需要直流电，系统直接将直流电输出供给负载；如果负载需要交流电，系统自动将直流电逆变为交流电供给负载。当风力发电机输出功率大于负载工作功率时，完全由风电供电，多余部分由风电功率平衡模块消纳；当风力发电机输出功率小于负载工作功率时，不管风力发电机输出功率多少（只要有电），都以风电发电量的多少为基数，与网电同步给负载供电，保证风电100%使用。

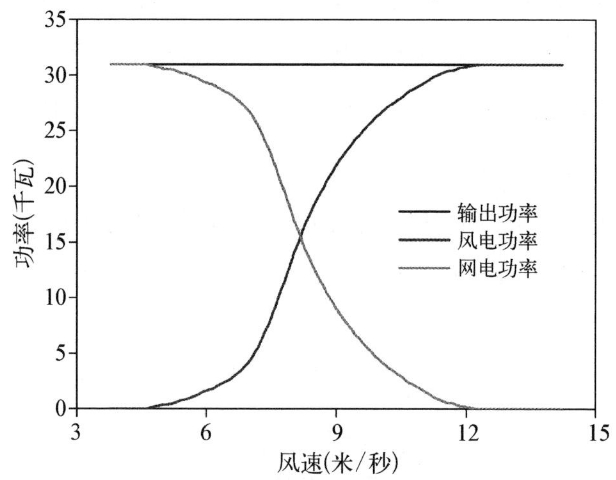

图7-18　智能控制器功率输出特性示意图

该系统具有自适应、自学习功能，可以根据风力发电机的实际运行情况，自动调整相关参数，达到最佳节能效果。非并网风/网协同智能控制器是该系统的关键核心设备，它既要保证风电机组的安全、稳定和高效运行，又要保证负载的连续稳定运行。其关键点在于，当风电机组输出功率波动的情况下，能够自动输出稳定的电力给负载（自动输出与负载匹配的功率）。

为了确保风电机组的安全运行，智能控制器需要具备如下基本功能：一是自动开停机控制。在控制器上设置一个自动开机和手动开机的切换开关。当系统需要采用自动开机模式时，可直接将该切换开关打至自动挡；当系统采用手动开机时，将该切换开关置手动挡。其中手动开机，不论何种情况下出现的刹车，当需要开机工作时，均要求用户手动操作控制器上的“释放”按钮来开机，此时控制器输出有源信号使电动推杆反方向动作使桨叶至启动角开机。自动开机必须同时满足以下两个条件，即风速低于10米/秒和网电正常供电。当这两个条件同时满足时，控制器才能自动输出有源信号控制电动推杆反方向动作，使桨叶至启动角开机，释放刹车，使风力机正常运转。二是自动刹车控制，分四种情况：人工强制刹车，控制器上设置强制刹车按钮，需要刹车时，由用户按住刹车按钮进行刹车，此时控制器输出有源信号；过风速刹车，当控制器通过风速仪检测到风速达到20米/秒时，控制器自动输出有源信号控制电动推杆动作进行刹车；过电压刹车，当风力机输出电压整流后高于设定的刹车点时，控制器自动控制输出有源信号控制电动推杆动作进行刹车；网电掉电刹车，当网电异常或停电，控制器自动输出有源信号控制电动推杆动作进行刹车停车。

风的高度不稳定性，导致风电大幅度波动，对于非并网供电方式，风电与负载的功率平衡，对于系统的高效稳定运行是至关重要的。根据系统的工作原理，当风力发电机输出功率小于负载工作功率时，风电与网电同步给负载供电，风电100%使用完；当风力发电机输出功率大于负载工作功率时，完全由风电供电，多余部分则需要由卸荷电阻消耗掉，否则风轮会加速，系统电压升高，导致系统运行不稳定，容易出现故障。

卸荷方式的优劣直接影响系统能否稳定、高效运行。当风电多余时，卸荷投入过少，对风机控制效果不明显；卸荷投入过多，造成风电浪费，会影响风机稳定运行。因此，需要根据风电机组输出功率与负载功率的关系实时确定卸荷量。在非并网风电系统中，风电机组的输出功率又与负载功率有关，无法直接通过两者功率差来确定卸荷量，只能通过监测风电机组输出电压来实时调节卸荷量，实现风电输出功率与负载功率的最佳匹配，保证系统稳定高效运行。

从“两张皮”到大碰撞、大融合

最近，一件事情让我感到很痛心，就是我前面提到的，中国经济增长进入增速下行通道。虽然还是在增长，但是增势已经大不如前了。中国经济高速发展了三十余年，增速多在两位数以上，而“十二五”规划则明确将增速从10%降到7%，也就是发展速度降低了30%。当前，我们的城市建设、医疗养老保障体系建设、新农村建设、农民问题等，都迫切需要我们拿出更多的改革成果让大家来分享，这时候我们把发展速度降低30%，将产生一系列难以预料的矛盾。我感到，中央之所以下这样的决心，一是因为经过三十年的高速发展，我们虽然在科学技术方面取得一系列令世人瞩目的重大成果，但这些成果，一是原创性很少，多是在欧美国家划的“圈子”里热火朝天自娱自乐。二是中央一直倡导创新发展，但我们的顶层战略性设计却脱离中国实际，在目前支撑我国国民经济主导产业的核心技术中，难以找到我国原创自主知识产权，这说明我们战术性科技成果再多，方向偏了，技术再好也将失之偏颇。只有当科学技术与科学发展观真正耦合后，科学技术才能真正成为第一生产力。三是在关系我国经济与社会发展的重大能源战略方面，严重脱离国情，造成难以估量的损失。如风能、太阳能的规模化利用（现行开发模式是发电上网，但受制于并网技术）没有取得突破性进展，现代化的技术成果没有转变为巨大的社会生产力，这是主要原因。而我们的产业发展像摊大饼似的，面多了加水、水多了加面，不根据自己的实际情况做好规划。前三十年发展主要靠的是传统产业、人口红利、资源过度使用和放开市场等，保证了高速增长。但现在我们国家的能源资源以及人口红利难以支撑继续保持三十年高速增长。换言之，前三十年我们靠资源、人口红利，后三十年的发展要转换为依靠科技进步，依靠创新来保持高速发展。但遗憾的是，我们目前没有做到这一点。

与发达国家相比，在自然科学研究方面，我们国家在基础性研究方面起步晚，重视程度不够。前三十年我们的研究多是应用型、应急型的研究，直接服务于实践层面上，为GDP增长需要，这么多年走下来，直接后果就是科技成果虽然不少，但鲜有自主原创的、核心的技术成果。我们的家电、显示器产业制造能力再强，也比不过日韩的索尼与三星。我们列为高新技术、优先扶持发展的光伏产业，其产品光伏电池本身的科技含量并不高，真正的核心技术在光伏电池生产装备的制造上。国内2500多家光伏企业，生产装备基本上是从国外引进，2012年在欧美“双反”贸易制裁下，全面亏损，出口到欧美的光伏产品价值还不到引进设备所花代价的十分之一。

基础性研究具有长期性的特点，有一个长期积累的过程。用于风能发电的大型风机需要在野外恶劣条件下工作二十年，各部件尤其是风机叶片的疲劳载荷分布特性，需要长期的检测积累数据，才能不断地跟踪研究改善其性能。20世纪末期，当风电开发在全球逐渐兴起时，美国投入巨资进行研发，论综合国力与科技实力，美国都远超丹麦，但时至今日，美国的风电厂家依旧无法超越丹麦的维斯塔斯。丹麦的维斯塔斯是从20世纪20年代就开始研究风机发电，虽历经两次世界大战，亦未中断研究，从而奠定了今日世界第一的基础。

在社会科学方面，我们对经济领域战略性问题的研究重视亦不够。大力发展可再生能源是未来全球趋势，具体到我国，涉及再生能源储量分布情况、技术储备情况、传统能源发展情况及经济发展情况，理应在此基础上深入研究，在技术路径选择、发展路径选择等方面，提出适合我国国情的可再生能源发展的战略性规划。也就是说，所选技术发展路径，要适应我们的发展阶段，必须与国情、省情结合起来，超越了当前的发展阶段，即使是世界上最先进的技术，也不能形成先进的生产力。如超导电网、碳捕捉技术等先进技术，目前只能是在实验室中研究发展，盲目发展，必将损害现实生产力。我称之为技术的“阶段论”。

由于缺乏战略性问题的研究，我国的风电产业发展从一开始就落入了欧美引领的发展轨道，没有结合我国的风能资源情况和电网情况，而是引进国外的高风速风机，全力发展并网风电。2005年出台的《可再生能源法》，强制电网全额收购风电，既不科学，也不合理，还催生了风电厂家短期行为偏好，不重视自主研发，互相抬价，争相重复引进国外风电技术，从而使我们的风电产业发展变成了欧美的风电银行。与韩国相比，韩国对国外的先进技术引进早已明确规范，一家企业花巨资引进的国外先进技术，其他企业不能再重复引进，国外企业卖技术也不能“一女多嫁”。这样做，既节省了资金，又促使国内企业重视研发，在引进技术基础上再创造，发展出新技术。反观我们的风电企业，近些年来产能规模大幅扩展，但鲜有完整的自主知识产权，国外遭遇欧美“双反”调查，国内风电并网“瓶颈”，导致产能过剩。目前，国内最大的一家风电企业，库存过百亿，昔日辉煌不再，只能靠政府扶持艰难生存。这样的教训不可谓不深刻。

自然科学与社会科学日益交融将成为未来科技发展的主流。我们提出要实现自然科学与社会科学之间的大碰撞、大融合，不仅是响应党中央的号召，也是为了顺应未来社会的发展需要。未来社会科学研究，学科领域之间的界限会越来越模糊，更多的是你中有我、我中有你，互相借鉴、互相渗透、互相融合。现在已经出现了这样的趋势，很多学科已经不能按照传统的学科来进行划分了，如生命科学、材料科学、环境科学、行为科学等。这些交叉学科研究的不单单是一个领域的问题，更多显示出融合性。还比如，我们的非并网理论，现在也在国际上逐渐发展成为一门新兴的学科。它就是一门交叉学科，不仅涉及自然科学，也涉及社会科学。当然，自然科学是我们研究的基础，我们每一项成果都需要有科技成果作支撑，这不必多说。但是，我们的研究方法和领域也涉及社会科学的方方面面，其最大特点就是能够在宏观上进行大跨度联想；我们不仅研究技术，也研究产业、产业链、产业体系等；我们的研究更是从国家战略、人类需求的角度出发，强调它的实践性和中国特色。未来社会中，前沿科学一定是交叉的科学，需要自然科学与社会科学之间的大碰撞、大融合。

重塑中国能源结构，展望2050

能源是人类生存和发展的重要物质基础，能源革命对人类社会发展进步具有重要推动作用。从人类社会发展历史来看，在19世纪末，煤炭取代薪柴成为全球的主要能源，给世界经济和人类社会带来了一次飞跃性的发展，这是第一次能源革命；到了二次世界大战以后，随着内燃机技术的逐步成熟，石油取代煤炭成为全球第一大能源，推动全球的经济发展方式和社会生活方式再次发生了重大转型，这是第二次能源革命。

目前，全球正在兴起第三次能源革命，这是继前两次能源大变革后的又一次更大规模的能源革命，是以低碳和无碳能源逐步取代高碳能源的革命，是以非化石能源逐步取代化石能源的革命。这场新的能源革命，将逐步改变以煤和石油为主的能源结构，构建以天然气、核能和可再生能源为主的高效、清洁、可持续的能源体系，确立以低能耗、低污染、低排放为基础的低碳经济发展方式，其实质是清洁能源开发、能源高效利用和人类社会生存发展观的根本转变。这场能源革命将对全球经济发展、社会进步乃至整个人类文明产生巨大而深远的影响。

随着国际格局的剧烈变动、国际秩序的加速调整，以及页岩革命的突破性进展，第四次工业革命的兴起，世界能源格局正在发生一系列重大变化。深入研究、正确判断今后一个时期世界能源格局的新变化及其影响，特别是对中国能源格局、能源安全等方面所产生的可能影响，并在此基础上从能源战略、外交战略、发展战略和安全战略的高度谋划能源应对策略，对于中国战略机遇期的有效利用和延续具有重要意义。

习近平总书记早在2014年就指出，经过长期发展，我国成为世界最大的能源生产国和消费国，能源发展取得巨大成绩，但也面临能源需求压力巨大、能源供给制约较多、能源生产和消费对生态环境损害严重、能源技术水平总体落后等挑战。因此，必须从国家发展和安全的战略高度，审时度势，借势而为，找到顺应能源大势之道。习总书记就推动能源生产和消费革命提出五点要求：推动能源消费革命，抑制不合理能源消费；推动能源供给革命，建立多元供应体系；推动能源技术革命，带动产业升级；推动能源体制革命，打通能源发展快车道；全方位加强国际合作，实现开放条件下能源安全。

习总书记在2014年APEC工商领导人峰会的演讲中和APEC第二十二次领导人非正式会议上的开幕词中还两次提及了“能源革命”，而且将其与科技革命、产业革命并列为新一轮全球性的“革命”。这是习总书记首次在如此重要的场合提到“能源革命”。在APEC工商领导人峰会上，习总书记表示：“今天的亚太，在世界格局中的地位不断上升，全球新一轮科技革命、产业革命、能源革命蓄势待发，亚太经济体相互联系日益紧密，区域经济一体化的必要性和迫切性更加凸显。”在APEC第二十二次领导人非正式会议上的开幕词中，习总书记表示：“我们要推动科技创新，带动能源革命、消费革命，推动亚太地区在全球率先实现新技术革命。”可见，习总书记对中国能源的“革命版图”已经阐述得比较清晰，通过科技创新带动能源领域的消费、供给、技术和体制等方面的“革命”。

习总书记的要求是：能源消费革命主要是要抑制不合理能源消费，坚决控制能源消费总量；能源供给革命就是要建立多元供应体系，着力发展非煤能源，形成煤、油、气、核、新能源、可再生能源多轮驱动的能源供应体系，同步加强能源输配网络和储备设施建设；能源技术革命就是要带动产业升级，以绿色低碳为方向，分类推动技术创新、产业创新、商业模式创新，把能源技术及其关联产业培育成带动我国产业升级的新增长点；能源体制革命就是要还原能源商品属性，构建有效竞争的市场结构和市场体系，形成主要由市场决定能源价格的机制，转变政府对能源的监管方式，建立健全能源法治体系，此外还要全方位加强国际合作，实现开放条件下的能源安全。其中，能源体制革命是核心，也是衡量能源革命能否成功的标志。这是因为体制革命对能源消费、能源供给和能源技术革命，既有支持也有制约作用，能源体制革命主要包括能源价格机制改革，还原能源的商品属性，构建有利于竞争的市场体系，同时转变政府的能源监管方式，建立健全能源法制体系。能源体制最需要革命的是能源价格形成机制、行业准入和行业结构、政府调控和监管等方面。

与习总书记在APEC上提出“能源革命”几乎是同一时间，两份分量极重的中国能源“战略目标”也同时发布。一个是2014年11月9日，国家能源局在APEC新闻中心召开的发布会上，特别阐述了为实现下一步的“能源革命”，国家能源局拟定的相关能源战略和目标，具体的，到2020年中国将把一次能源消费总量控制在48亿吨标准煤左右，煤炭消费总量控制在42亿吨左右，煤电消费比重降到62%以内，非化石能源消费比重达15%，其中争取到2020年建成2亿千瓦风电装机和1亿千瓦光伏装机。而目前，我国煤炭消费占一次能源消费的比重为65.7%，非化石能源消费占一次能源消费比重为9.8%。另一个是2014年11月12日，中美发布气候变化和清洁能源合作的联合声明，宣布了中国在2020年之后的气候变化行动，这是中国首次正式提出温室气体排放峰值将于2030年左右到来，并提出非化石能源占一次能源消费比例从2020年的15%提升到2030年的20%左右。

一个是2020年的目标，一个是2030年的目标，中国能源未来近二十年的发展有了具体的量化目标。但从完成承诺目标角度出发，水电资源的开发力度到2030年已达极限，核电年增7.2 GW也达到较高的水平，因此只有资源禀赋尚有较大空间、安全性较有保障的风电和太阳能可以有效弥补这个缺口，因此如果适当调整2020—2030年的风电、光伏装机增速至风光电年均都新增25 GW，则缺口降为零，2030年的减排目标基本实现。然而，不管是煤炭消费比重的下降，还是新兴能源的替代性增长，新目标的形成都预示着中国能源“变局”的到来，要实现这些新的既定目标，只有通过“革命”才能得以实现。

与此同时，除了国内的能源革命，对于中国之外的全球化能源革命浪潮，中国也在积极参与，对于习总书记提出的“全方位加强国际合作，实现开放条件下能源安全”，“合作成果”也是颇丰。中国与俄罗斯、加拿大和巴基斯坦已签署合作协议，与蒙古、泰国、文莱、巴布亚新几内亚、塔吉克斯坦、智利、印尼等国也在加强能源合作。其中值得注意的是，中俄双方在如期推进东线天然气管道建设，尽快启动西线天然气项目，积极商谈油田大项目合作，探讨核电、水电合作新项目上也不断取得新的进展。双方签署的一系列双边合作协议，包括《关于通过中俄西线管道自俄罗斯联邦向中华人民共和国供应天然气领域合作的备忘录》《中国石油天然气集团公司与俄罗斯天然气工业公司关于经中俄西线自俄罗斯向中国供应天然气的框架协议》等，意味着中国将超过德国成为俄罗斯最大的天然气客户，对于供求形势依然偏紧的中国天然气市场，该协议的签订将在一定程度上对于中国能源长期稳定供应提供保障，并进一步完善中国的多元化能源通道。而这也是中国能源革命的一部分，即“建立多元供应体系，着力发展非煤能源多轮驱动的能源供应体系”的最新一轮行动。

在上述背景下，我国的能源战略正在发生重大变化。然而，要在能源领域实现彻底和根本性的变革，首先需要建立现代化的能源体系。早在“十二五”能源规划纲要中，国家就提出要坚持节约优先、立足国内、多元发展、保护环境，加强国际互利合作，调整优化能源结构，构建安全、稳定、经济、清洁的现代能源产业体系。在当下，现代能源体系需要具备两个基本特征，即合理的能源结构和较高的能源效率。目前，我国能源结构严重不合理，化石能源比重过高，煤炭消费比重高达66%，比世界平均水平高35.8个百分点；发电量中煤电比例为75%，高出世界平均水平约28个百分点；非化石能源占能源消费总量的比重仅为

9.8%，短期内难以担负重任。传统高碳能源消费比例过大，造成我国环境承载能力接近极限。另一方面，我国能源利用方式粗放，能源效率低下。在人口和经济总量不断增长的情况下，如果延续目前这种粗放的用能方式，我国的能源供应将难以持续。

在国家宏观的战略布局下，推动现代能源体系，我国能源企业肩负着落实与实践的重任。在国家政策的指导下，国有大型企业，如五大发电集团在能源结构调整上正做出积极努力，近年来清洁能源比重越来越高。值得注意的是，一些清洁能源企业在自身领域探索与实践的过程中，结合世界能源产业发展趋势和能源资源禀赋特征，针对现代能源体系开创性地提出了一些极具参考价值的理论雏形，如新奥集团就提出了“构建可再生能源与气体能源融合发展的现代能源体系”，并将信息网、能源网和物联网高度融合的能源互联网付诸实践。该公司所自主创新的泛能网等技术，在肇庆新区、中德生态园项目中，已经以分布式能源的方式，实现了可再生能源与化石能源优势互补、相互协调的可靠、稳定供应，并在用能方式上，实现了供需互动、节约高效。

目前，我国能源消费以化石能源为主，且煤炭在一次能源消费中的比例过高，其供应弊端越来越明显。然而，可再生能源由于其供应的分散性和间歇性，短期内大规模取代化石能源的可行性不大。笔者以为，在此背景下，将传统能源与可再生能源结合利用，是最佳方案之一。要保持能源结构的平衡，首先让化石能源和清洁能源各自发挥自身优势，保持各能源之间的优势互补；其次，要坚持分布式与集中式的平衡，既要就近利用，又要相互协同；最后，要从线性的、单向的简单用能方式，向网络化的、供需互动的、平衡的高效用能方式转变。

除能源结构调整之外，我国在节能上的空间更大。提高效率是最大的节约，如果我国能源效率能够提高一个百分点，单就煤炭而言，每年就能节约4000万吨，而如果提高五个百分点，每年就能少用煤炭2亿吨。当前，深谙此道的能源企业已着手在提高能源效率上率先布局。德国巨头西门子公司提出向客户提供覆盖整个能源转换链的全套产品和解决方案，在中国开展以能源生成和传输为重点的业务范畴，在火力发电、智能电网、绿色交通及工业和楼宇节能领域深耕数十年。而新奥集团在此方面的进展同样出色。新奥自主创新的泛能网技术，改变了能源的利用方式，将能源利用效率提高20%。同时，泛能网技术能实现多种化石能源、可再生能源、环境势能等的输入，气、电、冷、热等多品位能源的输出，将整体能源利用效率由传统热电分产的40%—60%提高到85%以上，实现了能源、资源价值的最大化。

从顶层政策战略设计，到底层产业企业实践，现代能源体系的建立，既任重道远，亦迫在眉睫。这不仅需要国家大力推动能源体制机制市场化，充分发挥市场配置资源的基础性作用，也需要更多有远见、有担当的组织、机构以及能源企业共同参与，并一致推动现代能源体系的构建与完善。

通过不断调整能源结构，挖掘存量资产中的节能潜力，同时运用新技术大幅提高增量资产的节能水平，到2020年，若能够将我国综合能源效率提高十个百分点左右，那么一个现代化的能源体系也将随之建立。

综上所述，能源已经成为国际政治、金融、安全博弈的焦点，能源结构与安全更是事关我国全面深化改革和现代化建设的全局。为此，我国要深入贯彻落实习近平总书记对能源生产和消费革命提出的五点要求，深刻领会新时期构建能源安全战略的重要意义和时代内涵，在全球能源安全和能源科技的大环境中，找到我国能源发展的战略定位，要立足国内，在开发格局中维护能源安全，掌握主动权，重塑中国能源结构，构建符合国情、具有中国特色的国家能源安全战略体系。

现阶段重塑中国能源结构的重点，就是覆盖960万平方公里土地上13亿人口的“提高能源效率、推进能源革命，构建国家能源安全战略体系”，并以构建系统整体方案解决我国的“能源、环境、食品与发展”问题，保持中国经济与社会稳定、较快、可持续发展。重塑中国能源结构、构建能源安全战略体系，首先要加强顶层设计，提出系统战略框架和发展规划；其次是探索中国特色能源安全战略体系的实施路径，以及具有科学性、前瞻性、可操作性的具体技术路线和整体实施方案。能源安全战略研究的目的，即通过自然科学和社会科学的跨界融合研究，提出中国特色能源安全战略的战略体系架构和整体解决方案。

能源发展离不开科技创新的重要支撑。习近平总书记在2014年两院院士大会上讲话指出，实施创新驱动发展战略，最根本的是要增强自主创新能力，最紧迫的是要破除体制机制障碍，最大限度解放和激发科技作为第一生产力所蕴藏的巨大潜能。要坚定不移走中国特色自主创新道路，坚持自主创新、重点跨越、支撑发展、引领未来的方针，加快创新型国家建设步伐。重塑能源结构、构建国家能源安全战略体系，微观层面要通过能源科技革命建立提高能源效率、保障能源安全的技术路线和实施路径；宏观层面通过创新技术应用，实现能源生产和消费革命的战略目标，同时培育大批新兴产业，转变高耗能产业功能，推动我国长江经济带、淮河生态经济带等流域经济的崛起。重塑能源结构、构建中国特色国家能源安全战略体系，是深入贯彻十八届三中全会和习总书记系列讲话精神，发挥宏观调控基础上市场在能源资源配置中的决定性作用，保障国家能源安全、改善地缘政治格局的重要举措，为解决国家重大战略需求、推动全面深化改革、实现伟大复兴的“中国梦”奠定重要基础。

我认为当前重塑能源结构、构建中国特色国家能源安全战略体系，关键在于建立中国特色“能源产业物联网”体系，实现结构调整、经济转型和快速发展。一直以来，中国能源资源特点是“富煤、贫油、少气”，一次能源生产和消费中煤炭占70%以上。能源生产和消费特点决定了我国电网的“刚性”特征，提升调峰能力需要增加燃气电站和抽水蓄能电站。我国“缺气”的能源特点，决定了燃气发电成本过高，以其进行调峰的方案经济性不可行。抽水蓄能电站建设需要极其苛刻的地理条件，同时发电效率也并不是十分理想。抽水蓄能发电效率只有75%，如果考虑传输损耗，实际综合发电效率不足70%。抽水蓄能电站建设成本较高，例如1千瓦煤电机组建设成本约4000—4500元，而1千瓦抽水蓄能发电机组建设成本要达到7000—10 000元，1千瓦核电机组建设成本则要超过10 000元。从发电效率和建设成本考虑，抽水蓄能发电仅能保障核电运行调峰，对以煤电为主的常规电网调峰经济性不佳。为此，我国实施最严厉的峰谷差电价，峰谷价差最好达到0.8元，平均也在0.5—0.6元之间。

目前，世界各主要风电国家均在积极探索电网接纳更多的风电等可再生能源，重点均放在积极发展智能电网和规模化蓄电调峰装置。但智能电网本身既不发电，也不消耗电能，只是电能的“搬运工”，而发电端则是通过电网无条件地服从用电端的需求。欧美一些国家根据石油、天然气和水能的优势，在迅速发展风电的同时，大力配套发展具有深度调峰能力的燃油/燃气机组、联合循环机组，来适应风电调峰需求。如欧洲的西班牙，近十年来大力发展风电，装机容量突破2000万千瓦，但配套发展具有深度调峰能力的机组就达3500万千瓦，调峰机组装机总量远大于风电装机总量，满足了风电调峰需求。国际上先进的智能电网理念，并不能解决中国大规模风电全部利用的问题。相对于水电和燃气等机组来说，火电机组锅炉燃烧系统具有滞后（反应慢）、迟延等特性，如用于深度调峰，将使煤耗上升、发电机组效率下降，并增加机组故障概率。美国前能源部部长朱棣文（Steven Chu）日前表示，储能技术与太阳能技术相结合，配电和发电领域的影响或可与当年互联网所造成的颠覆性冲击相比。落基山研究所近期公布的《电网缺陷经济学》（*The Economics of Grid Defection*），首次详细分析了使用与太阳能结合的储能技术的电网网络所存在的“缺陷”。问题是常规蓄电池“杀敌一万，自损八千”，一个循环充放电损失约30%电量，且投资大和二次污染。要换个思维发展能与大电网配套的新概念大蓄电池。

目前，中国电网的调峰能力（煤电发电厂以外）只有要求水平（30%—35%）的三分之一，煤电发电厂的设备利用率因此大为降低。年利用小时从过去的6000小时以上降低到5080小时（2013年），相当上亿千瓦的发电机组闲置。如果增加清洁能源供应，还要进一步减少发电设备利用率和运行热效率，给发电厂运行和电网调度带来困难。对于电网调峰，有人认为可以大力发展抽水蓄能电站。国家发改委发布了《关于促进抽水蓄能电站健康有序发展有关问题的意见》（以下简称《意见》），提出电站建设步伐适度加快，把抽水蓄能电站作为优化能源结构、促进新能源开发利用和保护生态环境的重要手段；着力完善火电为主和大规模电力受入地区电网抽水蓄能电站布局，适度加快新能源

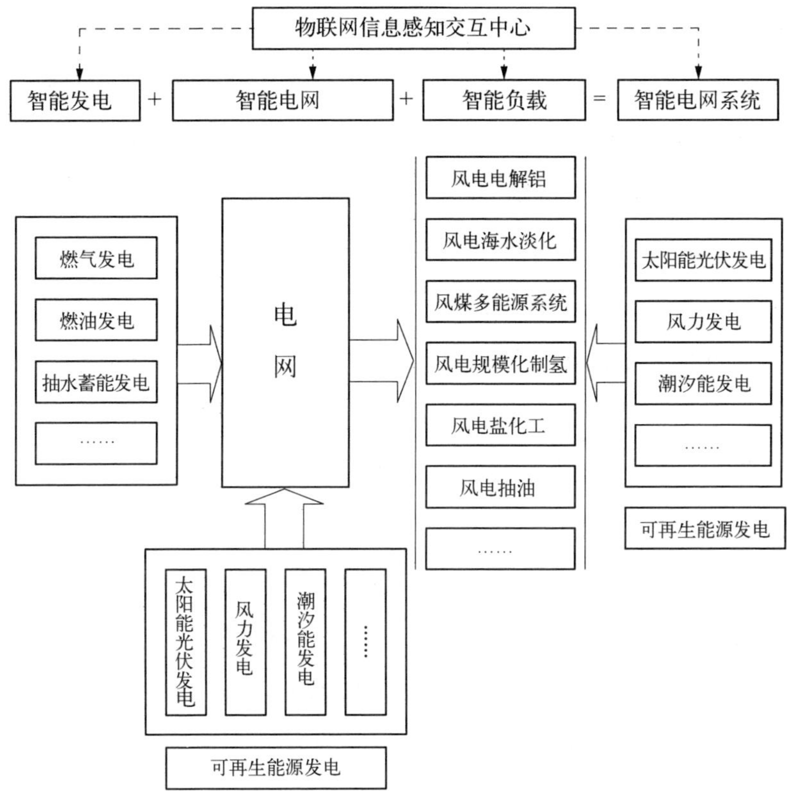

图7-19　非并网多能源协同供电智能电网系统示意图

开发基地所在电网抽水蓄能电站建设，使抽水蓄能电站建设满足电力发展需要。到2025年，全国抽水蓄能电站总装机容量达到约1亿千瓦，占全国电力总装机的比重达到4%左右。

《意见》还指出，针对目前我国电力市场尚不完善的情况，为发挥电站的系统效益和作用，现阶段按照发改价格［2014］1763号文要求，实行两部制电价政策。电力市场化前，抽水蓄能电站容量电费和抽发损耗纳入当地省级电网（或区域电网）运行费用统一核算，并作为销售电价调整因素统筹考虑。根据电力市场化改革进程，不断调整完善电价机制，制定电力系统辅助服务政策，最终形成以市场起决定性作用的抽水蓄能电站运营机制。选择抽水蓄能电站建设任务重、新能源开发集中或电力系统相对简单的浙江、内蒙古、海南等省份，深入开展抽水蓄能建管体制和运营机制创新改革研究，重点研究探索抽水蓄能电站价值机理和效益实现形式，体现电力系统多方受益的电站价值，落实“谁受益、谁承担”的市场经济规则，并适时开展试点工作。

通过抽水电站进行调峰的思路是好的，但是有两个问题必须解决：一是成本问题，二是增量问题。抽水蓄能电站建设成本远高于火电，这是一个现实问题。我们不能为了调峰而忽视经济性。从成本上看，抽水电站只能为核电进行调峰，为火电调峰经济性是极差的。由第一个问题就引出下面一个问题，由于经济性差，抽水电站不能大规模建设，可是不大规模建设，就不能发挥调峰的作用。《意见》的目标是2025年占全国电力总装机的比重达到4%左右，试问仅仅4%如何为占全国70%以上的火电进行调峰。发达国家要达到30%甚至更高，所以它们电网调峰能力强，而我们就算达到4%，其调峰能力仍然严重不足。

电网调峰能力不足将造成巨大的能源资源浪费。因此，中国必须依靠科技创新，走出一条适合中国国情的大规模可再生能源高效、低成本全部利用的特色之路。综上所述，习近平总书记提出我国要进行“能源革命”，以及《能源发展战略行动计划（2014—2020年）》针对我国目前的能源结构问题提出一系列整改措施，但是就提出的解决方案而言还难以完全解决我国的能源问题，使其能够满足我国快速经济发展、社会进步的要求。

2014年12月16日，《中国可再生能源发展路线图2050》正式发布。

该路线图是在中、丹两国可再生能源发展项目的支持下，国家发展和改革委员会能源研究所、国家可再生能源中心联合中国可再生能源学会等国内外研究机构所进行的中国风能、太阳能、生物质能的中长期发展研究。其主要研究成果如下：

表7-3　中国风电发展路线

		2020年	2030年	2050年
基本情形	装机容量（亿千瓦）	2	4	10
	发电量（万亿千瓦时）	0.4	0.8	2
	二氧化碳减排（亿吨）	3	6	15
	二氧化硫将安排（万吨）	110	220	560
	就业人数（万人）	35.8	59.7	72.0
积极情形	装机容量（亿千瓦）	3	12	20
	发电量（万亿千瓦时）	0.6	2.4	4
	二氧化碳减排（亿吨）	4.5	18	30
	二氧化硫将安排（万吨）	165	660	1120
	就业人数（万人）	71.6	119.4	144

我国风能资源潜力在30亿千瓦以上，在现有风电技术条件下，足够支撑20亿千瓦以上风电装机。2020年前，积极有序开发陆上风电，开展近海风电示范；2021—2030年，陆上、海上风电并重发展，并开展远海风电示范；2031—2050年，实现在东中西部陆上风电和近海风电的全面发展。到2050年，在基本情形下，风电累计投资12万亿元（2010年价格）；在积极情形下，风电累计投资24.5万亿元（2010年价格）。

表7-4　中国太阳能发展路线

情　形	技　　术	2020年	2030年	2050年
基本情形	光伏发电（GW）	100	400	1000
	光热发电（GW）	5	30	180
	中低温热利用（GW_{th}）	513	746	1241
积极情形	光伏发电（GW）	200	800	2000
	光热发电（GW）	10	60	500
	中低温热利用（GW_{th}）	714	1202	2412

我国太阳能总辐射资源丰富，总体呈“高原大于平原、西部干燥区大于东部湿润区”的分布特点。其中，青藏高原最为丰富，年总辐射量超过每平方米1800千瓦，部分地区甚至超过每平方米2000千瓦，四川盆地资源相对较低，年总辐射量在每平方米1000千瓦左右。太阳能利用有三种技术：太阳能光伏发电、太阳能光热发电、太阳能中低温热利用。三种技术的技术水平和经济竞争性各不相同，未来发展应予综合考虑。近中期晶体硅电池商业化组件效率超过20%，占据市场主导地位。2030年，薄膜电池技术取得突破，效率接近晶体硅电池，在市场上与晶体硅电池平分秋色。2025年，太阳能光伏实现平价上网。2030年以后，太阳能光伏发电将成为主要的替代能源之一；2050年之后太阳能光伏发电将成为主导电源之一。

2020年，太阳能光热发电可以成为承担调峰和中间电力负荷的电源，2025—2030年以后成为可以承担基础负荷的电源，并实现平价上网。2015—2020年，主要是工程的试点示范阶段，积累系统集成经验；2020—2030年，开始进入规模化发展阶段；2030年以后，进入大规模发展阶段。太阳能热利用：2020年前，太阳能热水系统的应用仍将是主流应用方式，约60%建筑安装太阳能热水系统；同时太阳能采暖、制冷系统应用快速发展，1%左右的总建筑面积将应用太阳能采暖、制冷系统；到2030年，太阳能供暖和太阳能工农业利用将迅速增长；从中远期看，2050年，太阳能中低温热利用在工农业领域有望发挥巨大节能作用。实现上述目标将获得巨大的环境和社会效益。到2050年，在基本情形下，二氧化碳减排量21.5亿吨，二氧化硫减排1854.7万吨，氮氧化物减排602.4万吨；在积极情形下，二氧化碳减排量46.5亿吨，二氧化硫减排3722.0万吨，氮氧化物减排1302.7万吨。

表7–5　中国生物质能发展路线

技术类型	单　位	2020年	2030年	2040年	2050年
生物质发电	亿千瓦时	1520	3140	3540	3680
	万千瓦	2890	5300	5840	5900
	万吨标煤	4860	9720	10 610	10 660
沼气	亿立方米	230	550	650	750
	万吨标煤	1810	4320	5110	5890
生物燃气	亿立方米	100	400	470	500
	万吨标煤	290	1140	1340	1430
生物质供热	PJ	950	2000	2200	2200
	万吨标煤	3250	6840	7520	7520
生物乙醇	万吨	400	700	1000	1100
	万吨标煤	370	650	930	1020

（续表）

技术类型	单 位	2020年	2030年	2040年	2050年
生物柴油	万吨	160	870	2400	3000
	万吨标煤	240	1030	3530	4410
生物煤油	万吨	40	400	1400	1900
	万吨标煤	60	510	2040	2770
合计	万吨标煤	10 880	24 430	31 080	33 700

2012年，可能源化利用的生物质能资源可获得总量折合3.3万吨标准煤。其中，农林剩余物类资源可获得量2.17亿吨标准煤，有机废弃物类资源可获得量9500万吨，能源作/植物类资源可获得量1600万吨。未来生物质能资源将达到6亿吨标准煤左右，农林剩余物类将保持现有的水平，有机废弃物类资源将有所增长，能源作/植物类资源是未来资源增量的主要来源。未来生物质能产业将形成多元化的技术体系，产品类型将涵盖电力、热力、燃气和液体燃料。到2020年，生物质混燃发电、生物质热点联产、生物质热解气以及工业沼气的生产成本，均可等于或低于同时期同类化石能源的全成本；到2030年，各类技术均已成熟，成本将等于或低于同时期同类化石能源产品总成本，与化石能源比较，各类技术经济性明显增加，对化石能源具有较强的市场竞争力；到2040年，增幅经济激励措施基本取消，生物质产业进入市场化轨道。

发展生物质能产业将取得显著的环境和社会效益，到2050年，生物质能产业将提供超过3亿吨标准煤的产品替代化石能源，可减排温室气体7亿吨（CO_2计）；拉动投资1.56万亿元，年销售收入和利润分别达到1.6万亿元和5800亿元；增加就业岗位310万个，增加农民收入

1500亿元。

要实现国家的现代化，必须改变以煤为主的能源结构，下决心减少煤炭的消费，并最终摆脱对煤炭的依赖，这是不以人的意志为转移的规律，是经济社会发展所必需的，我们必须有这样的认识，有认识才有行动。第四次工业革命对能源来说是分散生产、联网共享，改革要从改革思路开始。同时能源是一个大系统，要站在全局来看可再生能源；需要研究非可再生能源的专家力量来共同研究可再生能源；要研究高比例可再生能源情形下对中国能源整体行业的影响。中国可再生能源是建立在利益驱动的情形下，应该作为国家意志去推动，并研究相应的政策，目前火电可以深度调峰，也可以作为快速调节电源，所以可再生能源规模化发展不存在技术问题，而是经济和政策问题。

到2050年，电力将主宰能源系统，风电、太阳能发电将主宰电力系统。电力占整个终端能源消费60%以上，电力供应中非化石能源发展占比达到91%，可再生能源发电占比达到86%。如果以上目标能够实现，我国二氧化硫、氮氧化物、重金属的各种污染物排放量将低于1980年的排放水平。

在这个框架下，我们设计了两个方案：

方案一：可再生能源发电量占比70%以上。如果2050年人均用电1万千瓦时，15亿人口，需电力15万亿千瓦时，2013年化石能源发电量约为4万亿千瓦时，保持不变；非化石能源发电量需11万亿千瓦时，组成如下：水电4亿千瓦、风电20亿千瓦、太阳能发电20亿千瓦；分别发电量1.2万亿千瓦时、4万亿千瓦时、3万亿千瓦时；仍不足2.8万亿千瓦时需由4亿千瓦核电承担。这样的愿景，可再生能源发电量占比70%以上，可再生能源占一次能源的比例是50%左右。

方案二：可再生能源发电量占比达到100%。如果2050年人均用电1万千瓦时，15亿人口，需电力15万亿千瓦时，但这些电都将由水电、风电、太阳能等可再生能源提供。中国作为一个负责任的大国，完全可以通过科学技术和社会主义国家可以集中力量干大事的优越性，实现100%可再生能源应用和一些主要食品来自工厂化生产，让“动物走下餐桌”，煤炭主要成为城市化建设、人类生活日用品和人类主要食品的清洁生产原料。非并网多能源协同供电智能电网系统催生的能源产业物联网体系，将促使中国到2050年完全有能力实现新能源的100%利用。到2050年，中国电网结构将发生根本性改变，风能、太阳能、潮汐能、沼气、秸秆、水能、受控热核聚变（试行）、氢能等新能源和可再生能源将占电网结构的100%，机械、运动设备70%实现可再生制造节能，高耗能产业功能转变后的全幅度调峰，我国电网结构特征彻底从刚性电网变成柔性电网。

第八章 能源4.0革命：重塑经济结构

能源4.0对全球能源创新发展的战略意义

能源4.0的能源产业物联网，对世界新能源和可再生能源创新发展具有重大战略意义。能源4.0中的智慧能源系统提供了全新的新能源发电和供电方式，回避了大规模并网、发电机组设计和制造中诸多技术难题，创新了新能源利用方式，以简洁的技术体系促进了新能源和可再生能源的推广和大规模应用。

当前，全球发展中还面临一系列问题，急需通过能源领域的突破得以解决。其中一个问题是，对于新能源发展比较超前的国家，随着新能源快速发展，普遍遇到了新能源发电并网难题，抑制了新能源快速发展。还有一个问题就是，全球还有一些电网不能覆盖的区域，这些地方的人们还没有电力供应，生活质量较低。对于并网难的问题，我们以风电为例，目前不仅我们国家遇到严重的弃风现象，德国、丹麦等国家也遇到相同问题，而且越来越严重。

据德国电网监管机构联邦网络管理局发布的数据显示，2010—2011年，德国未能接入上网的可再生能源发电量翻了三倍。2010年，德国弃掉的可再生能源发电量为127 GW；而到了2011年，竟达到421 GW。联邦网络管理局表示，上述现象主要是可再生能源无序发展和配套电网建设缓慢造成的。例如，德国风电集中在国土北部，但因弃核出现巨大电力缺口的是南部地区。由于输电网络建设完全跟不上来，德国北部风电几乎全部空转，弃风现象非常严重。在德国，可再生能源有权强制上网。因此，即便可再生能源上不了网，电网企业也必须向可再生能源发电企业支付费用。据联邦网络管理局统计，2011年，德国电网企业为闲置的可再生能源发电支付了3350万欧元。分析指出，尽管这笔支出与德国整个可再生能源领域的投资无法相提并论（2012年德国可再生能源领域投资总额为140亿欧元），但趋势令人担忧。

其实，在2009年底，美国能源部下属的国家可再生能源实验室（NREL）就发布了一份名为《风电弃风案例研究》的调查报告。根据该调查报告，除中国外，当时世界风电累计装机容量排前三位的风电大国（美国、德国、西班牙），以及风电发电量占本国电能消费总量的比例排世界前三位的风电利用比例最高的国家（丹麦、西班牙、德国），均存在不同程度的弃风，而且在美国、德国的一些地区，弃风是风电并网的前提，弃风相关条款纳入并网协议或购电合同。

弃风现象在风电大国普遍存在，表明出现限电弃风有着普遍性的客观原因。有人士指出，从全球范围来看，共同的原因主要有三个：

一是由于近年风电发展速度过快，许多地区电网投资建设跟不上风电发展的步伐。近十年，世界风电装机年均增长31.8%，成为全球最具吸引力的新能源技术，电网作为传统产业，投资吸引力远不敌风电。

二是建设工期不匹配。风电项目建设周期短，通常首台机组建设周期仅为六个月，全部建成需要一年左右；电网工程建设周期长，输电线路需要跨地区，协调工作难度大。在我国220千伏输电工程合理工期需要一年左右，750千伏输电工程合理工期需要两年左右，在国外，由于管理体制的差异，建设周期更长。

三是风电出力特性不同于常规电源，一方面风电出力随机性、波动性的特点，造成风功率预测精度较低，风电达到一定规模后，如果不提高系统备用水平，调度运行很难做到不弃风；另一方面风电多具有反调峰特性，即夜晚用电负荷处于低谷时段风电发电出力往往较大，即使常规电源降低出力，当风电规模达到一定程度（大于低谷用电负荷），也难免出现限电弃风。

可以肯定，按照原有的模式发展新能源和可再生能源，弃风现象是难以避免的，因为上述三个共同原因，无论在技术上，还是从各国实情，都难以解决，或者要付出更多的成本才能解决，导致得不偿失。这就要求必须创新发展模式，探索新的发展路径，才能根本解决这个问题。在能源4.0的能源产业物联网中，新能源和传统能源共同构成智慧能源系统，通过非并网多能源协同供电的新模式实现了智能供电，使新能源发电得到100%利用，这就解决了并网难题，也就解决了弃风问题。同时，能源产业物联网中，能源与产业之间实现了耦合，这就解决了发电侧与用电侧在时空上不匹配的问题，从而避免了输电基础设施建设滞后等问题的困扰。

同时，能源4.0能够解决全球电力供给不足的难题。目前，全球仍有超过10亿人生活在缺电状态中，还在依靠蜡烛和煤油照明。在西半球电气化程度最低的国家——海地，部分居民每月需要花费10美元购买蜡烛和煤油，用作家庭照明，这大概是美国普通家庭同类支出的125倍。许多印度居民需要支付额外费用，才能通过汽车电池为手机充电。在非洲，日光仍然是数百万当地居民的主要照明方式。一些太平洋岛屿为满足电力需求，不得不花费额外费用使用柴油发电机。目前，全球约有13亿人无法获得足够的生活用电，虽然电网也在不断扩展，但与很多人仍相距遥远。

帮助偏远地区获得清洁能源的探索从未停止。例如，结合当地发展与硅谷式创业精神，工程师、科学家和经济学家共同构建了一种独立的微电网概念，微电网可以快速部署，为单独社区提供便宜的电力供应。这种先进的电气化方案的目标是，建立小规模可再生能源系统，构建覆盖发展中国家的照明微电网，帮助偏远地区减少对化石能源的依赖，仿佛黑暗中一个个光明的小岛。

过去，由于补贴不到位和基础设施的缺失，偏远地区的电力供应问题总是难以解决。但现在的环境对企业家来说已经大为改善。新一代光伏电池板和风力涡轮机的价格更便宜，而且可以通过简单的智能电网设备进行管理。在过去十年中，化石燃料价格不断飙升，使得可再生能源更具竞争力。此外，联合国制定了到2030年完成全球电力覆盖的目标，也提供了政治上的推动力。

“我们对此充满信心，而且和几年前相比，经济形势的好转也为我们提供了更好的保障。”联合国基金会负责能源接入的执行理事丽琴达·范莱文（Richenda Van Leeuwen）说。但挑战依然艰巨。国际能源署（IEA）2012年发布的分析报告指出，在现有发展模式下，全球缺电人口比例将从2010年的19%降至2030年的12%，这意味着即使到2030年仍将有近10亿人生活在黑暗中。IEA同时还指出，要实现全球电力覆盖的目标，目前规划的每年140亿美元投资远远不够，必须要增加到每年490亿美元。而集中式电网也仅能覆盖30%的偏远地区。

通过回顾那些正在进行的项目，从中发现技术和商业模式的创新点，利用这些经验帮助我们"点亮"整个世界。

印度，德姆古哈。2007年，印度年轻的企业家贾奈什·潘迪（Gyanesh Pandey）和拉特奈什·亚达夫（Ratnesh Yadav）采用稻米谷壳作为生物质原料，为一个拥有2000人口的偏远农业小镇德姆古哈供电，帮助当地实现了电气化。最初，他们了解到太阳能光伏板成本太高，同时当地风力资源也很匮乏，但德姆古哈所在的比哈尔邦盛产水稻，具有丰富的生物质原料资源。潘迪就读于纽约的伦斯勒理工学院，学习电气工程学，他与朋友亚达夫筹划了这个谷壳发电的项目。项目获得了印度新能源和可再生能源部约1.2万美元拨款，同时他们又自掏腰包4万美元，购买了气化炉并进行改造，用于将稻壳转化为生物燃料，同时还购置了一台32千瓦的发电机，搭建了覆盖全村的输电线路。项目运行不到五个月，德姆古哈的居民不但已经拥有了足够的电力为手机充电，并且每家每户都安装了两盏节能荧光灯，每晚可以照明六到八个小时。潘迪和亚达夫与曾在弗吉尼亚大学学习工商管理的马诺伊·辛哈（Manoj Sinha）联合成立了谷壳电力系统公司（Husk Power Systems）。目前，该公司已经有80多个微型发电厂，为印度、乌干达和坦桑尼亚的约20万居民提供电力。德姆古哈的成功经验表明，对于那些每月生活成本支出在15—80美元的家庭来说，即使生活贫困，他们也愿意支付100卢比（约1.6美元）或更多的金钱来满足最低用电需求。尽管这样的支出比例要高于城市，但由于不用再大量购买煤油，他们整体支出仍然降低了。2007年，作为谷壳电力系统公司总裁的辛哈说，一开始没有人相信谷壳作为生物燃料发电是一种可行的商业模式，“但是，当公司业务扩展到300多个村庄时，人们开始认同这种模式了”。印度是个巨大的市场。2011年，尽管印度只有约25%的居民缺乏电力供应，远低于一些非洲国家80%—90%的比例，但在印度，25%就意味着3亿人口。政府为解决供电问题已经投入了大量的资金和精力，并取得了一定成效，目前尚未接入主干电网的人数不到十年前的一半。印度政府还在继续努力为居民提供足够的电力供应，并力争将最偏远的地区纳入电网覆盖范围。当然，问题也同样存在。在一些地区，随着主干电网的不断扩展，会与像谷壳电力系统公司这样的小型电力供应商出现重叠覆盖的问题。微电网的优势是提供更加稳定可靠的电力供应，但相对来讲费用也比较高，因为政府通常会优先对基础建设进行补贴。卡门指出，政府应该和企业就微电网监管和融资标准达成共识，使微电网项目可以获得投资——对于某些偏远地区，微电网是唯一可行的解决方案。

南太平洋，托克劳。2012年6月的托克劳阳光明媚，一艘货轮到达了这个位于南太平洋由三个小岛组成的国家。轮船上装载了该国有史以来最大的一批进口物资，其中包括4000多块太阳能电池板、1000多块储蓄电池，以及数不清的钉子和螺丝。这些货物使得托克劳在遏制全球变暖的战役中占据了道德制高点：托克劳被认为是全球首个利用可再生能源彻底取代化石燃料的国家。在此之前，和其他小岛屿国家一样，托克劳依靠柴油发电机为其1400名居民提供电力。在光伏发电系统运行的第一年，这套1兆瓦太阳能发电系统就已经满足了托克劳约93%的电力需求。目前，托克劳每年可以节省约80万美元的燃油费用，这足以支付托克劳向新西兰政府申请的微电网项目贷款。2012年3月，加勒比岛国阿鲁巴率先承诺，在2020年前放弃使用化石燃料，目前，阿鲁巴的风电可以满足当地居民12%的电力需求。但对于拥有1.09万居民，日常电力需求约100兆瓦的阿鲁巴来说，其面临的挑战要比托克劳大得多。“就检验可再生能源的能源效率而言，这的确是一个非常令人关注的试验场。”美国包括纽约州在内的一些州，正在探索如何将主电网划分成电力“岛屿”。在面对大范围停电事故时，相对分立的“岛屿”可以正常运行。阿鲁巴的项目，以及那些类似的小岛国家电力项目，将有助于让世人相信，全部使用可再生能源也可以建立可靠的电力系统。托克劳还没有实现百分之百使用可再生能源的目标。雨季的时候，原有的柴油发电机还会偶尔为电池充电，此外还有很多居民的厨房依赖于进口天然气。政府计划帮助居民采购更高效的电器，或者鼓励人民转而使用电炊具。空调被认为是没有必要的奢侈品，已经禁止供政府使用。如果经济运行良好，托克劳最快将在明年开始生产椰油，以便在日照不足时驱动发电机。

塞内加尔，西内穆萨阿卜杜。为了给手机充电，西内穆萨阿卜杜的村民曾经需要跋涉数十公里到邻近的村庄，且电价高达每度110美元，而美国的平均电价仅为12美分。那些有电视机的居民则要使用汽车电池为其供电。2009年，该村布设了微电网，电力可以被直接输送到住户家中。现在，当地900名居民需要支付的电价仅为每度1.4美元。供电公司表示，西内穆萨阿卜杜的电能来自风力、太阳能和柴油。通电后的那一年，村里的学生首次全部通过了期末考试，因为他们拥有了在夜晚学习的条件。这只是解决撒哈拉以南非洲地区能源问题的众多项目之一，在这一地区，有近6亿人的电力供应不足，超过人口总数的三分之二。西内穆萨阿卜杜的项目引起了多方关注，因为它提供了一个公私合营的创新案例。西内穆萨阿卜杜的项目由德国Inensus公司和塞内加尔的Matforce公司合作开发，分为两部分：国际援助资金用于该村的电网基础设施建设，电力生产和供应则需自筹资金。Inensus公司用智能电表跟踪记录村民的用电情况，并要求他们提前支付数周的电费。对于那些可以提前六个月预测和承诺用电量的用户，会给予适当的折扣。利用这些信息可以确保风力和太阳能发电系统高效运行，柴油发电机也不会负荷过重，有助于降低运行成本和减少排放量。通过这样的方式，可以总体上减少10%—20%的电力需求。目前，Inensus公司正在将项目扩展至附近的5个村庄，并在坦桑尼亚启动了一个覆盖16个村庄、8.2万人口的更大项目。彼得·施米特说，坦桑尼亚政府的微电网政策可能是全世界最先进的，他们对每个电网接入点都给予500美元的补贴，这些补贴足以支付前期建设成本。但最大的挑战在于如何说服坦桑尼亚政府放弃固定电价政策，这个阻碍了公司获取利润。他说："一旦克服了这个困难，将可以加快私营部门能源供应的速度。"卡门指出，充分的商业竞争和有效的监督可以避免价格战，大部分项目都可以提供与柴油发电相当，甚至更低的价格。华盛顿国际金融公司（IFC）的能源分析师佩普卡耶·巴杜耶（Pepukaye Bardouille）对微电网进行跟踪研究，她认为，平衡政府招商引资的愿望和最贫困人口对电力的需求之间的关系是最为重要的。她问道："我们是选择推广有价值的商业模式，还是为获得电力而不惜一切代价？有时这二者是无法并存的。"

加拿大，阿特林。阿特林位于不列颠哥伦比亚省西北角的老矿区，这个矿业小镇有大约400名居民。多年以来，该镇唯一的电力来源就是柴油发电机。伴随发电机的噪声和排出的废气，大量金钱化为乌有。占全村25%人口的特林吉特人（北美原住民）决心找到替代方法。2002—2003年的冬天，他们试验了风力涡轮机，由于无法克服大风和冰冻带来的问题，他们又修建了一座小型水电站。在投入了1500万美元（包括政府补贴、集资和贷款）之后，阿特林水电站项目于2009年4月1日开始发电，发电量为2.1兆瓦。水电站项目惠及当地，阿特林正逐渐摆脱对化石燃料的依赖，在过去的一年中，温室气体排放减少了超过5000吨。此外，由于塔库河特林吉特第一国拥有水电站的所有权，当地居民支付的电费依然会留在阿特林。阿特林特林吉特开发公司（Atlin Tlingit Development Corporation）的总经理斯图尔特·辛普森（Stuart Simpson）说："我们利用这些钱偿还水电站的贷款，同时还能产生一定的社会效益。"在加拿大有175个原住民居住地或者北部偏远的社区没有与主干电网连接。他们大都依赖柴油提供电力。塔库河特林吉特第一国改用自建水电站发电后，其他社区也都希望能步其后尘。在不列颠哥伦比亚省兴起的这一波小水电开发项目，不但可以实现独立供电，同时也可以并网运行；但其对生态环境有可能产生的潜在影响引起了很大的争议。总部位于温哥华的"荒野委员会"（Wilderness Committee）已经表达了担忧，他们认为小水电项目可能会影响到灰熊栖息地和鲑鱼产卵的河流，但是实际情况很难判定。温哥华的一个环境保护组织——太平洋鲑鱼基金会——1月份发布的一份报告显示，并未发现鲑鱼受到影响的确凿证据。BC可持续能源协会（BC Sustainable Energy Association）的执行主任奈杰尔·普罗特尔（Nigel Protter）说，如果能够很好地设计和运行，现代水力发电项目也可改善当地的生态系统。例如，阿特林水电站就专门建造了一条鱼道，用于鱼类通过堤坝。辛普森说，鱼群的数量已经有所增加。对于这个问题，普罗特尔表示，如果不修建水坝，仅靠河水发电，远远无法满足发达国家中很多偏远地区的电力需求，"而利用水坝储水发电，往往又会产生额外的环境和社会影响"。目前来看，阿特林水电站的发电量可以完全满足当地需求，他们甚至考虑扩大项目使之与主干电网连接，以便于将电力输送到育空北部地区。"二十年后，我们就可以还清银行贷款，社区每年将会有几百万美元的收入，"辛普森说，"这个项目惠及子孙后代。"

从上面的例子可见，微电网能够解决电网覆盖不到地区的生活用电问题，但这并不是根本办法。生活在黑暗当中的人们，普遍没有脱离贫困状态，我们不仅要给他们送去光明，还要帮助他们改善生活质量。怎么做？无疑是帮助他们发展经济，建立产业支撑体系。我们知道，现代经济发展离不开电力供给，我们必须帮助这些地区解决大规模电力供应难题，才能从根本上帮助他们实现经济发展。对于大规模电力供应，对于这些地区而言，通过电网覆盖实现显然太慢了，而能源4.0能够有效解决这个难题，把这些地区的能源比较优势和经济发展比较优势结合起来，不仅能够解决电力问题，还能够建立若干产业。

还有海上风电发展问题。目前，海上风电场已成为世界风电发展的新领域。但通过考察和交流发现，现有的科技进步和技术创新远不能适应发展大规模海上风电场的需求，这一判断也得到了欧盟同行专家的认可。世界海上风电发展面临两个瓶颈：一是全球还没有研发出专用的海上风力机。现代风力机经过二十多年的发展，尽管价格过高，但在陆上的安装使用技术已经成熟，对于发展海上风电场，全球却还没有一台成熟的、真正意义上的海上专用兆瓦级风力机。全球海上风电装机总容量目前仅为90万千瓦，使用的风力机均为陆上风力机改造而成，由于海上自然条件复杂，导致故障率居高不下。以世界上某一海上风电场为例，80台海上风力机故障率高达70%以上，运行近两年来，所有风力机同时工作的时间累积起来还未超过30分钟，仅在2006年因某一部件故障全部被召回，损失就达4000多万欧元。再如，某日本风电场与欧洲某设备制造商有BOT协议，经过一年运行后，后者宁可如数赔偿保修期内的发电量费用，而拒绝再去维护。二是电网难以承受海上大规模风电场的巨大电能。由于风能自身的特性，导致风电的波动性、间歇性和不规则性，使风电对电网的贡献率低于10%。贡献率在3%左右时对电网没有影响，5%左右时通过适当的技术措施可减少影响，8%以上（视电网强弱这一比重有所变化）时将给电网运行带来巨大危险。因此，主要风电发展大国都是采用分布式风电场来减缓这一矛盾，如德国风电装机容量在2006年就突破了2000万千瓦，均为中小容量的分布式风电场，其中最大的也仅为6万千瓦。即便如此，德国也已出现一些企业因电网供电质量影响精密仪器精度和工艺流程而起诉电网公司的案例。海上风电场由于施工难度和集中输变电等经济性问题而必须大规模开发，但大规模海上风电场的开发所发巨大电能难以让电网承受，这又成为一个世界性的难题。国外同行也在积极探索解决办法，如英国某能源公司曾投巨资研发过建立海上燃气轮机厂与风电场配套，为风电调节配套后并网服务，但终因成本过高没有商业价值而放弃。

上述两个问题，已成为制约全球海上大规模风电场发展的世界性难题。在欧洲风能发展较快的国家，尽管都投入巨资来解决这两个瓶颈，但到目前为止仍未找到有效途径。如欧盟“第七研究框架”项目，是致力于占领或保持世界某些领域领先地位的研究项目，经费总量达到760亿欧元，其中风能项目是可再生能源研发和利用领域的重要部分，但在今年的指导目录中风能项目却轮空。欧盟总部唯一的风能专家、“第七研究框架”新能源与可再生能源项目首席执行官蒂埃里·朗格洛伊斯（Thierry Langlois d'Estaintot）在交流时认为，一是当前全球常规风力机的发展已经到了“极致”，只是在风力机容量大小上做文章，而新型风力机特别是海上新型专用风力机在技术上还没有实质性的突破，远未达到最后攻关冲刺阶段；二是大规模海上风电场所发出的巨大电量还未找到适宜的消纳途径。他认为，“973”非并网风电研究项目对这两个难题有很强的针对性。回国后，负责欧盟科学与研究领域的欧盟内阁委员波多奇尼克写信给我们，对我们的项目表示了强烈关注，并将我们推荐给欧盟驻华使团的公使衔科技参赞帕帕耶奥尔尤博士。随后，我们应公使的邀请，赴北京与其进行项目交流。帕帕耶奥尔尤参赞是物理学博士，他从宏观和微观上详细了解了我们的项目，多次指出，这个项目几乎是完全针对目前发展大规模风电的两个瓶颈，表示欧盟将进一步加强与项目的合作交流。

能源4.0的能源产业物联网是一个原创性的科学构想，是可以较好地解决影响新能源发展大规模化和产业化发展难题的重要途径，有很好的应用前景。一方面，可以突破新能源发电的并网限制，实现新能源发电100%利用；简化发电机组，大幅度降低新能源发电价格，完全可以与传统能源在激烈的市场竞争中得到长足发展。风电等新能源发电直接应用，将引发发电机组结构革命性的简化和风能利用效率的提高，由此大幅降低风电发展的成本，从而在一定程度上缓解发展中国家面临的资金和技术问题；在氯碱、有色金属冶炼及非金属加工等大范围高耗能产业的直接应用，将避免对电网的直接改造和技术突破，从而在很大程度上缓解发展中国家发展风电面临的并网技术问题。对于化石能源贫乏而风能资源相对丰富的国家和地区，特别是发展中国家来说，能源4.0的应用将为其新能源产业多元化发展提供一条可供借鉴的新模式，具有很强的现实意义。

目前，全球欠发达地区的供电网建设存在很多问题，严重影响和制约了区域经济的发展和人民生活质量的提高。

首先，电网的输送能力有限。很多风电基地装机容量巨大，靠常规的交流电已无法送出，由于相关的技术研究开展时间短，各种不确定性因素难以充分考虑，即使采用了全世界最先进的±800千伏特高压直流输电技术，能否有效解决以后更大规模的风电送出问题仍待进一步研究。前面介绍一些国际上的例子，我国也面临类似问题。以我国甘肃的酒泉为例，风电基地建设迅猛发展，在不远的未来，甘肃将成为世界上最大的风电基地，但目前面临最大的问题就是输送能力。河西是目前国内输电距离最长、串联变电所最多的电网之一，受到电网结构的限制，“西电东送”能力远不能满足酒泉风电的送出需要。由于输送原因，河西一部分风电已经遭遇“限发令”，一些机组实际上处于“空转”状态。

其次，供电网架相对薄弱。特别是贫困地区线路陈旧，供电设施严重老化，遇上恶劣的天气就易发生塔架倒塌及停电事故。虽然国际组织和各国政府想方设法筹措资金建设电网，但仍无法从根本上解决电网建设滞后的问题。

另外，还有很多欠发达地区人口规模小，存在电网延伸供电不经济等现象。如前面微电网中提到的例子，在我国也存在同样的问题。以浙江省景宁县为例，从原干山乡10千伏主线接到该村台变10千伏分支线足有两三千米的高压线损，不包括辐射出去几千米低压线路的线损和150多户电度表的表损，就单算该村50千伏安配变的变损，每月就得82千瓦时，如果把变损、表损加起来比该村的用电量还多；更有甚者，该县渤海镇有一个村，从主线搭接到该村的10千伏分支线约有两三公里，配变容量是10千伏安，每月固定变损电量是64千瓦时，而该村只有两家四个老人在家，用电量只有8千瓦时。

我们以非并网风电为例，来说明能源产业物联网在欠发达地区的应用。非并网风电在欠发达地区的应用，不仅能够填补电网覆盖率的不足，而且能够形成新的经济增长点，创造巨大的环境效益，推动区域经济快速、健康与可持续发展。

非并网风电为欠发达地区提供分布式能源，采取风电与电网联合供电的形式。其运行机理是：当风电电流达到电解要求电流时，就采用风电；当风电电流不稳定，发生波动和降低到电解所要求的电流之下时，就由电网来补充供电，做到风电为主、网电为辅。这样，既达到了大量使用风电的目的，又保证了用户总电流的稳定，完全符合供电工艺要求。

在欠发达地区发展非并网风电，可将其作为分布式能源大规模推广。新系统风力机加装全功率逆变器后，可适应我国欠发达地区风力资源、自然环境、社会条件等特点，建设若干价格低廉的小型风电站，为广大农民提供大量廉价的电力。这样就可以省去风电并网的各种成本，风力机结构简化，风能利用区间加大，风能利用效率大幅提高，风电成本大幅下降。

表 8-1　各种发电能源对环境影响的比较

序号	能　源	风能	水能	地热能	生物质能	石油	核能	煤炭
1	土地占用：							
	原始能源	0	5	2	4	3	5	5
	加工运输	0	0	0	3	4	4	4
	发电厂	3	3	3	3	3	4	3
	废物处理	0	0	1	3	1	5	4
2	水质：							
	设备使用	0	0	1	3	3	3	3
	泄漏及事故	0	0	3	0	4	5	1
	现场外影响	0	0	0	1	3	4	4
3	气体排放：							
	二氧化碳	0	0	1	4	4	0	4
	酸性烟气	0	0	1	3	4	0	4
	颗粒金属	0	0	1	3	2	0	4
	放射物	0	0	1	0	1	5	2
	非甲烷烃类	0	0	0	2	4	0	4
4	生物影响	2	5	1	3	2	4	4
5	废物发生	0	0	1	3	2	5	4
	非加权累计	5	13	16	35	40	44	50

备注：对环境影响等级：

0——极小或无影响　　3——中等潜在影响

1——很小潜在影响　　4——较多潜在影响

2——较少潜在影响　　5——很大潜在影响

在欠发达地区发展非并网风电，可以构建具有知识产权的风电研发、设计、制造及相关应用服务的产业体系，并以大风电产业链为突破口，培育以新能源开发、利用为核心的具有竞争力的新兴产业，从而形成绿色能源和制造业新的产业竞争优势。其一是包括风机制造和多元化应用的制造业市场；其二是包括研发、设计、金融（包括现有工具及其衍生物）、物流、人才培育等现代服务业市场。重点围绕建设新型多元化的风电市场，充分发挥市场配置资源的功能，推进风能资源的开发利用以及风电产业的发展。这一功在当代、利在千秋的新型事业，需要国家制定相关的法律、法规和激励、优惠政策，大力扶持。包括：进行体制、机制和技术创新，建立跨区域的风电协调机构；制定科学规划，拓宽融资渠道；提供稳定的激励政策；全面启动风电排污权交易市场；推行绿色电力机制，实行绿色电价；建立科工贸相结合的新产品开发机制，加快国产化进程；建立大风电产业系统的自主创新体系；培育风电专业化的人才队伍和人才交易市场等措施。

在提供就业岗位方面，非并网风电与普通风电产业没有实质性的差别。风电产业能提供大量的就业岗位，美国一项研究表明，生产同样的电力，风电比煤炭发电多创造27%的就业，比天然气联合循环发电多创造66%的就业。美国全球观察研究所的一项报告显示，10亿千瓦时发电量，用煤炭或核燃料只能提供100—116个就业机会，而风电场则可以提供542个工作岗位。目前，中国的生产效率远低于欧美国家，再加上非并网风电链合产业在内的就业，中国风电产业的发展所能带来的潜在就业要明显高于欧美国家。

由于能源结构不合理，能源安全和环境污染形势日益严峻，以煤炭、石油为主的能源结构已进入困境，后备资源不足，难以支撑经济与社会、人与自然的和谐与可持续发展。非并网风电的发展，将大大提高风能资源的利用效率，可以将风电在电网中所占的比重从目前的8%以下提高到风电局域网的100%。将非并网风电直接应用于高耗能等相链合产业，替代大量的化石能源，同时大大减少温室气体排放。例如，1吨铝耗电1.5万度，间接排放12吨二氧化碳和91.5公斤二氧化硫，如将我国30%电解铝产能从“煤电铝”替换为“风电铝”，每年可替代1944万吨标准煤，减排二氧化碳4320万吨、二氧化硫32.94万吨。引入CDM机制，仅减排二氧化碳每年就可获得3.45亿美元。同时，非并网风电可与其他能源进行转化，形成体系，相互补充。

对于海上风电发展，我们承担的“973”项目提出了高效率、高可靠性、低成本新型风力机的方案，以及大规模风电非并网应用的新理念，有望解决上述大规模风电发展的两个瓶颈。

一是创新研发新型风力机——海上型风力机。研发中的新型风力机采用定桨距风轮和弱励磁、高效、低速双凸极直流发电机，通过调控定桨距风轮的转速，使兆瓦级定桨距风力机达到变桨距风力机的效果。新型风力机省去复杂的变桨系统，降低故障率；采用结构简单、重量轻、高可控性的新型电机，且可控制风轮转速；不需要风力机中故障率最高的齿轮箱；效益大幅度提高，在非并网风电系统中风电价格将低于煤电。与国内外常规风力机相比较，成本将下降50%左右，故障概率下降50%—60%。因此，整个新型风力机系统具有高效率、高可靠性、低成本的特征，特别适合于海上大规模风电场。

二是建立100%消耗大规模风电场电力的应用系统。根据风电场规模，可以选择将50万—1000万千瓦的大规模风电场的风电直接应用于一系列能适应风电特性的高耗能产业及其他特殊领域的非并网应用。根据目前研究，非并网系统的高耗能负载可包括：以电解铝为重点的有色冶金工业、盐化工氯碱产业、大规模海水淡化、规模化制氢、风/煤多能源系统、以非金属为原料的精深加工产业链。可以在风能富集地区，建设若干“无碳型”绿色重化工园区，利用风能替代化石能源，实现

"高碳能源向无碳能源"的跨越，也可以利用丰富的海上风能资源，建设一系列利用非并网风电直接进行大规模海水淡化和规模化制氢的产业基地，100%利用海上风电进行大规模海水淡化和制氢，由输电上岸变为输淡水上岸、输气上岸，从而建立起多元化的100%消耗掉风电的非并网应用系统，彻底解决海上大规模风电场电量的应用难题。

能源4.0的能源产业物联网，不仅包括风电，而是为各种新能源构建出智慧能源系统。对我国而言，它不仅为走出一条拥有完全自主知识产权、中国特色的新能源大规模、多元化发展之路奠定了理论基础，也使我国新能源基础理论研究在国际上占一席之地。另一方面，对我国区域经济发展、能源结构战略性调整及产业布局也将产生重大影响，主要表现在以下几个方面：

一是在我国长三角地区，环境和资源瓶颈约束十分突出。在其腹地江苏沿海2.4万平方公里辐射沙洲"投1个三峡的钱，建2—3个三峡规模的风电场"。如开发10%—15%的辐射沙洲风能资源，即可兴建一个相当于年产3500万吨标煤、每年减排1.23亿吨二氧化碳的可持续发展的绿色能源基地，且不产生一个移民，不占用一亩耕地，也没有生态安全问题。

二是在我国东部沿海和西部风能富集区，利用风电建成若干个整合全球资源、高耗能、低成本、具有国际竞争力的绿色重化工园区（如电解铝等有色冶金和氯碱、PVC产业链等），实现"高碳能源向无碳能源"跨越，探索出一条具有中国特色的新型工业化道路。

三是利用环渤海经济圈周边及北部海域丰富的浅海风能资源，建设一系列利用非并网风电直接进行大规模海水淡化的产业基地，直接向京津唐地区供给大量淡水，有利于缓解我国沿海地区人均淡水资源短缺的矛盾。

四是在广大的农村和西北可作为非并网风电大规模推广。新系统风力机加装全功率逆变器后，同样适用于我国广大农村和西北地区风力资源、自然环境、社会条件等特点，建设若干价格低廉的小型风电站，通过分布式并网为广大农民提供大量廉价的电力，也为欠发达地区经济发展找到一条新途径。

五是构建具有自主知识产权的风电研发、设计、制造及相关应用服务的产业体系，并以大风电产业链为突破口，培育以新能源开发、利用为核心的具有国际竞争力的新兴产业，从而形成我国绿色能源和制造业新的产业竞争优势。

然而，能源4.0的战略意义远非如此，对世界上其他国家同样具有重要意义。它有助于石油替代战略的实施，促进高耗能工业布局调整，解决区域性缺水问题，这些不仅可以解决发展中国家发展经济所面临的现实问题，对于发达国家也具有借鉴意义。

能源4.0对美国新能源发展具有重要的战略意义。奥巴马政府就任后，多次提出要大力发展新能源和可再生能源，改变以石油为主的能源现状和增加就业，推动美国经济振兴。从发展大规模非并网风电的角度，推动传统能源结构转化为可再生、绿色清洁能源为主的结构，实现能源及相关能源化工产品的多元化发展，对调整美国传统能源结构、加大投资、增加就业岗位具有重要的决策咨询作用。

因此，在分析美国新能源资源状况的基础上，通过我领衔的中国国家重点基础研究“973”计划风能项目（这是中国“973”计划能源领域第一个风电研究项目），对美国发展新一轮大规模新能源发展提供建设性建议。主要是通过中美两国政府和能源界进行广泛的合作，在美国建设大规模非并网多能源协同供电/煤多能源系统、海水淡化系统、制氯碱等多项新兴能源产业和形成若干个千亿级产业基地，市场前景可达数万亿美元。尤其是对2008年世界金融危机产生后，美国失业率升高，给美国政府造成相当大的压力，如果中美合作建设大规模能源产业物联网，可在美国本土提供近数百万就业岗位，有效缓解就业率升高的压力，并为美国完成10%—20%的非石油耗能路径提供技术和产业支撑。

作为世界上最大的能耗国家，美国近年来的迹象表明，这个严重依赖石油的超级大国，随着风力发电场在纽约、得克萨斯和加利福尼亚等地不断涌现，再次出现了风力发电热。奥巴马于2009年4月22日在艾奥瓦州牛顿市（Newton）纪念地球日时表示，如果充分利用风能，到2030年将满足美国近20%的电力需求，并创造25万个就业岗位。美国风能协会总裁丹尼斯·伯德（Denise Bode）说："这些数字显示，我们现在的全新挑战就是要抓住摆在我们面前的历史性机会，在美国建立一个全新的产业体系，创造就业机会，减少碳排放，加强我们的能源安全。为了实现这一点，国会和政府必须通过一项国家标准可再生能源发电标准和早期强制指标。"

在美国发展大规模非并网风电具有广阔的前景分析。煤是地球上最丰富的燃料来源。据统计，全球煤的储藏量约为9000亿吨，其中美国占27%，所占份额最大。另外，俄罗斯联邦占17%，中国占13%，印度占10%，澳大利亚占9%，南非占5%，乌克兰占4%，哈萨克斯坦占3%，其他占12%。美洲银行认为，以目前的消费速度计算，全球煤炭储藏量至少可使用二百五十年。

因此，美国为了发挥本国煤炭资源优势，减少海外石油供应的束缚，已在积极推行用煤气化技术生产替代燃料的方案，如2005年出台了《能源政策法》，其中包括拨款16亿美元，作为发展煤气化的补助金。据煤气化技术委员会统计，目前全球大约有145套大型煤气化装置，其中18套在美国。

不容回避的问题是，虽然煤气化技术发展至今已十分成熟，但煤化工生产过程中产生的大量二氧化碳如何处置却是一个世界性难题。如欧美等发达国家目前是研究怎样将过量的二氧化碳注入地下进行封存，这无疑会给企业带来巨大的新增成本，而到了“后京都协议书”时期，这还将涉及敏感的政治话题。

同时，除煤储量之外，美国风能资源丰富，在建设现代风电制造业及其高耗能产业链方面具有较强实力，特别适宜与中国“973”计划风能项目相结合。通过发展可再生能源和美国特色的绿色煤化工产业，将传统能源结构转化为可再生、绿色清洁能源为主的结构，实现能源及相关能源化工产品的多元化发展，即“以智慧换资源”的模式。通过新型绿色能源这一金融、商品、生产力、就业和IT革命的最大聚合点，走出一条人类大规模、可持续开发利用绿色能源的道路，抢占世界绿色煤化工的制高点，最终实现以内部需求替代进口，将增长、就业置换到美国社会来，这等于重组了美国就业、增长和经济扩张能力。

通过风电电解水产生的氢与煤化工生产的中间产物相结合，形成风/煤多能源系统。和传统煤基甲醇生产系统相比，采用风电电解水生产氧气和氢气，一方面省略（减小）了空分装置；另一方面氢气用于掺混富碳合成气进行调比，同时根据煤种进行少量的变换过程，大大减少富碳合成气的变换量，进而有效减排二氧化碳。

在相同的甲醇产量下与传统煤基甲醇生产系统相比较，煤耗量减少48.1%，水耗量减少37.8%，二氧化碳排放量减少77.8%。该方法制取甲醇，还可直接与甲醇制低碳烯烃（DMTO）相结合，走通制取乙烯、丙烯和乙二醇的非石油原料路线。煤制甲醇制DMTO非石油原料路线，只要原油价格不低于30美元/桶，就可与同类石油产品竞争，目前中国已有三套180万吨工业化装置。同时，世界第一套非石油“煤制乙二醇”年产1万吨工业化示范项目已顺利通过中国政府验收，年产20万吨“煤制乙二醇”也将于近日正式投产。

如年产1亿吨煤制甲醇，煤耗可降低6520万吨（传统工艺煤耗1.36亿吨），水耗减少3.78亿吨，二氧化碳减排1.69亿吨，需有100 GW的风电场为其配套，每年提供4128亿度风电。如用于制DMTO，每年可生产3300万吨乙烯、丙烯，替代8250万吨石油。美国目前年耗费石油约8亿—9亿吨，根据该方案，在美国形成总量达到年产1亿吨煤制甲醇的若干产业链，则需增加投资4000亿美元，增加就业岗位150万—250万个。仅此一项大规模非并网风电产业化的应用，就可为美国完成10%的非石油耗能路径。因此，中美合作大力发展风/煤多能源系统，推动传统煤化工向绿色煤化工发展，既有利于环境和减排，也有利于经济发展和大幅度增加就业，推动中美新一轮发展实现“同舟共济”和“携手共进”。

非并网风电系统在美国应用的多种方案，均在“973”计划非并网项目中取得理论和实验室的研究突破，希望可以通过中美两国科学家和企业家的合作，建设非并网风电产业化示范性基地（风场），这将为形成风/煤多能源系统、非并网风电海水淡化、非并网风电制氯碱等多项新兴能源产业、若干个千亿级产业基地奠定重要基础。建成后可在全球范围内大面积推广，市场前景可达数万亿美元，并能提供数百万的就业岗位。科学本身是无国界的。中美既是全球化石能源消耗大国，也是世界温室气体排放大国，同时中美也是世界上具有重要地位和负责任的大国，完全可以携起手来，优势互补，为建设人类美好的明天做出更大的贡献。

非洲国家发展大规模风电也具有广阔的前景。随着非洲经济发展速度加快，电力需求日益提高，甚至出现了电力供给不足的严峻形势。稳定电力供应的迫切需求，使非洲重新出现了新能源和可再生能源开发的热潮。随着风能开发利用，特别是风力发电在全球的大力推广，非洲各国政府已经普遍认识到，开发风能资源是满足电力需求和结束电力管制的重要途径之一。非洲拥有良好的风能资源，埃及和摩洛哥等国具备建设大型风电场的条件。从分布来看，非洲北部地区的风能开发潜力优于东部、南部和西部地区。

风能在非洲拥有巨大的潜力，主要分布在非洲北部地中海沿线，以及非洲南部，尤其是南非境内。非洲以其得天独厚的优势，比如长达3万多公里的海岸线，以及广阔无人居住的土地，是世界拥有最佳风能资源的地区之一。目前，非洲风电发展主要依靠国际发展基金支持。非洲大陆在风电设备及技术引进和风能开采方面的制约主要是体现在技术、立法、管理和财政，而源头则是相关教育缺乏和信息闭塞。目前为止，非洲只有摩洛哥和埃及这样的北非国家出于各种商业目的而大规模利用风力来进行发电，南非只有规模较小的风电场。非洲拥有人口约十亿，拥有巨大的劳动力资源，但在相关风电产业领域并没有得到充分利用。不过现在，当各国政府认识到风能的巨大潜力可以有效满足激增的电力需求并且可以结束电力管制时，这些项目开始在撒哈拉南部如雨后春笋般大量涌现。按照目前非洲风电发展规划和速度，在未来的几年内，如果这些风电全部并入电网，巨大电能将对电网产生冲击。

非洲风况资源良好，但经济基础薄弱，不能照搬欧美等各国用大量财政补贴的形式来发展风电。相反要以大规模风电为非洲发展创造财富，比如采用非并网方式来发展大规模超大规模风电。根据目前研究，非并网系统的用户负载可包括：风/煤多能源系统、电解铝工业、规模化制氢、海水淡化、风/煤多能源系统、风沼电一体化等。

风/煤多能源集成系统：风/煤多能源系统是指以风能和煤炭资源为基础的，集成风力发电、非并网风电应用、煤气化、煤液化、化工合成、发电、废弃物处理等单元工艺，形成整体的能源转化技术系统。通过风电电解水产生的氢与煤化工生产的中间产物相结合，形成风/煤多能源系统。

海水淡化产业基地：将非并网风电和海水淡化相结合，采用非并网风电低温多级高效风电海水淡化新方法、新工艺，利用海水源和空气源多级高效热泵，使风电转化为热能的效率提高3—5倍。在此基础上，建设一系列利用非并网风电大规模海水淡化的产业基地，直接向输水沿线地区供给大量淡水，有利于缓解这些地区人均淡水资源短缺的矛盾。

氯碱生产基地及PVC等衍生产业：将非并网风电技术应用于制氯碱及衍生的PVC产业，如聚氯乙烯、聚乙烯，还可将电解过程中产生的烧碱用于化纤、造纸等产业，为其提供大量质优价廉的氯碱化工原料；利用氯气来发展环氧丙烷、环氧氯丙烷类等耗氯的高附加值产品，并逐步发展其下游产品和行业；利用氢气发展燃料电池等产业。在此基础上可以形成非并网风电→烧碱→化纤和造纸等，非并网风电→氯产品→PVC产业链，非并网风电→氢氧电池等系列产业链。

风沼电（水）一体化系统：因沼气最佳发酵温度在38—45℃，在自然条件下不易做到，导致产气率低，沼气利用效率不高。通过风电及热泵的加温和保温（因土壤是一个很好的保温层，加温到额定温度后，保温需要的能量很少），大幅度提高沼气产量，通过风沼电一体化后，可直接为某一区域，如边远村镇等直接供应沼气和电力，如是海岛或有苦咸水资源，则可建设风沼电水一体化装置，较大范围供应稳定的沼气、电力和淡水。

非并网风电在非洲的应用，不仅能够填补非洲国家电网覆盖率的不足，改善电力管制的局面，而且能够形成新的经济增长点，创造巨大的环境效益，推动区域经济快速、健康与可持续发展。

非并网风电可为非洲国家提供新的风能利用方式，比如采取风电与电网联合供电的形式，其运行机理是：当风电电流达到电解要求电流时，就采用风电；当风电电流不稳定，发生波动和降低到电解所要求的电流之下时，就由电网来补充供电，做到风电为主、网电为辅。这样，既达到了大量使用风电的目的，又保证了用户总电流的稳定，完全符合供电工艺要求。

非洲拥有丰富的煤炭资源，主要分布在南非、博茨瓦纳、津巴布韦三国，储量分别为553亿吨、40亿吨和7亿吨。其次分布在莫桑比克、赞比亚、马达加斯加、尼日利亚、民主刚果等国，储量分别为4亿吨、3亿吨、1亿吨、0.9亿吨和0.8亿吨，此外，在阿尔及利亚、摩洛哥、坦桑尼亚、埃及、安哥拉、纳米比亚等国也有少量分布。因此，非洲各国可以通过大力发展风/煤多能源系统制取甲醇，并走通制取乙烯、丙烯和乙二醇的非石油原料路线。通过发展可再生能源和绿色煤化工产业，将传统能源结构转化为可再生、绿色清洁能源为主的结构，实现能源及相关能源化工产品的多元化发展，可以获得新的经济增长点，为非洲经济发展发挥战略导向作用，走出一条符合非洲大规模、超大规模发展风电之路。

风电发展为人类带来了新的机遇和挑战。随着风电的快速发展，推广和应用非并网，对非洲而言将非常重要。一方面可以解决风电“量”的问题；另一方面还可以解决风电的经济性问题，做到“有利可图”。这对于非洲国家尤为重要。

非并网风电系统在非洲应用的多种方案，重要基础理论均在国家“973”计划非并网项目中取得理论和工业化的科学验证，非并网风电的直接应用将大幅降低风电发展的成本，减排温室气体，避免对电网安全威胁，避开大规模风电发展面临的并网问题，也缓解发展中国家面临的资金和技术问题。希望可以通过中国与非洲各国科学家和企业家的合作，建设非并网风电产业化示范性基地（风场），这将为形成风/煤多能源系统、非并网风电海水淡化、非并网风电制氯碱等多项新兴能源产业、若干个千亿级产业基地奠定重要基础。对于化石能源贫乏而风能资源相对丰富的国家和地区，特别是非洲发展中国家来说，非并网风电的应用为大规模风电多元化发展提供一条可供借鉴的新模式，具有很强现实意义。

上述着重以非并网风电为例介绍了能源4.0的战略意义。从非并网理论到能源4.0是一脉相承的完整理论体系，在这个框架下，将对全球重塑经济结构产生重要影响。

全球视野下中国能源4.0战略定位与引领

在2014年APEC会议期间，习近平总书记两次提及“能源革命”，将其与科技革命、产业革命并列为新一轮全球性的“革命”。这也是习总书记在中央财经领导小组第六次会议正式提出能源革命以来，再次重提“能源革命”。

根据几十年的研究与积累，中国经济与社会发展面临的国际、国内环境已与前三十多年改革开放发生了根本性的变化。经济总量位居全世界第二位，但前三十多年改革开放中的人口红利、环境红利和资源红利已基本殆尽，这就要求我国在把握全球经济与社会发展的全局中，找准我们新一轮经济新常态发展的战略定位，并引领经济与社会的发展，顺利实现新常态。

党的十八届三中全会提出“全面深化改革”的总体思路，宣告中国进入全面深化改革的历史新阶段，充分展现出在建设中国特色社会主义和实现中华民族伟大复兴中国梦的征程中党中央推进改革的坚定意志。为此，中央成立了全面深化改革领导小组，习近平总书记任领导小组组长，李克强、刘云山、张高丽任小组副组长，负责改革总体设计、统筹协调、整体推进、督促落实。

历史经验告诉我们，目前中国亟须找到战略突破口，全面推进深化改革，实现“一马当先，万马奔腾”的新局面。为进一步贯彻和执行党的十八届三中全会全面深化改革精神，我通过认真学习党的十八届三中全会精神和习近平总书记的系列讲话，通过社会科学和自然科学相融合进行系统科学理论研究和初评实证分析，对如何选择我国全面深化改革突破口及抓手有了一个比较清晰的认识。结合我20世纪70年代末在农村担任基层干部经历，以及亲身参与对党的十一届三中全会推动全面改革的实践体会，对如何进一步深入贯彻党的十八届三中全会精神，全面推进改革的突破口和抓手有了一个可操作的、中国特色的战略设想。

20世纪70年代末，经历“文革”十年浩劫，中国“国民经济濒临崩溃的边缘”。1978年，党的十一届三中全会在北京隆重召开，做出把党和国家工作中心转移到经济建设上来、实行改革开放的历史性决策。

党的十一届三中全会面对百废待兴的形势，推动我国全面改革的突破口和重要抓手就是两句话、六个字，即“小岗村、大包干”的联产承包责任制，并由此引发了中国经济社会一场历史性的大变革、大跨越。其最具有革命性的意义是，以改革释放生产力，全面推动新中国成立以来农村积累的科学技术成果迅速转化为第一生产力。当时我正在农村，先后为生产队长、大队领导和科研人员，有着亲身经历和深刻体会。当时仅两三年时间全国粮食总产量就超过3亿吨，之后仅用六年时间又再一次攻破粮食4亿吨大关，中国人“吃饭”问题得到根本性解决。同时，农村联产承包责任制的改革成果引发了我国包括城市在内的全面改革。

从新中国成立到改革开放前夕，中国科学技术成果形成了一定的积淀。以农业为例，1978年之前，在“以粮为纲”方针下，广大农村积极开展农业学大寨，大兴水利、大搞农田基本建设、大办农业工业，几乎县县有化肥厂、农机厂、农科所，公社有农机站、种子站、农科站等。农业发展有“农业八字宪法”，良种方面，1977年就有了袁隆平的高产杂交水稻，玉米有掖单2号，小麦有泰山一号、四号和江苏的徐麦、扬麦系列，等等。因此，70年代末80年代初，我国农业发展的科技基础和基本格局已经形成，但是仍然没能解决“吃饭”问题，全社会物资紧缺现象十分突出，几乎什么物资都要票，连买二两肉、一根线、一块肥皂都无票不行，物资极度缺乏。

这些长期形成的科学技术没有形成现实生产力，最主要的问题在于，旧体制束缚了人的积极性和创造性。如农村实行一体化的管理体制，即“政社合一”“一大二公”，社员是出工大呼隆，出勤不出力、出力不出活，导致农业生产力水平处于最低水平。十一届三中全会后，政府通过体制机制改革激发了人的积极性和创造性，使积淀的科学技术以爆发方式释放出巨大能量，为全面改革赢得了时间。我感到十一届三中全会后，中央以实行大包干、农村联产承包责任制为全面改革的突破口和重要抓手，全面解决了960万平方公里土地上近10亿人口的“吃饭与生存”问题，中国人从此“手中有粮，心中不慌”，并推动了我国全面的改革发展。

回顾中国改革开放走过的路程，在一些重大变革的历史节点，总会有惊人的相似。如前所述，在20世纪70年代末，中国经济处于濒临崩溃的边缘，邓小平以无产阶级革命家的宽广眼界观察世界，审时度势分析世界，高屋建瓴地提出以“以经济建设为中心”战略目标，以“小岗村、大包干”作为突破口和重要抓手，积极推进改革和现代化建设的进程，把一个落后的中国推进经济发展的快车道。2013年，中国迎来了党的十八届三中全会。与三十多年前相比，中国现阶段情况更加复杂，国际、国内环境也发生了翻天覆地的变化。因为过去享有的人口红利、资源红利、环境红利等基本消耗殆尽，我国开始面临着“增长的极限”的威胁，只有建立起稳定的生态和经济的条件，才能使经济社会可持续发展。当然，技术进步是必要的，这种技术是指对生态有利的技术，如再循环技术、利用风能等清洁能源，因此需要用更大的努力才能实现深化改革的重大突破，来不得一丝一毫的懈怠。

著名经济学论著《增长的极限》认为，任何一项体制机制或科学技术均具有时代属性，在一个特定时期推动经济与社会快速增长，但在增长极限到来之前必须制定新一轮实现更高形态的体制机制和科学技术的全面创新。我认为，新阶段全面深化改革的突破口和抓手，必然要能够推动科学技术再次实现重大创新和突破，为深化改革赢得宝贵的时间和空间，进而推动经济发展方式转变和产业结构优化升级，提升国民经济整体效益，实现经济、社会、环境可持续发展。

近年来我一直在思索，十一届三中全会是以体制机制改革释放生产力，全面推动新中国成立以来积累的科学技术成果迅速转化为第一生产力；十八届三中全会要推动科学技术成果再次转化为第一生产力，必须依靠高水平的科技创新、集成创新。在20世纪70年代末，因为粮食问题的重要性，解决960万平方公里土地上近10亿人口的“吃饭与生存”问题成了改革开放的突破口和抓手。中国新一轮发展中，能源问题尤为重要。习近平总书记多次提出“能源革命”。因此，深化改革的突破口和抓手就是解决覆盖960万平方公里土地上的“智能电网系统与能源问题”，并以这一系统的整体方案来解决我国的“能源、环境、食品与发展”问题，实现经济社会可持续发展。

据统计，2013年我国发电装机规模跃居世界第一。由于我国电网煤电占80%、煤电装机容量占70%，这样的电网结构决定电网不具备大规模深度调峰的能力，导致电网的利用率只有30%（美国为55%），使得我国火力发电厂利用率和效率严重偏低；同时，我国风能储量全球第二、可利用储量全球第一，丰富的风力资源得不到充分利用，风电场出现大规模的弃风，不得不依靠政府补贴。经过几十年经济社会与科学技术跨学科融合的研究历程，我认为已找到了三中全会全面深化改革的重要突破口和抓手之一，即以中国特色的智能电网系统建设为核心、流域经济为空间布局的整体战略解决方案，其效果预计将可与十一届三中全会“大包干”对推动全面深化改革的效果相媲美，又能体现时代特征。

“能源4.0”是通过物联网和大数据云计算，将非并网多能源与高耗能产业实现智能化深度融合，形成智慧能源。在应用上颠覆传统电网结构，实现用电侧无条件服从供电侧；颠覆传统产业功能，通过科技进步和创新，实现高耗能产业功能升级，达到动态变负荷生产；颠覆传统商业模式，为电网实现“零”成本深度调峰的同时，数十种经济支柱产业达到结构优化、节能减排、绿色发展和效益上升；重塑我国乃至世界经济结构。

综上所述，以我国全球最大规模的高耗能产业的功能升级为契机，构建能源4.0，建立我国能源产业互联网系统，完全可以实现重塑经济结构、实现经济发展新常态。由此可全面实现我国产业结构调整和发展方式的转变，培育和发展一批中国特色的新兴产业，解决传统高耗能产业与新兴产业发展的“皮与毛”的关系，实现全行业经济效益大幅度提升，经济与社会、人与自然的可持续发展。建立我国能源产业物联网体系，将成为贯彻落实党的十八届三中全会、四中全会精神，全面深化改革的重要抓手和突破口。

回顾人类历史，能源革命推动人类社会不断登上新的台阶。概括来说，能源革命就是人类历史上能源开发和利用方式的重大突破。回顾历史，钻木取火是人类在能量转化方面最早的一次技术革命。从利用自然火到利用人工火的转变，导致了以柴薪作为主要能源的时代的到来。这就是人类的第一次能源革命。蒸汽机的发明是人类利用能量的新里程碑。人类从此逐步以机械动力大规模代替人力和畜力，它直接导致了第二次能源革命。在此之后，能源领域的变革虽然没有停止，但是具体内容却没有定论。有人说，自从物理学家发明了可以控制核能释放的装置——反应堆，拉开了以核能为代表的第三次能源革命的序幕。但也有人说，第三次能源革命的标志是太阳能的利用。无论怎么争论，第三次能源革命的特征还是比较清晰的，就是以某一种新能源和可再生能源为标志。随着全球人口的急剧膨胀，人类的能源消费大幅度增长。众所周知，煤炭、石油均为矿物能源，是古生物在地下历经数亿年沉积变迁而形成的，不可再生，其储量极为有限。按现在的能源消耗，世界上的石油、天然气和煤等生物化石能源将在几十年至二百年内逐渐耗尽。另外，大量矿物能源的燃烧，是造成大气污染、“酸雨”和“温室效应”的罪魁祸首。20世纪60年代以来，能源革命的呼声日渐高涨。能源革命的目的，是以新能源（如核能）和可再生能源（包括水电能、生物质能、太阳能、风能、地热能、海洋能和氢能等）逐步代替矿物能源。

核能被誉为“新能源的巨人”，是一种清洁安全的能源。核能分两种：一种是重核（如铀核）裂变能，另一种是轻核（如氘核）聚变能。现行的核电站，采用的是重核裂变的原理；轻核聚变能是一种潜力无穷、洁净高效的能源，将成为未来理想的“长寿”能源。

水电能是大自然馈赠的取之不尽、用之不竭的可再生洁净能源。世界各国都优先开发水电能，作为电能的重要来源。全球水能资源，用功率来表示，大约为38亿—50亿千瓦，若全部用来发电，每年可达33万亿—44万亿千瓦时。目前世界上最大的水电站，是巴西和巴拉圭共同兴建的伊泰普水电站，总发电能力1260万千瓦；已经建成的三峡工程，总发电能力1820万千瓦，将成为未来世界上最大的水电站。

生物质能是太阳能以化学能形式贮存在生物中的一种能量形式。

它直接或间接来源于植物的光合作用，柴薪燃烧便是生物质能利用的一种最普通的形式。除柴薪直接燃烧外，生物质能利用还包括沼气生产、酒精制取、木制石油、生物质能发电等形式。

太阳能是无污染、来源最为丰富、最具使用潜力的能源。据估计，21世纪中叶，仅屋顶太阳能电池就可为全世界提供近25%的电量。

风能被誉为世界上最便宜的能源。风是由太阳热辐射引起的大气流动，从太阳传到地球的能量中，约有2%的能量转变为风能。风能利用的形式包括：风力发电、风帆助航、风车提水、风力致热采暖等，以风力发电为主。

地球内部的放射性元素不断进行着热核反应，具有非常高的温度。地热能便是由这种“大地热流”所产生的能量。地热能主要包括两种：地下蒸汽或地热水产生的热能和地下干热岩体的热能。地热能的利用主要有两种：地热发电和地热水的直接利用。

海洋约占地球表面的71%，汇集了97%的水量，蕴藏着丰富的能源，全世界海洋能的理论可再生量超过760亿千瓦。海洋能主要包括潮汐能、波浪能、海水温差能、洋流能和盐度差能等。

氢能大量蕴藏于海洋之中，若将海洋中的氢提炼出来，其产生的能量约是地球上矿物燃料能的9000倍。氢能具有燃烧热值高、清洁无污染、储量丰富和适用范围广等优点，是21世纪最有前途的能源之一。

我认为，新能源和可再生能源无疑是未来的主导能源，但是其发展模式绝对不是像第一次和第二次能源革命那样，以某种能源为主体。我认为未来的趋势必然是多能源协同的发展模式。所以，比争议中的第三次能源革命更有意义的是，通过多能源协同形成新模式，即第四次能源革命，我们称之为“能源4.0”，其核心就是能源产业物联网。以

“能源产业物联网”为核心的“能源4.0”，以物联网为能源、产业之间的纽带和平台，通过物联网技术将多能源与高耗能产业相连接；颠覆传统电网结构，从发电侧无条件服务用电侧，变为用电侧服从发电侧；实现高耗能产业功能延伸，实现个性化地根据电网需求动态变负荷生产；实现电网利用率最大化；实现火电厂全天候满负荷高效发电；风光电全部高效并入电网或直接接入高耗能产业；实现我国煤电、电解铝、氯碱、制氢（新能源汽车、船舶）、海水淡化、清洁煤化工、单细胞食用蛋白等生产成本大幅度下降。这是一个系统工程，经济效益、社会效益、生态效益影响巨大。如在我国北方每天大规模生产海水淡化水2000万—4000万吨，吨水成本2.5—3.5元，能够解决我国北方水源问题；煤化工清洁生产，节省煤45%—50%，节水38%，更重要的是实现了温室气体的零排放。这些都是事关国家发展的重大战略需求。

以上方案通过流域经济的空间战略布局，既可实现我国经济发展方式的转变，又可调整产业结构，全面、准确贯彻落实了党的十八大和十八届三中全会精神，推动我国全面深化改革，为实现中华民族伟大复兴的“中国梦”做出贡献。

作为科研工作者，有责任为解决国家重大战略需求，为实现中华民族伟大复兴的中国梦做出贡献，对能源产业物联网建设的体制保障和政策建议如下：

一是建议由中央牵头，科技部、国家发改委、中科院、中国工程院、国家电网、中铝集团、氯碱协会、中国国际经济交流中心、中国宏观经济学会、中国脱盐协会、中国能源学会、中国可再生能源协会等单位的专家组成专家组，全面、细致审查上述战略的语言、文字和PPT汇报，在此基础上，我们项目组接受专家组的翔实咨询。因这一成果是从基础理论研究转化为应用型技术体系，也是应对国家重大战略需求的系统性战略工程，如前所述，与常规技术不一样，差距很大，不仅不是一个系统，实施路径也完全不同，所以我们需要的是向领导、专家们当面汇报。

二是因我们项目组长期进行发展战略规划的研究和制定，所以感到决策咨询报告应有相应实施路径的建议配合，因此希望在充分认证基础上，如专家组基本达成共识，建议将中国特色能源产业物联网体系建设，纳入国家战略规划和国民经济发展计划，组织相关部门制定相关政策，成立相关组织领导机构，推进该体系的实施。

——将基于能源产业物联网体系的高耗能产业功能转变工程（以下简称“能源产业物联网体系”）建设上升为国家战略，建议由中央牵头，在国务院内设立跨部门的能源产业物联网工程建设协调领导小组，领导小组下设办公室。

——强化组织实施，由国家发改委结合“十三五”规划编制工作，牵头编制建设我国能源产业物联网体系以实现调结构、转方式、惠民生、促发展的系列规划，确定战略定位、发展目标和空间布局，有序推进重点基础项目建设和现代产业体系建设，形成全国一盘棋的协调发展体制机制。

——实施支持能源产业物联网体系工程建设的各项政策。建议中央财政设立能源产业物联网体系建设专项资金，成立股份制的能源产业物联网银行、产业投资基金等融资平台。重点扶持基础设施、重点产业和重大项目建设。

——充分发挥市场在配置资源中的决定性作用，出台政策积极引导中央和省属企业及大型民企参与投资。从若干重点领域和关键环节率先实现示范突破，充分释放市场潜力、内生动力、创新活力和改革红利。

——由国家专利局牵头专家组织和我院国家博士后科研工作站、长期承担我院进行基础理论转化为技术的相关新能源科技合作公司，将现有能源产业物联网技术申请专利（知识产权）和软件著作权，实现全面、系统、有效的国际化知识产权保护。

——组建能源产业物联网开发集团公司，由中央和各相关部委及重点省份国资委，组建股份制的开发集团公司。在国务院能源产业物联网工程建设协调领导小组的领导下，在经国务院批准的总体规划指导下，参与开发建设，并通过市场化积极探索建设成为一个其规模和影响均超过阿里巴巴的上市公司有效路径和实施方案。

——建设能源产业物联网体系，是我国几十年来真正实现产业结构调整和转变经济发展方式的梦想，我们项目组和一批我院培养的优秀自然科学、社会科学博士后，可承担技术及技术实施方案的制定和相关咨询工作，确保技术专利、软件著作权保护工作到位，确保技术实施的准确性、可靠性、整体性和可持续性。

对于能源产业物联网的发展，必须要依托企业的参与和支持，尤其是大型企业。大型企业占有大量经济资源，对产业发展具有引领作用。我们不妨看看全世界大企业对产业发展新趋势的引领和带动。目前，全球有69家千亿美元市值以上的公司，主要分布在美、欧、中三大经济体。其中美国占据33家，欧洲占据21家，而中国有9家。美国千亿美元级市值企业中，诞生于19世纪的有14家，如宝洁、强生、可口可乐、百事可乐、通用电气、埃克森美孚等，可以看出那时是工业化和消费迸发的黄金时代。另一市值千亿美元级高潮发生在20世纪70年代，英特尔、微软、苹果、甲骨文、思科、高通、谷歌等IT巨头纷纷崛起，这些公司带领了人类社会由工业时代向信息时代迈进。除了制造业和IT产业之外，以美国银行、富国银行、摩根大通、花旗银行、伯克希尔·哈撒韦等千亿美元市值巨擘为代表的美国金融业，同为世界翘楚，美国资本市场推动美国顺利完成工业化浪潮。在欧洲的千亿美元市值企业中，先进制造业如汽车、机械、生物医药制造等占据较大比例，例如德国大众、戴姆勒、西门子、法国赛诺菲集团、瑞士诺华、英国葛兰素史克等。欧洲作为第一次工业革命的发源地，其先进制造业一直引领全球制造业风潮，是真正强大的“高价值制造”级别的世界工厂。中国千亿美元级市值企业只有9家，就算扩大到千亿人民币级别，在中国A股市场上大约也只有23家大公司，而且大多数是在政府垄断行业，如金融、石油、电力、汽车等行业，国有四大银行总市值约3.9万亿人民币。而在互联网行业，中国互联网产业目前有三大巨头，百度（830亿美元）、阿里巴巴（2400亿美元）、腾讯（1500亿美元），这些都是千亿级的。

中国企业需要千亿级公司去引领，去推动新兴产业的发展。联想、海尔、华为都感受到阵阵寒意，“中国制造”优势即将挥霍殆尽，人口福利终将消失，外部世界级公司已经摩拳擦掌，咄咄逼人，它们已经开始全面进攻中国的大市场了。因此，我们需要思考的是，在这个飞速发展的移动互联网时代，哪些行业公司将会是推动中国发展的下一波弄潮儿？即中国未来的千亿级公司和行业会在哪里？

对于企业发展而言，三年决定企业的生死，五年是基础，八年是规模，十年是小有成就，二十年才能够长成参天大树。中国有一批企业已经成功跨越从1亿到10亿、10亿到100亿的台阶，目前正从100亿向1000亿突破。在过去的二十多年时间里，中国企业的成长大致可以分为四类：中国第一轮经商的浪潮发生在改革开放的初期，大多数人还对商人瞧不起，胆子大的人主动下海，他们大多数做物资流通领域，从南方做到北方，即商贸；80年代中期，国家实施“双轨制”价格改革，兴起了第二轮经商的浪潮，他们利用价格差来寻找市场机会，专业叫法是“寻租”；第三次浪潮是1992年真正意义的公司诞生，“有限责任公司暂行条例”和“股份公司暂行条例”颁布，大批早期互联网创业者也是从这时兴起；第四次浪潮是20世纪末，大批的海归归国创业，网络经济兴起推动各行各业的发展。现在中国很多企业尤其是民营企业充其量不过二十年左右的历史，绝大部分只有不到十年的时间。从目前来看，中国冲击“千亿级”的力量还远远不够，因为企业的发展同样绕不过事物成长的周期规律。在未来，中国的千亿级企业还是会大量存在的。

雷军曾说:“只要站在风口，猪也能飞起来。”可见，寻找中国未来的千亿级公司和行业，关键在于找对风口。有人说，未来基于传统行业和互联网结合的领域，金融、医疗、健康等行业的垂直细分领域，海外市场服务公司，移动互联网行业，O2O电商+零售，硬件+软件+互联网等都可能成为下一个千亿级的行业。

第一，云计算与大数据产业。中国的云服务一般分为两个市场，一个是个人消费市场，一个是企业消费市场。在个人消费市场，有腾讯、百度、阿里、奇虎等，在企业消费市场，有金蝶、用友、SAP、甲骨文等。从国内和国际趋势来看，包括公有云、私有云、混合云在内的云计算正在逐步扩大整个IT产业份额，正在成为共识。传统产业正在逐步与云计算结合，例如制造领域的云制造，教育领域的在线教育等。可以预见，未来传统行业与云计算的结合会越来越紧密，发展也会越来越快。

第二，移动电商与O2O。中国互联网从PC端渐渐转入移动端，随着人们对移动数据业务的需求增加和移动智能设备的普及，移动端的互联网网民会继续保持较快增长。2014年，中国互联网用户规模达7.76亿，其中移动互联网已超过PC端用户数，在未来，基于移动电子商务与O2O结合的商业模式会持久发力，有望成为新的经济引爆点。万达联合百度、腾讯整合线上线下资源，打造O2O平台，三方在账号、会员体系、打造支付与互联网金融产品、建立通用积分联盟、大数据融合、WiFi共享、产品整合、流量引入等方面进行深度合作。同时，万达、百度、腾讯三方还将建立大数据联盟，实现优势资源大数据融合，共同打造线上线下一体化的用户体验。在移动电商方面，我国移动电子商务用户规模达到3.5亿，庞大的移动用户和移动互联网的快速发展，为移动电子商务的发展提供了强大的动力。随着移动电子商务的服务领域越来越广泛，衍生出移动视频、游戏、阅读、位置服务等各种虚拟产品和服务，拥有了一定规模的消费群体，成为吸引网上用户盈利新模式。并且，移动电子商务在公共交通、公共事业缴费、消费购物、一卡通、电子票务、旅游、金融、医疗、教育等领域开展的多项试点应用，为我们的日常生活带来了诸多便利。移动电商在不久的未来，一定会引爆传统行业，激发未来产业的发展。

第三，互联网金融。互联网金融指依托于支付、云计算、社交网络以及搜索引擎等互联网工具，实现资金融通、支付和信息中介等业务的一种新兴金融。互联网金融不是互联网和金融业的简单结合，而是在实现安全、移动等网络技术水平上，被用户熟悉接受后（尤其是对电子商务的接受），自然而然为适应新的需求而产生的新模式与新业务。互联网金融包括第三方支付、P2P小额信贷、众筹融资、新型电子货币以及其他网络金融服务平台。互联网金融已经出现了三个重要的发展趋势：移动支付替代传统支付业务；P2P小额信贷替代传统存贷款业务；

众筹融资替代传统证券业务。

第四，大健康与环保。大健康产业是具有巨大市场潜力的新兴产业，包括医疗产品、保健用品、营养食品、医疗器械、保健器具、休闲健身、健康管理、健康咨询等多个与人类健康紧密相关的生产和服务领域。大健康产业不同于传统医疗产业发展模式，是一种从单一救治模式转向“防—治—养”一体化防治模式。除了应继续发展以医疗器械为主、以药品为主的医疗医药产业，还应加快发展以保健食品、药妆、功能性日用品等为主的保健品产业，以及以个性化健康检测评估、咨询服务、疾病康复等为主的健康管理服务产业。中国科学技术战略研究院研究预测，至2020年，我国生物医药产业将形成约8万亿元的支柱产业。按此估计，2020年整个大健康产业市场将突破10万亿元。公开资料显示，医药卫生费用占GDP比重的世界平均水平为6.4%，美国在2012年已高达18%，实现全民医保的英国是12%。在医疗支出方面，我国医疗人均支出为139美元，日本是中国的22倍，英国是中国的30倍。中国大健康拥有巨大的市场。与健康相关的另一产业则是环保产业，经过三十多年的发展，我国的环保产业已粗具规模。工业化与城市化率的快速发展，同时也促进了我国居民环保意识的增强以及环保产业的发展。特别是“十五”以来，国家加大了对电力、水泥、钢铁、化工、轻工等重污染行业的治理力度，加强了对城镇污水、垃圾和危险废物集中处置等环境保护基础设施的建设投资，有力地拉动了环保产业的市场需求，产业总体规模迅速扩大，领域不断拓展，结构逐步调整，整体水平有较大提升，运行质量和效益进一步提高。数据显示，我国城市环保产业以资源综合利用、洁净产品为主，这两类子行业的产值在中国城市环保产业产值中所占比重超过四分之三。随着国家对环境保护的标准日渐提高，环保执法日趋严格，催生环保相关行业迅速增长。我国环保产业投资未来五到十年将每年增长10%以上，在环保产业整体快速增长的同时，环保服务和环保产品在工业领域用于前端治理的发展空间会最为广阔，我国环保工程服务市场也面临较好的发展机遇。

第五，生态农业。生态农业是按照生态学原理和经济学原理，运用现代科学技术成果和现代管理手段，以及传统农业的有效经验建立起来的，能获得较高的经济效益、生态效益和社会效益的现代化高效农业。它要求把发展粮食与多种经济作物生产，发展大田种植与林、牧、副、渔业，发展大农业与第二、第三产业结合起来，利用传统农业精华和现代科技成果，通过人工设计生态工程，协调发展与环境之间、资源利用与保护之间的矛盾，形成生态上与经济上两个良性循环，经济、生态、社会三大效益的统一。在未来，随着人们生活水平的提高，越来越高的生活理念和生活追求将催生生态农业的市场。我们可以想象，未来的生活是一个追求自然、追求健康、追求美好的状态，任何人都愿意为健康的生活理念付出相应的成本。柳传志布局现代农业，推出佳沃农业和柳桃；丁磊着眼养猪行业，推出健康猪肉，连年事已高的褚时健也马不停蹄，推出自己在云南天然种植的褚橙。在未来，生态农业会越来越受到重视。

以上这些，与其说是一些产业，不如说是一个趋势，他们描述的是未来千亿级企业的一些显著特征，最主要的就是两点，一是与互联网紧密结合，二是具有生态性。未来能够高速发展成为千亿级企业的一定是充分利用互联网技术，生态效益好的企业。至于说是否一定是上面列出来的五个方面，这倒未必，也许有更多更好的领域会发展起来，我们不得而知。就像三十多年前我们无法预测今天的产业发展一样，我们依然无法准确预测未来的产业，因为科技发展日新月异，超乎我们的想象。但是，我们对于未来也不是毫无把握，对于发展趋势和总体方向，我们还是能够发现端倪。

对于未来千亿级的企业和产业，根据我的研究和观察，我觉得在能源产业物联网体系中，将孕育出一批千亿元级企业。能源产业物联网体系是互联网技术与新型智能电网系统以及高耗能产业的耦合系统，它不仅涵盖了最前沿的互联网技术，也实现了高耗能产业功能转变的生态效益，符合未来趋势。在这个体系中，海水淡化、电解铝、氯碱工业、海水淡化、制氢、煤化工、冶金、新能源汽车等，任何一个领域都能培育出千亿元级企业，整个产业的规模突破万亿元级也指日可待。因为它们有世界领先的技术，有巨大的市场需求，这些产业发展的动力要素完备。例如，我国占全球48.5%的电解铝产业在能源产业物联网体系中会彻底实现功能转变，形成全球化的万亿元新型铝电解槽的市场，占领新型电解铝高端装备制造业高地；氯碱工业形成完整自主知识产权的万亿元市场的新型氯碱电解槽高端装备制造业高地；新能源海水淡化形成完整自主知识产权，面向全球形成万亿元市场的新能源海水淡化的高端装备制造业高地；大规模新能源直接制氢（氧）产业，为我国新型氢内燃机汽车、氢燃料电池（技术储备）汽车及船舶提供强大的绿色动力，带动一个万亿元级氢能运输产业体系；通过非并网多能源协同供电，形成万亿元级煤炭多能源系统。同时，全力打造国家级新能源关键技术研发和装备制造基地，为我国的新能源技术创新与产业化助推高耗能产业转型升级做出更大贡献。尤其是实现大规模新能源煤基动物蛋白生产，让“动物走下餐桌”，走出一条彻底转变我国食品结构与安全的特色之路，实现大规模退耕还林、退耕还草、退耕还牧和还我碧水、蓝天、白云奠定基础。

在未来，引领新技术、新理念、新生活的公司将催生出一大批千亿级的公司，也因此会催生出一大批万亿元级产业。但发展最快的企业也一定是那些以最快速度成长的企业。高速成长之后，无论是资金链条、管理链条，还是市场链条，基础可能还没有打牢，一旦遭遇经济退潮，先被打垮的一定是这些企业。中国本土市场的容量，是足够造就一百家世界五百强的，但除了自身成长，还有资本运作，通过并购支持进行“优胜劣汰”的整合。企业兼并、并购，一定是动态、自由化的，这其实是市场竞争的法则。企业要想做大，资本并购是必要的手段，国外很多公司的不断做大，大多数都是通过并购完成的。中国下一波千亿级产业将随着市场、资金、人们的衣食住行新生活理念而诞生。

第三部分

我们将进入一个后碳时代

第九章
新能源利用百分百：梦想照进现实

新能源是“长不大的孩子”吗？

风能是典型的可再生能源，无污染，能量高，发展前景广阔。欧美在现代风电发展领域起步较早，引领着现代风电产业的发展方向，风电并网是其大规模风电场的唯一应用模式。我国风电产业起步虽晚，但在政策扶持下，发展速度惊人。2005年我国出台《可再生能源法》，以法律形式要求电网公司无条件全额收购风电，使得我国风电产业出现井喷式发展；但风电产业高速发展的背后却存在着两大隐患。首先，由于我国风电发展方式照搬欧美模式，风电并网也是我国大规模风电场的唯一应用模式。由于风的高度不稳定性，导致风电大幅度波动，在没有燃气发电、水电等为其调峰情况下，风电对电网贡献率难以超过8%—10%，也就是风电产能出现了大规模过剩，这是一个世界性难题。风电发展大国如美国，已经开始意识到这个问题，正在减慢风电发展的速度，2008年风电装机总量比上年大幅增长50.5%，而2009年仅比上年增长39.1%；德国也开始注意到大规模风电并网应用模式带来的风电过剩问题，近期邀请了世界风能学会主席普雷本·麦加德（Preben Maegaard）先生赴德指导研究过剩风电利用问题。

我国面临着同样的产能过剩问题，而且情况更严重。因电网调峰限制，2008年，有327万千瓦的风机不能并网发电，占装机总量的26.8%（超过四分之一）；2009年，有988万千瓦的风机不能并网发电，占装机总量的38.0%（超过三分之一），风电发电量仅占电网总电量的0.75%左右；2011年居然有1700万千瓦没有联上电网，30%弃风（实际的数据远远大于这个）。风电并网容量远低于装机量，造成极大的资源浪费，并且随着风电装机数量的快速扩张，难以并网的风电还将逐年增长。

五年前我讲风电上不了网，大家不认同，以为风电上网天经地义，结果五年后的今天，全国人民都知道风电多了上不了网。现在有人又认为电网智能化了，风电就能全部上网。所谓智能电网，我认为从电网出现就是智能化的，而且人们不断用当时最先进的技术武装它，提高它的智能化程度。智能发电在中国难以规模化，我们没有那么多燃气，像美国27%以上靠燃气发电，可以调峰，而我们国家85%靠煤炭，我们的电网结构决定了我们按照常规发展难以过多地使用可再生能源，尤其是风电。如火车，客车要快，货车要重，随着客运和货运的发展，客货分离到网络分离是必然趋势，科技进步要效率优先，效率优先就必须要专业化。

为扶持风电产业发展，现在的风电上网电价每千瓦时0.61元，煤电上网价格是0.43元，国家要补贴风电0.17元，现在1千瓦时煤电的利润是0.05元，相当于三点几千瓦时的煤电利润才能补助1千瓦时风电的发展。而看太阳能，现在江苏的光伏是每千瓦时1—1.3元，要11—17千瓦时煤电的利润才能保障这1千瓦时光伏。也就是说，为了减排0.96公斤的二氧化碳，要排放十几公斤的二氧化碳才能保障。这必将造成更多传统能源消耗和温室气体的排放。同时，由于我国风电发展方式照搬欧美模式，核心技术在别人手中，限于知识产权保护，国内风电产业的大量利润（包括政府财政补贴）以“技术专利生产许可”方式源源不断地流入外国公司。由于上述成本的叠加，规模效应并未在国内风电产业高速扩张中呈现。与此同时，通过生产许可方式带走大量利润的外国公司，将这些得自中国的资金用于研发和设计，然后将这些技术再次转让和销售到中国，使我们始终处于产业价值链末端，风电产业发展陷入恶性循环。

可以看到，上述两大隐患的存在，将影响到我国风电产业的可持续发展，我国风电发展仍然没有彻底摆脱单纯依靠数量增长的模式，长此以往，难以为继。按照科学发展观的要求，发展风电，就是要和我国具体国情相结合，依靠科技创新，改变“重量轻质”的发展方式，走出一条具有中国特色的既能增加能源供给又能实现可持续发展的风电多元化发展之路。

我国发展风电等新能源与欧美发达国家发展新能源的背景有很大差异，只有了解国情，才能真正科学合理地制定我国的新能源（甚至是常规能源）规划。发展背景差异主要有三点：一是欧美等发达国家已经完成工业化进程，对能源需求量基本稳定；而我国正处于工业化中期，在较长一段时间内，对传统能源总量需求仍将继续快速增长，短期内还存在能源供不应求、缺口较大的难题。二是欧美等发达国家对新能源大规模的开发利用是为了替代传统化石能源，减少温室气体排放，保护环境；而我国发展新能源，一方面是为了保护环境，目前更重要的是对能源总量起到重要的补充，并对能源结构调整起到重要的战略导向作用。三是欧美等发达国家经过几百年的发展，已经完成了资本原始积累，可以拿出大量资金来补贴新能源，换言之就是可以“花钱买环境”；而我国虽然近几年财政收入有了大幅增长，但是城市低保、医保等劳动保障体系，以及广大农民的社保、医保等基本社会保障体系尚在建设中，需要大量、长期的公共财政配套投入，因此我国不可能像欧美发达国家那样拿出大量财政资金补贴新能源。

由于发展背景不一样，欧美国家只需做到社会效益和环境效益“两个统一”；而我国发展风电则必须把经济效益放在重要位置，做到社会效益、环境效益和经济效益“三个统一”。

反观2005年出台的《可再生能源法》，其中一些条款与现实国情脱节，对社会化发展风电（风机生产和风电场建设）产生了严重误导。法规第十四条、第二十九条规定，风力发电所有电能须由电网企业全额收购，如不收购将处以经济损失额一倍以下的罚款。可现实情况是，电网根本无法吸收接纳这么多的风电，导致电网公司既不可能全部收购风电，也没有被处以罚款。否则就赔偿一项，直接经济损失将达1000亿元；在风机产能方面，仅2009年我国风机产能超过4000万千瓦，而同年全世界新增风电装机容量仅为3800万千瓦，造成市场严重扭曲、产业失衡。虽然《可再生能源法》2010年已做了重要修正，但这样的教训对全国的产业发展规划制定具有重要的借鉴意义：一要尊重科学发展规律；二要紧密结合我国国情，广泛听取专家建议，做到科学决策、民主决策，将科学发展观落到实处。

由于我国风电发展方式照搬欧美模式，可以说，我国近五年来发展风电的战略思路基本被欧美国家所主导。它们借助技术先发优势，在风电等新能源领域、环保领域经常向我国及发展中国家兜售“新技术概念”，如二氧化碳捕捉封存技术、超导电网、超导风机和智能电网等，表面看是在帮助发展中国家，实质是意图主导这些国家相关产业的发展思路，达到控制占有市场获取高额利润的目的。针对这些“新技术概念”，应从我国国情出发，科学认识，不盲目照搬，掌握发展的主导权。如应用二氧化碳捕捉封存技术后，超超临界燃煤发电机组效率将从43%下降到33%，导致更多燃煤消耗；超导电网将大幅增加电缆成本，而不是像欧美国家所宣传的降低十多倍用材；所谓智能电网，就是不断地用现代的电力电子技术来提高电网的管理水平。事实上，中国的电网比美国电网更坚强，因为中美电网的电力结构不同，美国天然气发电对电网贡献率达26%以上，当电网负荷出现大幅波动时，天然气发电可以很简便地迅速调峰，电网的可控性很强，而我国是以煤电为主，天然气发电不足2%，电网调峰的难度远大于美国，所以我国必须长期投入大量人力、物力，不断地采用和研发最先进的科学技术，因而电网的调峰能力大为增强，连美国专家考察我国电网控制系统后都不得不承认这一点。又如美国智能电网计划中刚提出的分时计价智能电表，其实我国早在七八年前已广泛应用。而这些所谓的“新技术概念”之所以在我国有市场，与国内一些媒体和专家的跟风热炒有很大关系，直接导致我国相关决策层信息严重不对称，阻碍了相关产业的健康发展。

因此，我国发展风电产业，在引进消化吸收国外先进技术的同时，必须坚持研发先行，掌握风电产业发展的主导权，实现风电产业由数量扩张向内涵发展的转变，走出恶性循环，推动风电产业的可持续发展。

但现实情况是，我们用在风电产业价值链末端上的“冤枉钱”实在太多，而研发的投入远远不足。2009年风电发电量占我国电网总电量的0.75%左右，财政补贴数目惊人。不合理的财政补贴政策不光造成产能的浪费，还引发了国际贸易冲突。与之对照，2010年我国科技部用于开展科技研发项目的预算总支出仅为211.33亿元（参见科技部网站），而美国仅辉瑞制药公司一个企业，2006年用于研发的投入就已达到83.4亿美元（按2006年汇率，约合人民币650.52亿元）。可以说，政府扶持方式的转变关系着风电产业发展方式的转变。

我认为，我们国家下一轮经济发展应该解决新能源的高效低成本规模化使用、资源的规模化低成本优化配置和人口素质的数量化提升等问题，目前在这三个方面我们做的还比较欠缺。而我们通过“973”项目研究取得的一系列成果，正是针对这些问题开展的。一是关于新能源的高效低成本规模化应用问题。我们国家有世界上储量最大的可利用风能资源，我们也仅用了短短十年时间发展了6200万千瓦装机，还拥有世界上最大的风机制造产业，世界上最庞大的运行风电场。但是，这些并没有给我们带来财富。在欧美国家的推动下，中国风电成为世界第一，但是并网的比例却是全世界最低的。为什么？说到底是因为我们发展新能源方面总是被欧美牵着鼻子走，而我们应该走一条具有中国特色的新能源发展之路。到现在，我提出非并网风电理论已经三十二年，也已经被国外称为越来越重要的世界级领域的先驱，全世界都在开始研究了。我们是原创国，但是我们的理论成果到现在还没有走出厂门，还停留在示范项目上面。

二是关于淡水资源的可持续利用问题。我国人均水资源不足2400立方米，仅为世界平均水平的四分之一。由于人口稠密，沿海地区大部分城市人均水资源量低于500立方米。我国40%的人口在沿海，70%的

GDP在沿海，70%的出口产品在沿海，但除江苏以外的省市基本都缺水。沿海有取之不尽的海水和用之不竭的风电，而沿海地区也已经全部布置了风电场，说明我们国家已经可以利用科技进步解决结构性缺水问题。通过我们“973”项目的研究，已经成功实现非并网风电海水淡化的验证试验，并通过了几个部门的认证。但由于体制机制障碍，从2011年开始，我们研发出来一台风机，日产量为万吨淡水，这样一个具有重大国家战略前景的项目，我呼吁了两年多，至今没有得到落实。

三是关于高耗能产业低碳化问题。我们国家的钢铁、冶金产业，耗用了我们国家大量能源，比如电解铝产业，1吨铝综合耗电1.45万千瓦时，我们国家年产1000多万吨，耗电量占全国总用电量的5%—7%。通过我们的长期研究，取得了一系列成果，并研制了世界上第一个可利用波动风进行电解铝持续生产的2000安培的实验槽，各方面都通过技术认证。但是到目前为止，这项可大规模节约能源的技术，也因为经费问题一直没有落实下来。

四是关于煤炭的清洁化利用问题。我们国家传统能源的优势就是煤炭，而且根据我国的能源资源特点，煤炭仍将是我国未来几十年的主要能源。但我们的这一优势却在国际上变成了毁灭地球的罪魁祸首，人人喊打，动辄就用二氧化碳排放、二氧化硫排放等问题压制我们。为此，我们提出发展“非并网风/煤多能源系统”的新思路，通过新能源与传统能源的“嫁接”来提高传统能源的综合利用效率，实现煤炭的清洁高效利用。通过“973”项目研究我们取得了重大突破，其中的关键技术还成为2012年3月1日国家公布的国家标准的重要内容，填补了世界空白。但现在我们同样得不到产业化示范。

五是关于氢能生产应用商业化问题。氢能是未来重要的能源形式，这是《第三次工业革命》一书作者的重要观点。的确，氢能成为未来重要的能源形式有其必然性。我们“973”项目也开展了非并网风电制氢的专项研究，而且根据我们的研究成果和设计的技术路径，提出构建中国沿海氢能高速公路的构想和具体实施方案。我们专门召开了项目评审会，我们的方案得到了与会专家的高度评价。然而，由于我们没有得到足够的支持，仍然得不到产业化示范。

新能源的规模化应用、淡水的可持续化利用、高耗能产业的低碳化、煤炭的清洁化利用、氢能生产应用商业化，我认为，把这些制约我们国家经济发展的瓶颈解决了，我们国家经济至少还能高速发展二三十年。

表9-1　风/煤制天然气系统与传统工艺的比较

煤炭处理量(吨)	方　案	SNG产量(Nm^3)	CO_2排放(Nm^3)	备　注
1	传统煤制天然气	400	680	
1	风/煤制天然气	1000	近于零	每立方SNG耗水量减少38%

因此，我国发展风电产业，在引进消化吸收国外先进技术的同时，必须坚持研发先行，掌握风电产业发展的主导权，实现风电产业由数量扩张向内涵发展的转变，走出恶性循环，推动风电产业的可持续发展。可以说，政府扶持方式的转变关系着风电产业发展方式的转变。

新理念+新路径：消除新能源“成长的烦恼”

以风电为代表的中国新能源发展面临并网难的制约因素。新疆、内蒙古地区风力资源十分丰富，但这些地方经济相对不发达，用电负荷不紧张，其他化石能源价格低，供应充足，地区电网规模小，电价比较低。因而，这些地区的电网没有发展风电的驱动力，风电多了不仅对电网的稳定性产生负面影响，且由于当地电价低，电网对每千瓦时风电要补贴更多，会降低地区电网的效益。在这种情况下，中国风电应如何发展？中国的电力负荷中心在东部沿海，是否应重点发展东部沿海和近海的风电？此外，大型风力发电装置并网是不是唯一的出路？中国有大量的耗能工业，如氯碱（每吨耗电3000千瓦时）、电解铝（每吨耗电1.5万—1.8万千瓦时），这些工业都由电网供电，且要从高压交流通过降压、整流转换成低压、大电流的直流电。

是否可以设想由风电"直供"这些耗能企业，而不通过并网？这样就可以免除并网所带来的消极后果和风电上网所需的复杂设备。例如，可以免除齿轮箱，不需要转速调节和昂贵的发电机控制，使风电设备造价大幅度降低。风电发出的低频、频率变化不定的交流电经整流后直接供给用户。这种非并网风电和目前世界上正在迅速发展的分布式热、电、冷联供在思路上有相通之处，即能源的利用和转换尽量贴近用户的需求（从地域和用能形式）。这是一个十分值得探讨的问题，总之要结合我们具体情况，走出我国自己风电发展的路子。

改革开放三十年来，党中央一系列关于我国经济与社会发展的重大规划、目标均是十分正确、科学的，完全符合我国实际。同时，我国广大科技工作者在科技部及各级政府的领导下，面向国家经济与社会发展重大战略需求，也取得了一系列辉煌成就，关键技术比比皆是，完全可以满足国民经济发展需求，但奇怪的是，我国从东到西、从南到北，真正能够成为支撑国民经济重大支柱产业的核心技术却凤毛麟角。所以，下有核心技术、上有重大需求，问题就出在我们的"实施路径"出现了重大偏差。

以新能源发展战略为例，“实施路径”严重脱离国情。衡量科学技术是第一生产力的重要标志，就是看其是否能创造社会（经济）财富，连美国斯坦福大学一位管理科学与工程系教授也认为：“创新战略在于创造新价值，因为没有价值的新科技或新产品不能带来利润，只是浪费资源。”而有些同志则不是，只要标上“科学”二字，不管成熟与否，不管是否符合国情，捡到篮子里就是菜。

如我国有全球最大的可开发利用风能资源，同时能源又十分短缺，引进国外先进的风能技术大规模开发利用风能是完全正确的选择，但问题出在我们不顾中国能源结构是以煤电为主，现有电网难以容纳大量波动、间隙性风电的国情，使风能技术引进利用的实施路径出现严重偏差，导致风电难以大规模、高效、低成本全部并网，即使上网风电也需煤电装备几乎一比一配套调峰，造成重复投资，损失严重。表面上轰轰烈烈，实际是“杀敌一万，自损八千”，致使“先进的科学技术”不仅没有为我们创造价值，反而大量消耗了宝贵的财政和大量资源。再比如太阳能光伏、太阳能热发电、生物质发电等，均是国家有重大需求，又有国际先进技术和理念，却多因没有中国化，在实施路径选择上出现偏差导致“差之毫厘，失之千里”，由“科学”创造了一个个“悲壮”，只能靠政府大量的财政补助生存。

在如今的大科学时代，要解决好“实施路径”选择，解决好社会科学和自然科学“两张皮”的交融，离不开社会科学宏观战略的指导。这如同军队打仗，仅有打仗的才能，而没有理论指导，则为匹夫之勇，可以取得一时一地胜利，但古来成大事者则没有。熟读历史的毛泽东同志有句名言，“没有理论指导的军队是愚蠢的军队”。同理，我们的科学技术研究缺少理论指导下的“实施路径”。

“非并网理论”正是在这样的指导思想下逐步形成，在实践中得到不断丰富与完善，找到了符合中国国情、在国内外产生广泛而深刻影响的实施路径。

非并网风电海水淡化技术，是用风电给海水淡化供能，这种风电淡化水可谓真正的“生态之水”。非并网风电海水淡化系统，首次采用先进的塔式海水淡化结构和耦合控制技术，风电可以百分之百独立驱动，也可以与网电、风电缓存系统协同给海水淡化装置供电。非并网风电海水淡化系统改变了原先的海上风力发电集中上岸，再供能给海水淡化设备生产淡水的模式，以独立风电海水淡化系统为海水淡化基本单元，将规模化分布于海上的风电淡化海水采用管线集中输送上岸，直接并入岸上的城市管网，变“输电上岸为输淡水上岸”。该项目具有系统自主知识产权，为国内外首创。

神奇的风/煤多能源系统。非并网风/煤多能源系统为煤炭清洁化利用提供了一种全新的途径，它是将新能源风能与传统煤能源进行嫁接，形成新的能源系统。新系统科技含量高，能大幅度提高传统煤能源的综合效率，实现煤炭资源的清洁、高效、低污染利用，达到经济效益、社会效益和环境效益的统一。

让传统能源的开采低碳化。风电采油是节能减排的有效途径之一。风电采油技术是以风网协同的形式给抽油机供电，风电优先百分之百全部利用，不足部分网电自动补充，保证油田抽油机连续稳定运转，同时提高了抽油机的功率因数，减小了抽油机对末梢电网的冲击，使电网运行更加安全稳定。

除非并网风电/网电互补智能供电系统外，非并网风电多能源互补智能供电系统还包括非并网风电/柴油发电智能互补、风电/气（天然气、沼气）发电智能互补、风电/光伏发电智能互补等多种类型能源互补的供电系统。非并网风电多能源互补智能供电系统可根据风况、地理、资源等特点，因地制宜，实现多种能源的综合利用，解决偏远地区，特别是无电网地区的供电问题。

绿色低碳的风电铝。将大规模风电直接用于电解铝生产，形成风电/电解铝系统，不仅会推动我国电解铝行业快速与可持续发展，也将促进我国大规模、超大规模风电产业的健康与快速发展，加速我国从风资源大国向风电大国、绿色能源强国转变。非并网风电/电解铝系统突破了我国高载能产业布局禁区，可以快速推动我国高载能产业结构与空间布局调整，为我国经济结构转型提供了产业支撑，并可形成千亿级新兴战略性风电铝装备制造产业。

风电铝的重要应用之一是铝基金属燃料电池。全球继氢燃料电池后正在掀起金属燃料电池的研究热潮。作为新型电动汽车的动力源，铝燃料电池可以采取机械式“充电”，只要几分钟就可以方便地更换新的铝电极，使电池“充足电”。这是任何其他二次电池都做不到的。加入一次铝燃料能行驶1600公里的铝燃料电池电动车已在美国问世。大

	2011	2012	2013	2014	2015	2016	2017	2018	2019	2020
并网风电(元/千瓦)	3600	2828	2774	2717	2656	2576	2490	2399	2303	2201
非并网风电(元/千瓦)	2808	2206	2164	2119	2072	2009	1942	1871	1796	1717

图9-1　非并网风电机组价格变动趋势预测示意图

规模非并网风电/电解铝—铝燃料电池产业链的形成，将把电动汽车行业带入一个全新的低碳经济时代。“风/铝/电动汽车”新型低碳循环经济发展模式，将实现真正意义上零排放电动汽车。

非并网风力发电与高载能工业的完美结合，将使我国在全球率先实现高载能产业步入低碳时代，并为我国创造出三到四个千亿元级新兴战略性绿色产业，为发展绿色能源和低碳经济做出贡献，功在国家，利在企业，惠泽子孙。

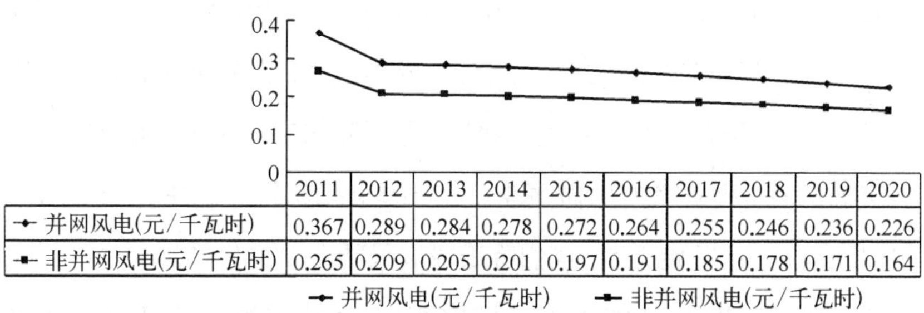

	2011	2012	2013	2014	2015	2016	2017	2018	2019	2020
并网风电(元/千瓦时)	0.367	0.289	0.284	0.278	0.272	0.264	0.255	0.246	0.236	0.226
非并网风电(元/千瓦时)	0.265	0.209	0.205	0.201	0.197	0.191	0.185	0.178	0.171	0.164

图9-2　非并网风电单位内部成本变动趋势预测示意图

上述几项关键技术形成了系统的自主知识产权，填补了国内外空白，可以实现风电的百分百消纳，有利于风电的规模化发展。与并网风电系统相比较，非并网风电系统风机制造成本可节省20%—25%，取均值22%计算非并网风电机组价格；另外，与传统并网风电系统相比较，非并网风电系统发电可直供用户端使用，使输配电损耗由原来的10%下降到2%，减少8%，输配电效率的提高，意味着整个非并网风电系统效率得到提高。

依据计算，非并网风电机组价格与非并网风电单位内部成本为：2011年非并网风电单位内部成本0.265元/千瓦时，2015年非并网风电单位内部成本达到0.197元/千瓦时，2020年非并网风电单位内部成本可以下降到0.164元/千瓦时。

当前，新能源发展的最大障碍就是成本还较高，还不能满足工业生产和人们生活的需要，但从长远来看，成本逐渐下降的趋势是很显著的，成本优势将会使低碳的明天更美好。在未来，一方面，我们的新能源利用技术越来越成熟，会推动成本大幅度下降；另一方面，随着非并网理论得到推广，我们对新能源利用方式将会实现创新，这将从战略上降低新能源成本。两个方面共同推动新能源利用规模越来越大，满足人们生产和生活需要。有时候，在微观层面找不到出路的时候，从宏观上也许就能找出更好的办法。新能源成本下降，从微观层面我们也能做很多工作，但是这很容易遇到极限，即下降的空间是很有限的；但是从宏观上看，从战略方面做调整，下降的空间就很大。拿风电设备为例，按照过去的发展思路，我们降低成本只能在设备生产过程中尽量做到节约和提高效率，但是如果按照非并网的思路重新构建，我们的设备就简化了很多，自然就大幅度降低了成本。所以说，实现新能源百分之百利用，关键还在于从战略上进行谋划，要做到创新。

第十章
新能源替代不了传统能源

“打不败的敌人是朋友”

美国有一句谚语:“打不败的敌人是朋友。”多年来从事能源问题的研究经历，也让我深刻体会到这句话的内涵。“打不败的敌人是朋友”，新能源和传统能源的关系亦是如此。

2012年深秋的某天，下午刚刚上班，我正在给放在案头的工作排着计划，电话机突然响了。来电号码显示是北京打来的。我拿起电话，对方的语气礼貌但又很严肃:“宏观经济研究院的顾为东院长吗？”待得到我肯定的回答后，对方又说:“首长已经了解到你对新能源问题的一些看法，现在想听你当面讲讲，你愿意吗？”这是我始料未及的，来得太突然了，一时间有点不知所措。但我还是迅速反应过来，赶忙回答:“我愿意，感谢领导的关心。”接下来，对方跟我具体说了首长这次要我汇报的主要内容以及汇报时间、地点等安排。

放下这个电话，我的心开始不平静起来，既紧张又兴奋。紧张的是，即将要为一个大人物做汇报。虽然当时我还不知道对方所说的“首长”到底是哪一位，但是我已经能够感觉到这位“首长”的分量，所以这次汇报一定要认真准备，不能出任何闪失。兴奋的是，我终于有了能够与高层见面的机会了，能把我对新能源的想法彻底说出来，这是我最欣慰的。我非常珍惜这次难得的机会，在留给我的有限时间里认真准备着汇报材料，甚至连一个标点符号都不敢掉以轻心。我的目的只有一个，就是争取在有限的汇报时间里把最大的信息量传递到领导那里，并得到领导的认同。

到了北京，我的确见到了一位非常了不起的大人物，过去只能在电视里才能看到。他说中央非常关心新能源的发展问题，但是近年来的发展情况却不尽如人意，看到我的几篇文章觉得挺有启发，就要我来讲讲。在这次汇报中，我的核心观点就是，国情决定我们国家要走具有中国特色的新能源发展之路，但现在的实际情况是发展方式照搬国外，导致被欧美国家牵着鼻子走，所以要制定一条具有中国特色的新能源产业发展的实施路径。在谈到具体实施路径选择时，我介绍了非并网多能源协同智能供电系统理论，我认为这是一条适合中国国情的新能源发展之路。首长对我汇报的内容很感兴趣，在最后做总结的时候，他一方面鼓励我继续不懈努力，做好深入的研究；另一方面表示会继续关注和支持我们的研究，希望我们多出成果，为国家多做贡献。

在这次给高层领导做的汇报中，我把对新能源产业发展的担忧都讲了出来。我从事新能源研究三十多年了，在这个领域内我和很多专家都是朋友，我们经常在一起探讨新能源发展的一些问题。但是，我们的观点却不尽相同，尤其是在风电、太阳能发展问题上，我和所谓主流观点有很大的分歧。而且这几年来，我亲眼看到风电产业、太阳能产业经历了从盛到衰的过程，我非常痛心。我一直以为，我们的新能源产业发展进入了误区，是在被别人牵着鼻子走。所以我一直大声疾呼，希望得到有关方面的重视，及时扭转这种局面。后来，我发现我们已经在新能源这个问题上越陷越深了，但我还是一如既往地呼吁，目的是使大家及早地醒悟过来，现在损失虽然不可避免了，但是早一点醒悟就能减少一点损失。

为什么说我们的新能源发展是被牵着鼻子走？目前，全世界都在大力提倡发展新能源，尤其是美国总统奥巴马到处鼓吹他的新能源政策。在这种趋势下，我国新能源产业发展也如火如荼。外有奥巴马的鼓吹，内有主流新能源专家的力捧，各级政府大力支持，各类企业奋不顾身踏浪而来，都企图从中分一杯羹。新能源在我国一时间几乎成了举国发展的产业，全国几乎每个县都有新能源产业。但我一直认为，这种发展局面是不理性的、不科学的，如此盲目发展的后果是不堪设想的。大家想想当年光伏产业的辉煌以及今天的破败，今昔对比一下，大家就知道这样盲目发展的不妥了。还有风电产业，当初全国遍地开花，到处都在上风电项目，到现在国家发改委那边还有厚厚一摞的待批项目。然而仅仅几年时间，我们就看到了大量空转的风机，几百亿度风电不能上网。这说明什么？说明我们过去的实施路径是有问题的。问题出在什么地方？就是被欧美牵着鼻子走。奥巴马鼓吹新能源，但是他们自己却没有大力发展新能源，他们的目的就是让我们来发展，他们就能从中获利。欧洲一个杂志的封面文章称我们国家是“风电银行”，认为我们生产的越多，他们从这个银行里提取的钱就越多。为什么我们发展新能源他们获利呢？这是由于新能源虽然是一个新兴产业，但是我们在它的核心环节没有占据主导权，没有核心技术和关键技术，往往是购买国外技术和配额来发展，这样当然是我们做的越多就给人家的越多了。欧美就是利用这样的噱头来吸引我们上当，然后牵住我们的鼻子，从而谋取利益。那我们又是怎么钻进他们圈套的呢？这是因为起初大力发展新能源的时候，对企业而言的确利润可观。经过前期的造势，各地都要发展新能源，一下子形成了巨大需求，这时突如其来的市场需求肯定带来巨大的收益空间。可我们没有技术怎么办，这时候欧美假扮好人，像亲人一样把技术送给我们，我们当然也为这种雪中送炭的行为而感激涕零。人家都这样帮忙了，我们付点钱总应该吧。而且我们又是礼仪之邦，俗话说“受人滴水恩，当以涌泉报”，何况又是这么赚钱的生意，多付点钱也无所谓了。中国人不差钱嘛。这也就造成了一窝蜂的发展局面。但是，隐藏的问题迟早是会爆发的。我们的国情决定不能这样发展新能源，也决定了这条路不会长久。果不其然，风电、太阳能产业相继出了问题。回顾这个过程，谁的收益最大，显然是欧美，他们拿走了大量的利润；而我们的企业坐了一回过山车，有的甚至都回不到原来了。

也许有人不理解，新能源明明是未来的发展方向，怎么会是这样不堪的局面呢？那我们还要不要发展呢？我可以明确地说，对于新能源产业，我们显然是要发展的。但是怎么发展，必须根据自身的情况确定。新能源是未来发展的趋势，但是我们国家有特殊的国情，这就决定了不能按照欧美的路径走。奥巴马说新能源好，那他为什么还在连任后提出“褐色革命”呢？这足以说明，新能源虽好，但是当前还不是全面发展的时候，条件还不成熟。首先是经济条件不成熟，全世界都向新能源转型的想法虽好，但是不现实，这要付出巨额的转型成本，而这成本也许是当下根本支付不起的。其次，技术条件也不成熟，虽然都在说发展新能源，但是怎么发展的技术路线、实施路径并不明确。还有，我们目前传统能源还没有到枯竭的边缘，所以人们仍有依赖传统能源的惰性。

对于我国而言，情况更加复杂，国情完全不一样。我国一直是传统能源消费的大国，尤其是煤炭资源。我们国家的能源消费结构决定了不可能用新能源完全替代传统能源，在未来相当长一段时期内仍然要以传统能源为主体。正因为如此，也印证了那句话“打不败的敌人是朋友”，新能源和传统能源的关系亦是如此。既然新能源不能替代传统能源，不如将两者进行嫁接，优势互补，共同为经济社会发展服务。

传统能源在未来一段时期内仍是能源消费主体，这将是一个不争的事实。虽然我们传统能源消费有种种问题，但是中国不缺乏能源，这是必须肯定的。我们不缺乏能源，缺乏的是战略安排和激励技术创新的政策导向。一方面，我国的能源使用效率太低，既造成了能源资源的极大浪费，也造成了对环境的严重污染。我国单位GDP的能源消耗总体上来说是美国的三倍、欧盟的四倍、日本的五倍。另一方面，传统化石能源的清洁利用，特别是煤炭资源的清洁利用，虽然近年来也在大力发展，但是还没有成为我国能源技术创新的战略选择。我国是一个煤炭大国，煤炭储量完全可以支撑中国未来一百年发展对能源的需求，按照世界煤炭协会主席的说法：“中国是一个正在崛起的煤炭中东。”从另一个角度上看，在可以预见的未来二十到三十年，新能源、可再生能源和可替代能源无法成为能源主力，更不可能替代传统的化石能源。

当前，我国正处于向低碳经济转型的关键时期，从能源战略上看，必须积极推进传统能源与新能源优势互补，实现两种能源优势的聚合效应。作为全球能源消费大国，中国正处于新能源迅猛发展的机遇期，同时正在经历新能源逐渐取代传统石化能源并占据主导地位的“第三次能源改革”。构建中国现代能源市场体系应该成为能源领域改革的着力方向，企业的积极融入和市场的主体地位是实现中国现代能源工业体系的基础和关键。中国完全可以依靠自身的能源基础，实现人类历史上规模最为庞大的工业化和城镇化。

大力发展新能源和可再生能源，是推进能源多元清洁发展、培育战略性新兴产业的重要战略举措，也是保护生态环境、应对气候变化、实现可持续发展的迫切需要。因此，发展新能源是我国经济实现可持续发展的前提，在我国现有能源供给的约束条件下，新能源的开发可以缓和能源的供给矛盾。我国大力发展新能源和可再生能源，“十二五”末，非化石能源消费占一次能源消费比重达到11.4%，非化石能源发电装机比重达到30%。中国近年可再生能源开发利用情况如表10-1所示。

表10-1　中国近年可再生能源开发利用程度

可再生能源		可开发资源量	已开发利用量	开发程度（%）
水能资源	大中型水电	3.79亿千瓦	10 826万千瓦	28.56
	小水电（2.5万千瓦以下）	0.65亿千瓦	3080万千瓦	47.66
风能资源	陆上技术可开发	2.53亿千瓦	76.4万千瓦	0.076
	海上技术可开发	7.50亿千瓦	0	
太阳能光伏发电		5.20亿千瓦	5.5万千瓦	0.01
地热资源（大陆高温地带）		280万千瓦	3.17万千瓦	1.13
生物质制气和发电		5亿—6亿吨标准煤	600万吨标煤	1.20—1.00
潮汐能资源		2180万千瓦	1.2万千瓦	0.06

但新能源并网发电和产业发展过程中也存在诸多问题，如部分地区或细分产业存在重复投资、产能过剩、项目扎堆等现象，产业风险有所聚集，关键核心技术有待进一步突破等。

——新能源产业在国内发展历史较短，产业体系尚不完善，凸显产业过剩与不足困境；

——国内市场成熟度低，资源保障能力不足，产业的本地市场是本土企业保持持续发展的不竭动力，而我国新能源市场多集中在海外，产业的外向型特征比较明显，导致新能源在国内缺乏广泛的社会认同和完善的市场环境；

——政策体系不完善，配套措施不能满足市场要求，市场推进力度较慢；

——核心技术依赖国外，自主创新能力较弱，虽然我国已经成为世界风电装机第二大国，太阳能电池生产第一大国，但基础研发投入明显不足，关键技术瓶颈始终未能突破，核心技术空心化问题在新能源产能的快速发展中越来越突出。

同时，过度发展新能源也阻碍了传统能源对节能减排所做出的努力。一方面，有些地方政府对发展风电、太阳能等新能源在投资、税收等方面大开绿灯，支持有加，而对传统能源项目则取多予少，严重影响了企业清洁利用、节能减排方面研发投入的积极性。

另一方面，不少能源企业纷纷进军风电、光电、生物质等新能源领域，但在煤炭清洁高效利用、煤矿瓦斯等可燃气体利用等技术变革方面研发滞后，投入资金有限。因此，从地方到企业，发展新能源的报道不时见诸媒体，而如何利用高新技术攻克煤炭开采和发电中的技术难题、生产清洁能源的报道则少之又少。

因此，在发展新能源的道路上，我国可以借鉴发达国家的发展新能源的方式（如表10–2所示）。新能源取代传统能源是一个循序渐进的过程。美国国家情报委员会在《2025年全球趋势报告》中表示，目前所有技术都不能在所需规模上取代传统能源。到2025年，新的能源技术还无法在商业上普及，生物燃料、清洁煤或氢气有良好的政策和资金环境，但广泛利用将是缓慢的过程，技术创新的速度将是关键。重大技术历来有“采纳滞后”的现象，研究发现，一项新的生产技术被广泛采用，平均需要二十五年时间。从长远来看，新能源和可再生能源大量取代化石能源是一项艰巨的任务，一朝一夕难以实现，况且与化石能源相比，可再生能源的生产依然十分昂贵。因此现阶段，传统能源和新能源并不是竞争关系，未来数十年里，传统能源与新能源开发将齐头并进。

表10–2　部分国家发展新能源的措施

国家	规　划	发展新能源的方式
美国	把新能源产业链打造成美国未来经济的增长点	1. 除了立法制定能源政策引导能源的使用外，美国政府还在预算资金上向新能源采取倾斜措施，对相关新能源产业进行适当补贴、税收优惠，如核能、清洁煤生产、再生发电等 2. 重视基础研究 3. 光伏发电是美国新能源发展的一大特色产业，推广全民行动利用太阳能
日本	将新能源定位为未来十年经济增长的战略性支柱产业	1. 日本是能源先天不足的国家，几乎所有能源均需进口，政府意识到这个问题，大力推广新能源战略，巨额投资可再生能源 2. 对开发新能源的行业企业实行一定程度的税收优惠
丹麦	大力发展风能和生物质能为主的可再生能源	1. 调整能源结构，依靠科技进步，提高能源效率，积极开发和大力推广新能源 2. 利用地域优势，进行风力发电和研究，风能在2025年将占电力供应总量的75% 3. 探索多样化、更加有效的新能源发展模式

（续表）

国家	规　划	发展新能源的方式
瑞典	将“节约能源和替代能源的可持续发展”作为基本国策	1. 将替代能源的可持续发展作为能源政策的中心，推进各类新能源的开发 2. 推进能源的开发和利用，最突出的是利用“沼气”，实现节能减排

因此，当前我国向低碳经济转型，要采取传统能源与新能源“双管齐下”的发展方式，分三步构建我国低碳能源战略：首先，把大力推进节能放在首位，从节能和减排的一致性方面强调低排放发展；其次，把传统化石能源的清洁化利用，作为近期实现能源结构调整和减少排放的主要发展方向；再次，着手研发、推广新能源技术，培育新能源产业，迎接未来能源清洁高效利用时代的到来。

传统能源和新能源的发展是一个相结合的过程。首先，使传统能源的生产和消费更加高效、清洁和绿色。比如说煤炭清洁利用，目前我国各类洁净煤技术取得了长足进步，但是尚需要宏观政策的引导和不同产业之间的协调发展。其次，需要投入资本开发新能源技术。未来人类的能源格局会存在一个临界点，比如说新能源的份额超过传统能源，这个时间节点的来临仍然需要全球对于新能源的开发。因此，未来首先要保证填补能源需求和供给之间的缺口，对于传统能源的需求将逐渐下降，而非完全停止。同时对于新能源，需要继续发展，由于新能源的价格较昂贵，依然需要政府的补贴，政府的引导在新能源的开发上起着至关重要的作用。

因此，传统能源和新能源并不是一个相互替代的关系，我们需要将两者结合起来，逐渐减少传统能源的发展，发展新能源的技术，使得新能源逐渐成为社会的主导能源来源。对于新能源和传统能源如何共同为经济社会发展服务，我的观点是运用嫁接理论。对于新能源发展，我提出了非并网多能源协同智能供电系统，如果把这个系统和传统能源结合起来，就能够优势互补。当然，两者结合以后，传统能源就不再作为能源烧掉了，而是作为重要的资源了。利用煤炭、石油生产高性能的建筑材料、蛋白质食品、纺织材料等。据计算，只需要从我国每年开采的石油中拿出2%用来生产蛋白质，就能满足全国的蛋白质需要，而且减少了畜牧业生产对生态的破坏。从煤炭中提取的碳纤维材料能够比钢铁还硬，用作建材更加坚固耐用。这都是未来发展的方向，尤其是3D打印技术，能够使我们传统能源的优势得到更大的发挥。

以上事实都已经表明，传统能源的利用方式已经不能持续下去了，发展新能源是新趋势。举个例子，德国的太阳能等可再生能源发电比例到2050年将提高至80%。为实现这样的目标，《德国可再生能源法》为新能源发电设置了入网电价补贴，以吸引企业和家庭安装新能源发电设施。《德国可再生能源法》要求电网运营商以高于市场价的固定价格从新能源发电企业和家庭手中购买电力，购买价和市场价的差额由全体消费者承担。德国1999年开始实行的生态税费改革，也对环境保护起到不小作用。这些税费包括能源税、电力税、汽车税、垃圾污水处理费等，促使民众和企业节约使用能源，保护环境。所收税费用于政府在新能源研发上的投资，部分则用于平衡政府对养老金等其他税费的减征。同样借助经济手段的还有对企业排放物的管理。作为欧盟成员，德国建立碳交易体系，以控制本国的温室气体排放。企业通过分配和竞拍的方式获得温室气体的排放配额，生产过程中的排放必须在这个配额之内，如果超出将被罚款，多余的配额可在市场上交易。德国莱比锡欧洲能源交易所是欧洲主要的碳交易所之一。

过去在农村插队的时候，我见过当地农民嫁接果木。通过嫁接可以把两个成熟植株的优点结合到一起，使新植株的适应能力更强。受到这个启发，后来在研究经济社会发展问题的时候，我也总是会想到"嫁接"。我认为嫁接不仅是一项技术，它更是一个先进的理念，而我们就需要把这个理念运用到研究工作中。

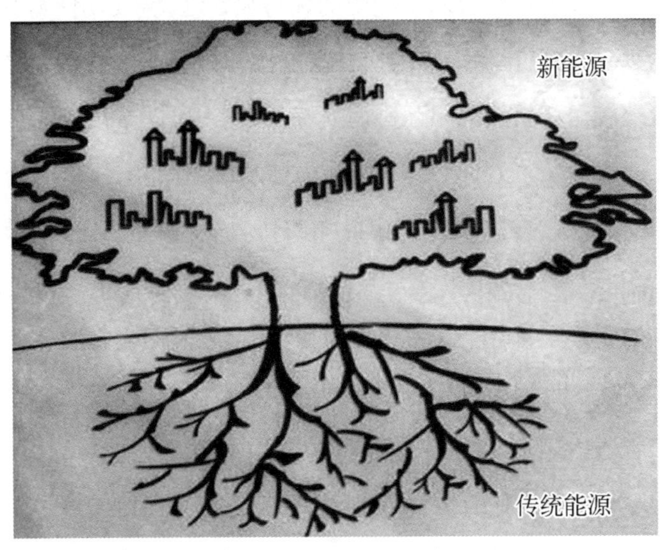

图 10-1　新能源与传统能源的"嫁接"

所谓"嫁接"，其实是一种"包容性发展"的理念。把两个事物拼合在一起，让它们的优势互补，就能发挥原来单一事物所不具备的"1+1＞2"的效应。嫁接理念可以运用到很多方面，比如自然科学和社会科学发展的问题，就可以通过嫁接，把两者的优势进行互补，现在出现很多横跨自然科学和社会科学两个领域的学科，其实就体现了嫁接的作用。

对于传统能源和新能源，现阶段两者间显然是有矛盾冲突的。新能源要替代传统能源，这是因为新能源是清洁的能源，它是未来需要的能源，所以它重要。但是，新能源现阶段还突破不了规模化发展的障碍。传统能源利用方式已经不能延续了，但是当前还必须要它们发挥作用。可见，两种能源既有矛盾，同时谁也离不开谁，前面我们说“打不败的敌人是朋友”，决定了现阶段两种能源只能作为朋友，谁也替代不了谁。那么，怎样整合两种能源的优势呢？这就要运用“嫁接”的理念。“嫁接”在这里能够很好地诠释新能源和传统能源包容性发展的含义，即传统能源和新能源相互协调支持，共同发展。传统能源和新能源嫁接，既能满足原来人们对传统能源做热功的需要，只不过这个任务现在由新能源来承担；又能发掘出能源的新用途，例如用作重要的资源。这就是“嫁接”的好处，也就是我们所说的，放大了原来单个资源的优势，并且产生了“1+1＞2”的效应。其实，很多时候包容的理念要比替代的理念好，这是因为包容能够接纳更多有益的东西，进而形成更大的优势，即所谓“海纳百川，有容乃大”。而替代往往过于苛刻，在替代的过程中，不仅摒弃了原有事物的缺点，也把优点一起摒弃掉了。就像倒洗澡水的时候，把孩子也倒掉了一样。这就是不可取的了。

开辟能源化工新天地

煤化工是以煤为原料，经过化学加工使煤转化为气体、液体、固体燃料以及化学品的过程，生产出各种化工产品的工业。煤化工包括煤的一次化学加工、二次化学加工和深度化学加工。

煤的焦化、气化、液化，煤的合成气化工、焦油化工和电石乙炔化工等，都属于煤化工的范围。煤化工利用生产技术中，炼焦是应用最早的

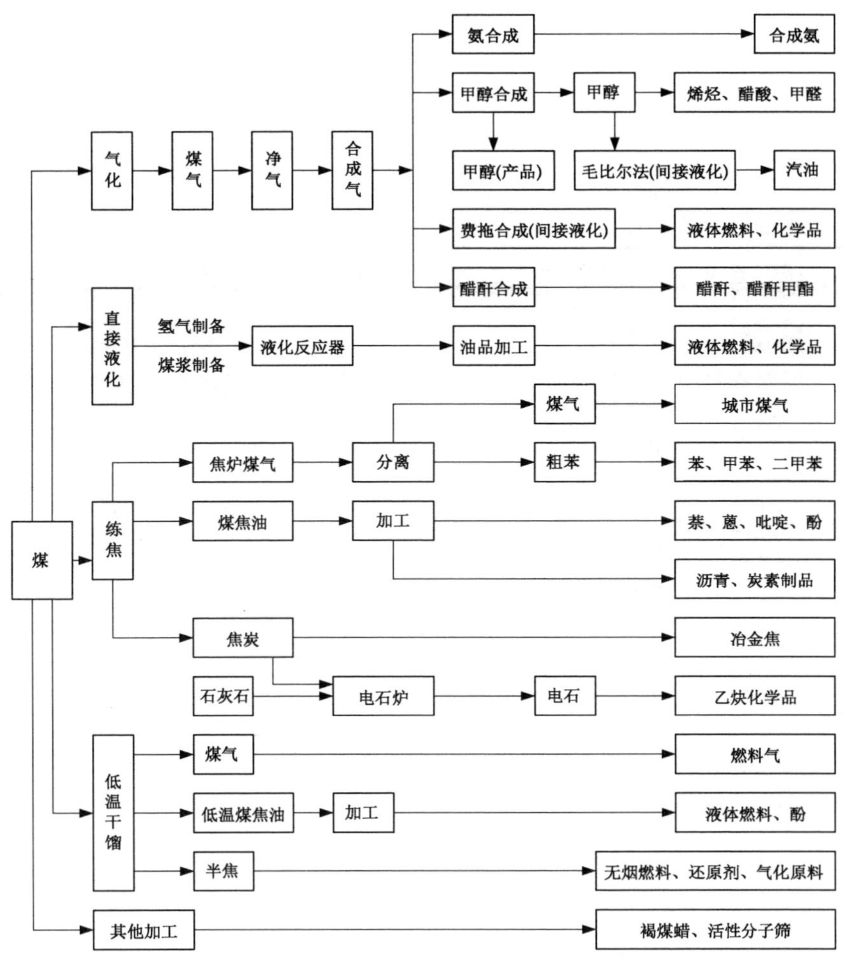

图10-2 煤化工工艺流程图

工艺，并且至今仍然是煤化学工业的重要组成部分。煤的气化在煤化工中占有重要地位，用于生产各种燃料，是干净的能源，有利于提高人民生活水平和环境保护。煤气化生产的合成气是合成液体燃料等多种产品的原料。煤直接液化，即煤高压加氢液化，可以生产人造石油和化学产品。在石油短缺时，煤液化产品将替代目前的天然石油。

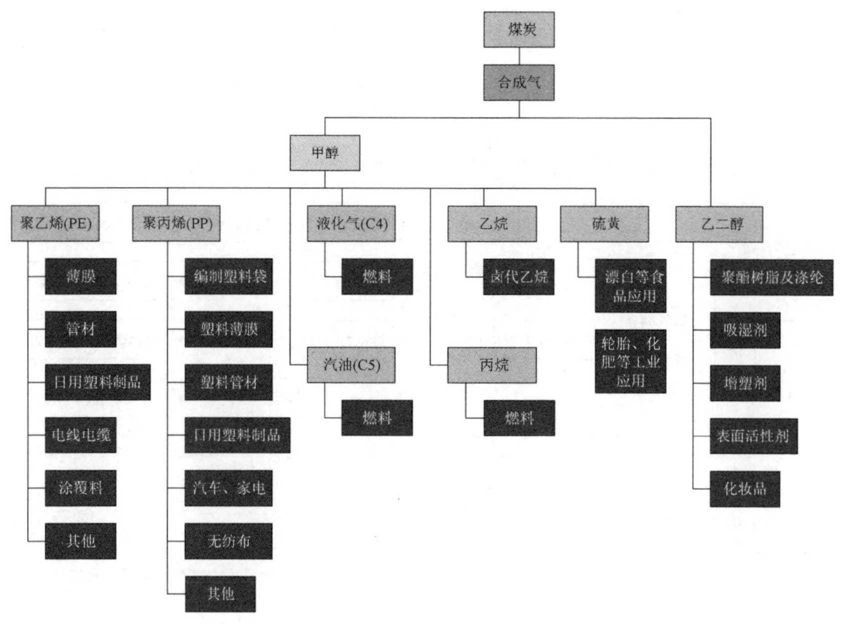

图10-3　煤化工合成气产业链

围绕煤炭的气化、直接液化、炼焦、低温干馏等处理方式，可以大力发展氨、甲醛、醋酐、煤气、苯、电石等以及相对应的下游产品。

煤炭经过气化产生的合成气可生产甲醛、乙二醇等。甲醇可用来制作烯烃、醋酸、甲醛、液化气、汽油等。其下游产品聚乙烯是薄膜、管材、塑料制品、电线电缆、涂覆料等的原材料。聚丙烯是编织塑料袋、塑料薄膜、塑管材料、塑料制品、汽车、家电、无纺布等的原材料。乙二醇可作为聚酯树脂、涤纶、吸湿剂、增塑剂、表面活性剂、化妆品等的原材料。

煤炭经过直接液化可生产液化气、化学品等下游产品。经过炼焦过程可生产的下游产品包括煤气、苯、甲苯、二甲苯、沥青、萘、蒽、酚、碳素制品等。经过低温干馏可生产燃料气、酚、液体燃料、无烟燃料、还原剂、气体原料等。也可通过其他的一些加工方式生产褐煤蜡、活性分子筛等下游产品。

大力促进煤化工发展以及上下游产业的一体化进程，加快调整优化生产布局，延伸化工产业链，培育产业链核心企业，构建现代煤化工产业集群，打造我国非石油路线烯烃产业基地，并配套建设大规模低风速风场非并网制氢/氧产业，使传统煤化工成为新型绿色煤化工。

表10-3　“十二五”期间煤化工示范项目一览表

序号	建设地点	项 目 名 称	建 设 单 位
一、新疆伊犁综合示范区			
1	新疆伊犁	55亿立方煤制造天然气	庆华集团
2	新疆伊犁	煤化电热一体化项目（煤制天然气为主产品）	新汶、中电投等企业比选或联合
二、新疆准东综合示范区			
3	新疆准东	煤化电热一体化项目（煤制天然气为主产品）	中石化牵头，华能、兖矿、新疆龙宇能源、潞安、神华、中煤、新疆兵团等参与
4	新疆准东	煤炭分质综合利用示范项目	华电牵头，相关企业参与
三、内蒙古自治区示范项目			
5	内蒙古鄂尔多斯	300万吨二甲醚	中天合创公司
6	内蒙古西部	煤炭清洁高效综合利用项目（煤制天然气、油品、焦油、烯烃及联产电力等产品）	煤电化企业优选和整合
7	内蒙古兴安盟	煤化电热一体化项目（煤制天然气为主产品）	煤电化企业比选

（续表）

序号	建设地点	项 目 名 称	建 设 单 位
四、陕西省示范项目			
8	陕西榆林	100万吨煤间接液化	兖矿集团 延长石油集团
9	陕西	煤化电热一体化项目（煤制烯烃为主产品）	神华集团、陕西煤化、陶氏公司等
五、山西省示范项目			
10	山西	高灰、中高硫煤炭清洁高效综合利用项目（煤制天然气、油品、焦油、烯烃及联产电力等产品）	煤电化企业比选
六、宁夏自治区示范项目			
11	宁夏宁东	400万吨煤间接液化	神华宁煤集团
七、安徽省示范项目			
12	安徽	煤化电热一体化项目（煤制天然气为主产品）	煤电化企业比选
八、云南省示范项目			
13	云南	褐煤综合利用项目	煤电化企业比选
九、贵州省示范项目			
14	贵州	煤化电热一体化项目（煤制烯烃为主产品）	煤电化企业比选
十、河南省示范项目			
15	河南	煤化电热一体化项目（煤制烯烃为主产品）	煤电化企业比选

延伸煤化工产业链，培育和打造甲醇—烯烃产业链、甲醇—碳化工产业链、煤制合成氨—精细化工产业链，形成以合成氨、甲醇、丙烯、二甲醚、合成油等产品为重点的多联产化学品生产基地。发展煤化工深加工项目，包括二甲基亚砜、环保脲醛胶、双氧水等产品。

由于煤化工项目高能耗、高耗水、高污染的特点，“十一五”期间，我国政府“下令”严格审批煤化工项目。2008年9月，国家发改委发布《关于加强煤制油项目管理有关问题的通知》，明确规定，除了神华集团的两大煤制油项目外，一律暂停其他煤制油项目的审批。2009年5月18日，国务院办公厅发布《石化产业调整和振兴规划》，提到重点抓好上述五类示范工程，探索煤炭高效清洁转化和石化原料多元化发展的新途径，原则上不再安排新的煤化工试点项目。

然而，在席卷大江南北的雾霾紧逼之下，中国的主管部门一改过往的谨慎态度，对煤制气的大规模发展开闸放水。2014年全国能源工作会议上，国家能源局局长吴新雄提出，到2020年中国煤制气将达到500亿立方米以上，占到国产气的12.5%。在中国“富煤少气”的资源禀赋条件下，通过新型煤化工技术将富裕的煤炭资源转换为天然气，不仅能够化解过剩、促进煤炭产业发展，更能有效解决中国日益严峻的“气荒”难题，从大战略上讲这是一步好棋。

但是，煤制气“开闸”也引来不少质疑，重要的论据是2013年9月美国杜克大学一篇题为《中国合成天然气大变革》的论文，文章认为中国大规模发展煤制气将带来“灾难性”的污染。反对者援引该文数据说，煤制气工艺存在着难以解决的碳排放问题，以每千立方米煤制气排放0.6吨二氧化碳算，500亿立方米煤制气每年至少排放二氧化碳3亿吨，按照煤制气项目四十年生命周期计算，总计将产生多达120亿吨的二氧化碳，几乎相当于中国2011年全年二氧化碳排放量的两倍。

可以说，煤制甲烷的争议始终没有停止，特别是2014年7月17日国家能源局发布《关于规范煤制油、煤制天然气产业科学有序发展的通知》，再一次将煤制甲烷发展定位的争论推向高潮。据2014年7月“绿色和平”煤制气产业发展利弊研讨会最新发布数据，截至2014年6月，全国煤制甲烷项目总计划产能已经达到2250亿立方米/年。其中，已投产产能仅27.05亿立方米/年，建设中产能143.95亿立方米/年，前期工作项目产能662亿立方米/年，计划中项目产能637亿立方米/年，新近签约项目产能780亿立方米/年。计划建设的项目规模是已投产和建设中规模的12倍。我国发展煤制甲烷项目可以说已经走到了“十字路口”，作为天然气的“替代品”，需要从能源、天然气、环境等“大空间”中分析，煤制甲烷何去何从，需要业内人士及国家主管部门尽快研究，制定相关政策。煤制甲烷的名称称谓多种，如煤制气、煤制天然气、煤制合成气等，目前用得比较多的是前两种称谓，这可能是由于天然气是清洁能源，按照国家应对气候变化战略研究和国际合作中心主任李俊峰的说法，是为了“傍大款”。其实，应该从煤制甲烷的反应原理和生产过程入手分析，探究煤制甲烷的具体称谓。煤制甲烷的工艺技术方案主要是以煤为原料，采用加压粉煤气化或水煤浆气化、变换、低温甲醇洗气体净化、硫回收、甲烷化、煤气水分离等工艺技术生产主要产品甲烷和副产品硫黄、石脑油、焦油、粗酚、液氨等。从反应过程可以看出，其原料是煤炭和水，主要产品是甲烷，以及二氧化碳排放物。可见，此类项目就是一个煤化工项目，在与其他煤化工项目在取名时应类似，比如煤生产合成氨、甲醇、合成气（$CO+H_2$）等，被称为“煤制甲烷”是合适的。

一个国家是否要发展煤制甲烷主要取决于三方面因素：能源发展目标、环境容量、天然气供需形势。因此，我国的能源发展目标决定了应适度甚至控制煤制甲烷发展。世界上大多数国家的能源革命，基本上通过能源结构调整和提高能源效率或节约能源来实现，在这个过程中通常是煤炭比例下降和天然气比例上升。我国的能源发展目标是控制能源总量和能源结构调整，能源消费革命路线图之一是节约能源。在实现能源发展目标中，煤制甲烷并不具备这样的功能，主要因为发展煤制甲烷不能调整一次能源结构。煤制甲烷之所以发展，可能其中最主要的提法就是将非清洁能源煤炭转化为清洁能源天然气（主要组成是甲烷），即所谓的煤炭清洁化。然而，煤制甲烷实际上就是煤化工的一种，主要是以煤为原料。基于此，无论从供应端和消费端，尤其是供应端，煤制甲烷仍然没有摆脱煤炭，对于一次能源来说没有改变能源结构，消费的仍然是煤。预测2020年我国一次能源消费总量为43.2亿吨，若2020年煤制甲烷规模1000亿立方米，那么消费煤炭3.2亿吨，占一次能源消费总量的7%，比例比较大，对我国一次能源结构调整是个考验。同时，尽管煤制甲烷具有相对能效，但存在二次利用能效降低问题。目前，国内将煤炭转化为能源的方式有发电、煤制油、煤制甲醇、煤制二甲醚、煤制甲烷，其中煤制甲烷的能效利用率最高，单位热值耗水量最低，项目综合二氧化碳排放较少等优势，如果与其他煤制能源方式相比，煤制甲烷具备一定优势。但是，这只说明了煤炭一次利用的能耗问题，如果考虑煤炭甲烷在生活生产中需要进行二次利用，利用流程加长，那么煤制甲烷在节能上不一定具备优势。以煤发电为例为，如果煤炭直接发电，目前最先进的工艺技术综合能耗可以达到40%；而煤制甲烷的综合能耗为52%，如果再发电，目前最先进的天然气发电综合能耗可以达到58%，两次利用的综合能耗仅有30%。我国《能源发展“十二五”规划》提出，2015年国家能源综合效率提高到38%，煤制甲烷用于发电的综合能耗远低于此，与能源消费革命路线图中关于节约能源的目标存在一定冲突。

未来我国天然气行业将继续保持高速发展的态势，而在一段时期内，市场仍存在供小于求的情况，煤制甲烷作为天然气资源的补充气源，承担着催化市场发展的作用。因此，应该从供应规模、项目布局、利用方向等角度进行评判，进而确定较为合理、可行的煤制甲烷定位。从煤制甲烷的供应规模来看，对所有煤制甲烷项目进行逐一排产分析，考虑煤制甲烷项目的开工率，未来我国煤制甲烷发展规模较先前预测的水平将有所降低。预计2020年供应量约为500亿—700亿立方米，2020年之后，随着非常规气资源的增长，煤制甲烷增速将放缓，预计2025年供应量约为800亿—1100亿立方米，年均增长60亿—80亿立方米，2030年供应量约为1200亿—1600亿立方米/年，年均增长80亿—100亿立方米，低于2250亿立方米的总计划产能。从煤制甲烷项目的布局分析，根据煤制甲烷的原理，1吨煤可生产250—333立方米煤制天然气，煤含碳量按70%计算，产生1.28吨二氧化碳。若煤制甲烷规模500亿立方米，若没有有效的碳捕捉、封存和利用工艺（CCS），将会产生二氧化碳2亿吨。若2020年我国二氧化碳排放总量以33亿吨计算，则生产煤制甲烷产生的二氧化碳将会占据6%的排放份额。我国煤制甲烷项目主要集中在新疆、内蒙古等地区，上述两省地理面积大，环境容量相对较大，对于我国中东部地区，如安徽等省份，环境容量较小，不建议在该地区发展煤制甲烷项目。从煤制甲烷的利用方向看，煤制甲烷生产的气与一次能源生产的天然气一样，可以用于城市燃气、工业燃料、化工和发电。然而，由于煤炭直接用于做化工原料和发电燃料经济上更可行，因此煤制甲烷若再用于发电和化工从经济上来说就不合理。这样的话，那么煤制甲烷生产的天然气比较合理地只有用于城市燃气和工业燃料。但未来在我国西部，特别是新疆不能大规模地消费天然气，那么多余的天然气只有东输。因此，煤制甲烷从能源流向来看是在西部消费煤炭，而将煤制甲烷生产的天然气流向了东部。

我国天然气供需形势将逐渐转变为供大于求，在保证国产气生产、进口气合同前提下，煤制甲烷产能将最先受到挑战。目前煤制甲烷计划总产能已经达到2250亿立方米，随着煤制甲烷建设进度加快，已经在局部地区产生过热情况。未来将面临外输和调峰短板：一是现有的管网规划无法满足资源的外输，二是其占2030年我国天然气资源总量的三分之一，影响我国天然气市场调峰安全。从管道输送来看，因为煤制甲烷资源主要集中在新疆、内蒙古等地区，目前已建成接入管道主要有大唐煤制甲烷外输管道，在建管道有西三线，规划管道包括新粤浙、鄂安沧、中海油煤制甲烷外输管道，以及煤制甲烷项目自建的外输管道等，总体走向为自东向西、自南向北，与我国常规气资源流向相同。上述管道总输气能力接近1400亿立方米/年，除输送其他天然气资源外，可以输送煤制甲烷1000亿立方米/年，无法满足2025年高限资源供应的安全保障，更无法满足2250亿立方米煤制甲烷总计划产能，煤制甲烷资源外输存在一定问题。

从调峰能力来看，煤制甲烷从本质上属于煤化工项目，化工项目工艺技术上的一个特点是连续稳定生产，同时受到设备等方面因素，化工设备需有检修期。基于此，煤制甲烷项目不仅要满足下游用户的调峰需要，而且由于自身的检修，需要其他设施进行调峰。以一个年产40亿立方米的煤制甲烷项目为例，相当于日产1000万立方米天然气。当此煤制甲烷项目向北部一个城市集中供应天然气时，消费市场同样是40亿立方米，由于下游用气的波动性，假设高峰用气1800万立方米，低谷用气为800万立方米，那么煤制甲烷项目同样也得和常规天然气一样，寻求配套的调峰设施；另外，当煤制甲烷项目检修时，借鉴其他煤化工的经验，每年有15—30天的检修时间（尽管有业内专家提出可以通过多系列避免这个问题，可是如果系列越多，单体规模越小，达不到经济规模，能耗越大），在此期间，每天停产1000万立方米的天然气，下游用气如何解决，必须有其他气源来配合，也是一个难题。

由此可见，我国发展煤制甲烷应适度，对局部地区的煤制甲烷大热现象，有关主管部门应尽快进一步严格核准和管理，从国家总体层面规划布局，既要避免先斩后奏，又要合理控制产能。其次，我国天然气总体供应格局仍然是以国产气为主，以扩大常规气勘探开发，实现非常规气资源大发展为目标。因此，无论煤制甲烷项目怎么发展，煤制甲烷主要定位仍然是天然气供应的接替资源，是发展天然气产业的一个阶段性资源，不能作为未来的主力气源，不对我国天然气总体供应格局的发展产生影响。最后，我们应协调发展煤制甲烷项目、管道运输及下游市场，处理好三者之间的关系，尤其是共同研究调峰问题。

我认为，在煤化工大发展时期，项目建设应该理性，要通过科学规划、多方论证，以多举措确保项目可行、有效落地、早见成效。一要推行“细调研、慢决策、快实施、精储备”的项目推进策略。细调研，就是从原料市场、产品市场、技术设备、市场前景、产业政策、税收政策、出口政策、项目测算等方面，对拟发展项目进行深入细致的考察和调研，为项目决策提供可靠依据；慢决策，就是从建设条件、工艺技术、经济效益、环境保护、资金筹措、项目风险等方面，对拟发展项目的可行性进行反复研讨论证，降低项目投资建设的风险；快实施，就是一旦决策项目立项，就要采取一切可能的措施加快项目建设，力争早投产、早见效、早占领市场、早收回投资；精储备，就是筛选储备适量的新型肥料、精细化工、现代新型煤化工等项目，确保企业发展后劲充足。

二要按照差异化路线，做好发展规划。目前，各地煤化工项目存在一个主要问题，那就是产品结构偏重、产品同质化程度高。所以，在做企业发展的项目规划时，必须走差异化路线。要按照高标准、高起点、园区化、循环化、多联产原则，进行项目规划；要尽可能地考虑周全，尽可能向下游发展，多走技术含量高、附加值高的产品路线，力争产品纵向成链、横向成网；要注重质量、注重长远，争取一次规划、长期受益。

三要坚持开放合作，做好项目开发。要按照循环经济的要求和产业链合作的原则，继续加强与国内外一流企业的合作，为项目引资、引智、引技，加快项目开发，开展新型产品的研发推广，加快煤化工板块传统产品的升级改造。要主动与有关政府部门合作，开发新产品，完善产品结构，抢占市场先机。同时，企业还要加强与有关专利商、装备企业的合作，提升项目水平和层次。

四要构建新的运营模式，加快项目建设进程。要积极探索构建煤化工板块新的项目投资运营模式，可以组建投资公司作为项目投资管理的主体，委托相关化工公司进行承包经营。利用投资公司的资金、资源优势，并整合煤化工专业人才，能加快项目建设进度；充分利用煤化工企业混合所有制经济组织模式，能高效运作项目。

基于此，我提出非并网风/煤多能源系统。该系统为煤炭清洁化利用提供了一种全新的途径，它是将新能源风能与传统煤能源进行“嫁接”，形成新的能源系统。新系统科技含量高，能大幅度提高传统煤能源的综合效率，实现煤炭资源的清洁、高效、低污染利用，达到经济效益、社会效益和环境效益的统一。

煤基多联产模式可以实现大幅度节能，并极大地提高煤炭利用价值。西部煤炭资源区，大部分具有丰富的太阳能和风能等可再生资源，如果利用这些可再生资源电解水，将可以得到煤化工需要的氧气和氢气。煤化工生产工艺中的空分装置主要功能是分离空气得到氧气，是煤化工中耗能耗水的主体装置，如果用可再生资源电解水得到的氧气替代空分得到的氧气，将大幅节能和削减水的消耗。此外，煤炭所含的成分中氢的含量较低，如果通过可再生资源得到充足的氢，将大幅度提高煤炭的利用价值，一吨煤炭将可以发挥现在两吨或者三吨煤炭效用，同时从理论上讲，只要具有足够的氢，可以不排放二氧化碳。电和天然气在民用和工业中都存在调峰调谷的难题，处理不好，将会造成巨大的资源浪费和环境污染。通过煤基多联产，可以较好地满足这一要求，在需求高峰时供气、发电，在低谷时生产化学品，还能保证煤化工装置稳定运行。这一切的可能，均建立在现代煤化工技术基础上，通过气化岛，可以分配、调剂、衔接多个产业与行业。煤基多联产是规模经济、循环经济模式。国内的焦化行业规模就比较小，不能实现规模效应。比如产能100万吨的焦化厂，其副产品焦炉煤气与焦油只能配套建设10万吨甲醇和3万—5万吨焦油加氢装置，根本不够规模。更何况，我国现有的焦化厂大部分只有几十万吨产能，资源不能得到综合利用，以至于很多焦化厂的焦炉煤气就只能直接排向大气或者点天灯，造成严重的资源浪费和环境污染。

非并网风/煤多能源系统包括风/煤/天然气系统、风/煤/甲醇系统、风/煤/乙二醇系统等多个以风能促进煤炭清洁化利用的全新技术体系。传统煤化工中制氢过程会损失大量碳源，降低煤炭利用率，加大二氧化碳排放量，而且制氢量并不能满足后续工艺要求，不是真正意义上的煤炭清洁利用。风/煤多能源系统采用风电电解水，为煤化工提供氧源和氢源，从而大大降低煤炭消耗和碳排放量。这种风能与煤能源“嫁接”的全新模式，不仅省去了空分及变换等装置的投资与维护，更重要的是减少了因制氢造成的碳源损失，大幅度减排二氧化碳，并保证了后续工艺所需氢气的足量供应。大自然在造物之初就设计了风能和水为煤的清洁利用提供充足且比例适中的氧源和氢源，风/煤多能源系统正是发现并应用了这一奇妙的规律，不仅把各类资源用绿色生产链有机联系起来，同时也真正实现了环境友好型资源利用与开发。

传统煤制气的空分及变换等装置约占设备总投资的43%左右，风/煤/天然气系统省去了这部分投入，同时增加了风机、电解水制氢氧的设备及除尘等装置及相应投资，但能大幅度节能减排。传统煤制气工艺每生产100万方天然气，大概需要排放170万方二氧化碳。而风/煤/天然气系统大幅度减排二氧化碳，实现二氧化碳的近零排放，节煤50%以上。风/煤/甲醇系统在相同甲醇产量下，节煤48.1%，节水37.8%，减排二氧化碳77.8%。风/煤多能源系统提供一种以煤基甲醇或乙二醇来生产烯烃、丙烯和聚酯纤维等产品的全新方式，是我国石油替代战略的重要技术途径。

非并网风/煤多能源系统清洁化项目已在江苏省委省政府支持下与香港中能集团展开合作，项目一期投资130亿元人民币，建设年产20亿立方米煤制天然气项目。非并网风/煤多能源系统清洁化项目通过研究新能源与传统能源的耦合机理实现“嫁接”，大幅度提高煤制天然气生产效率，实现风电“代替”55%的煤炭，减排二氧化碳90%以上。

走中国特色非石油烯烃路线

我国缺油、富煤，建设中国特色的非石油路线烯烃产业集群更具经济意义。烯烃是国民经济重要的基础原料，在石化和化学工业发展中占有重要地位。“十二五”是我国烯烃工业进一步优化升级、提高国际竞争力的关键时期。长期以来，烯烃工业坚持炼化一体化、基地化、集约化的发展模式，产业规模逐步扩大，布局日趋合理，技术装备水平不断提高，节能降耗成效显著，综合实力明显增强。目前，我国以石脑油制烯烃为主，煤制烯烃和重油催化热裂解制烯烃示范装置实现工业化运行，烯烃原料呈现多元化。

目前，我国已建成了22个大型炼化一体化基地，并以炼油、乙烯为龙头，形成了长三角、珠三角及环渤海三大石化集聚区，2010年三大集聚区集中了我国68%的乙烯生产能力。依托炼化一体化基地布局了一批石化工业园区，通过与园区内其他企业资源整合、设施共享，实现共同发展，其中上海、南京、宁波、惠州、天津等园区已具有国际先进水平。

当然，烯烃发展还存在着一定的问题：一是烯烃原料制约较大，我国石油资源短缺，能源需求增长较快；二是高端产品国内保障能力不足；三是副产资源利用深度不够；四是烯烃的发展亟待规范。因此，为了加快烯烃产业的发展，需要进一步推进烯烃产业基地建设，优化产业布局，大力推动技术进步，有效推进烯烃原料多元化，加快调整产业结构，发展高附加值、高技术含量产品，提高烯烃资源综合利用率，促进烯烃工业持续、快速、健康发展。

非石油路线的烯烃产业，是我们非并网理论体系中的重要成果之一，我想也将是中国特色第四次工业革命中的重要实践活动之一。它的意义在于，开创了传统能源与新能源嫁接发展的新局面，实现了传统能源利用方式的变革，也是3D打印技术推广应用的重要探索和良好开端。我相信，沿着这条实施路径顺利走下去，我们就能够解决当前困扰经济社会发展的诸多难题，实现可持续发展。而这项工程也是一个很好的范例，它会激发我们的想象力，让我们去探寻更多切实可行的第四次工业革命实施路径，最终使工业革命的成果遍地开花，让第四次工业革命的福利惠及每一个人。有了大家的创新精神和积极探索的勇气，我们一定能在第四次工业革命中开创出一个新天地，描绘出一幅别具一格的图景，使我们的国家占领第四次工业革命的制高点。

参考文献

1. 顾为东.大规模非并网风力发电——让高载能工业步入低碳时代[J].科学画报,2011年第5期.

2. 顾为东.大规模非并网风电系统的基础研究[J].管理评论,2011年第5期.

3. 顾为东.大规模海上风电的非并网多元化应用研究——变海上风电场输电上岸为直接输产品上岸的探索[J].中国工程科学,2010年第11期.

4. 顾为东,周志莹,邱涛.长三角浅海辐射沙洲风能资源开发与非并网风电产业发展研究[J].资源科学,2009年第31卷第11期.

5. 顾为东.非并网风电对世界风电创新发展的重大战略意义[J].高科技与产业化,2009年第6期.

6. 顾为东.风力发电非并网系统的模型试验[J].江苏大学学报(自然科学版),2009年第30卷第3期.

7. 顾为东.大规模非并网风电系统开发与应用[J]. 电力系统自动化,2008年第19期.

8. 顾为东.建设中国绿色能源之都——江苏沿海发展风电产业的思考[J]. 群众,2008年第3期.

9. 顾为东.非并网风电对中国风电发展的影响与前景分析[J]. 上海电力,2008年第1期.

10. 顾为东.我国风能利用潜力及江苏沿海风力发电的前景[J]. 宏观经济研究,2006年第4期.

11. 顾为东.非并网风电与世界风电产业的多元化发展[J]. 国际经济评论,2006年第2期.

12. 顾为东.非并网风电:中国风电发展的一种选择[J]. 中国风能,2006年第1期.

13. 顾为东.中国绿色能源之都的战略构想[J]. 国际经济评论,2006年第1期.

14. 顾为东.孤立风电场直接应用于工业生产的设想及其模拟试验[J]. 节电技术与绿色能源,2006年第1期.

15. 顾为东.沿海地区风能立体蒸发制盐的研究[J]. 太阳能学报,1990年第2期.

16. 顾为东.沿海地区风能立体蒸发制盐的开发研究[J]. 江苏工学院学报,1990年第1期.

17. 顾为东.利用风能资源开发苏北滩涂[J]. 江苏工学院学报,1986年第4期.

18. 顾为东.非并网风电对超大规模风电利用的战略意义和路径[J]. 上海节能,2010年第5期.

19. 顾为东.我国海上“风电三峡”及非并网风电应用系统开发建议[J].中外能源,2010年第8期.

20. 顾为东.非并网风电对超大规模风电利用的战略意义和路径[C].2010世界非并网风电与能源大会论文集.

21. 顾为东,杨絮,白珂.海上风电的发展和展望[C].2010世界非并网风电与能源大会论文集.

22. 顾为东.中国风电“海上三峡”与非并网风电开发研究[C].2009世界非并网风电与能源大会论文集.

23. 顾为东,何小斌.非并网风电规模化海水淡化系统研究[C].2009世界非并网风电与能源大会论文集.

24. 顾为东,李初福,顾明.风/沼电一体化发电供气系统研究[C].2009世界非并网风电与能源大会论文集.

25. 顾为东,颜卓勇.风/煤多能源系统的研究[C].2009世界非并网风电与能源大会论文集.

26. 顾为东,周志莹.发展大规模非并网风电推动海水西调战略实施[C].2009世界非并网风电与能源大会论文集.

27. 顾为东,周志莹,张萍,顾丽敏.非并网风电在高耗能氯碱产业中的应用[C].2007世界非并网风电与能源大会论文集.

28. 顾为东.大规模非并网风电系统开发与利用研究[C].2007世界非并网风电与能源大会论文集.

29. 顾为东,方敏,刘勇,孔祥威.中国非并网风电产业发展战略研究[C].2007世界非并网风电与能源大会论文集.

30. 顾为东,方敏,张萍,周志莹.非并网仿真风电铝电解可行性试验研究[C].2007世界非并网风电与能源大会论文集.

31. 白珂，何爱山.非并网风电产业的投资机遇和风险对策分析［C］.2009世界非并网风电与能源大会论文集.

32. 班允刚等.非并网风电用于铝电解的技术分析［C］.2009世界非并网风电与能源大会论文集.

33. 刘戒骄.从战略视角把握中国的能源结构调整［J］.中国能源，2003年第6期.

34. 鲍超，方创琳.珠江三角洲地区大规模并网与非并网风电产业基地建设［J］.资源科学，2008年第11期.

35. 陈杰，张先进，龚春英，严仰光.基于直流电网的非并网风电系统及其控制策略［J］.电力系统自动化，2009年第10期.

36. 陈杰等.非并网风力机建模与仿真研究［C］.2009世界非并网风电与能源大会论文集.

37. 方敏，金春鹏，顾明，周莉雅.构建大规模非并网风电产业体系［C］.2009世界非并网风电与能源大会论文集.

38. 方创琳.中国城市化进程中的风能资源开发与非并网风电产业基地空间布局模式［J］.资源科学，2008年第11期.

39. 方创琳.中国风电发展目标分析与展望［J］.中国能源，2007年第12期.

40. 方敏，金春鹏，顾为东.大规模非并网风电产业体系图谱研究［J］.资源科学，2009年第31卷第11期.

41. 方敏，刘勇，金春鹏，张萍.大规模非并网风电适宜产业的指标体系研究［C］.2009世界非并网风电与能源大会论文集.

42. 方敏，周莉雅，刘勇，严英龙，顾为东.非并网风电产业综合经济效益评价指标体系研究［C］.2007世界非并网风电与能源大会论文集.

43. 方敏.风网多能源互动智能供电系统在油田的应用研究[C].2010世界非并网风电与能源大会论文集.

44. 方敏.基于“三螺旋”模型的风电产学研创新联盟研究[C].2009世界非并网风电与能源大会论文集.

45. 顾丽敏，金春鹏.非并网风电产业发展的集群绩效评价[C].2009世界非并网风电与能源大会论文集.

46. 顾丽敏.大规模非并网风电产业的发展模式研究[C].2010世界非并网风电与能源大会论文集.